浙江省软科学研究计划重点项目"浙江省'两山'理论下的农业环境给付机制及其政策选择——以欧盟农业环境给付机制为参照"（2016C25025）的阶段性成果

欧盟农业环境给付法律制度研究

● 姜双林 著

中国社会科学出版社

图书在版编目（CIP）数据

欧盟农业环境给付法律制度研究／姜双林著.—北京：中国社会科学
出版社，2018.8

ISBN 978-7-5161-9734-9

Ⅰ.①欧⋯　Ⅱ.①姜⋯　Ⅲ.①欧洲国家联盟-农业环境-环境保护法-
研究　Ⅳ.①D950.26

中国版本图书馆 CIP 数据核字（2018）第 231129 号

出 版 人	赵剑英
责任编辑	梁剑琴
责任校对	李　莉
责任印制	李寡寡

出　　　版	中国社会科学出版社
社　　　址	北京鼓楼西大街甲 158 号
邮　　　编	100720
网　　　址	http：//www.csspw.cn
发 行 部	010-84083685
门 市 部	010-84029450
经　　　销	新华书店及其他书店

印　　　刷	北京明恒达印务有限公司
装　　　订	廊坊市广阳区广增装订厂
版　　　次	2018 年 8 月第 1 版
印　　　次	2018 年 8 月第 1 次印刷

开　　　本	710×1000　1/16
印　　　张	15.5
插　　　页	2
字　　　数	223 千字
定　　　价	68.00 元

凡购买中国社会科学出版社图书，如有质量问题请与本社营销中心联系调换
电话：010-84083683

序

当今世界正处于"百年未遇之大变局",欧盟和我国的交往日益增多,双方领导人互访不断、就国际上的许多重大问题进行磋商,欧盟的影响正越来越接近我们的生活。涉及环境保护的正在日益绿化的"欧洲经济共同体共同农业政策"(简称共同农业政策)是在什么样的立法和司法制度框架下运行的,已成为中欧双方实务部门和学者共同关注的问题。欧盟制度不仅具有要求成员国共同遵守的、按一定程序办事的权威和强制特征,而且它的运行有法可循,透明度高。自 20 世纪 90 年代开始,欧盟共同农业政策既着眼于提高产量和生产力,确保粮食供应和稳定农民收入,也开始考虑农业的环境影响,采取了诸如加强农业环境保护技术开发、保护生物多样性、降低化肥和农药的危害、制定有利于环境的共同农业政策等措施。1992 年的"麦克萨里"改革,致力于更好地保护自然环境和乡村,鼓励农民对土地实行体耕制,降低农业生产对环境的损害,建立以"农业环境行动"为名的综合性国家补贴项目。此外还实施了针对落后农村的贫困地区计划(LFA)。欧盟共同农业政策作为欧盟对内对外关系中具有重要地位的法律制度,晚近作了多次改革,2013 年改革代表着另一个里程碑,它将公共和私人环境物品的共同供给置于政策和制度的核心。

人们普遍认为,农业环境及其所提供的生态服务具有公共物品属性,具有非排他性和消费上的非竞争性;实践中的"搭便车"问题会导致公共物品的供给不足或者过度使用。欧盟通过污染者付费原则和生态服务提供者获得补偿原则所确立的正反激励政策,较好地确定了不同生态补偿问题类型下的农业环境给付主体，明确其职责、权力和义务，从而确定了相应的制度路径。欧盟农业环境行政给付制度的可贵之处是：在遵循法律优先原则、确立适格监管机构的角色承担、促进农业环境给付的任务转型和给付方式的契约化、完善受益人的资格识别、以生态目的为导向、注重程序公平和强化综合控制管理制度等诸多方面，为我们呈现了一幅致力于建构更具针对性、更加公平、更为绿色、更具竞争力和可持续欧盟农业的行政法治图景。

在我国，农业、农村、农民问题是关系国计民生的根本性问题。实施乡村振兴战略，是解决人民日益增长的美好生活需要和不平衡不充分的发展之间矛盾的必然要求。当前，国家正加速推进以耕地轮作休耕制度试点、农业面源污染防治、建立市场化多元化生态补偿机制、增加农业生态产品和服务供给、加快建立涉农资金统筹整合长效机制为重点的战略安排；要求到 2020 年，乡村振兴取得重要进展，制度框架和政策体系基本形成。这些实践做法与欧盟在 20 世纪 90 年代后的改革实践有异曲同工之处。因此，加强对域外与农业环境给付体制机制创新和乡村振兴制度性供给相关的法律问题研究，自然成为当前环境法学界的一项重要工作。目前，我国环境法学界虽有学者涉足这一领域，但总体上看这方面的研究还比较薄弱，亟待加强。

姜双林教授对域外的农业支持保护制度，特别是对欧盟农业环境行政给付法律问题进行了较为系统、深入和全面的研究。本书就是他近几年来潜心研究之力作。作者首先从欧盟农业环境给付的行政法理入手，从理论上论证了欧盟农业环境给付的内涵以及生态目标与给付之间的关联；同时，阐释了欧盟农业环境给付所遵循的污染者付费原则和生态服务提供者获得原则的历史发展及其法律实践，对农业环境给付中的交叉遵守机制、自然约束区域给付机制和农业环境措施给付机制进行了深入的理论分析，并从中总结出了一些规律性的认识；最后，针对我国农业环境给付的基本国情和法治现状，为完善我国农业环境行政给付在理念和制度建构方面提出了具体的建议。

好的博士论文，应当能够对本领域的学术积累提供实质性的贡献。从这项研究成果可见，姜双林博士做到了这一点。这部著作的难能可贵之处至少有两点：一是从收集、阅读和消化原始资料（包括翻译出版国外学术同仁的著作）入手，对欧盟农业环境行政给付法律制度作了尽可能全面、深入的考察，并得出了一些规律性认识；二是结合我国和地方的农业环境行政给付工作的需要，借鉴外国经验，对我国农业环境行政给付的理念转变和制度建构提出了中肯建议。正因如此，姜双林教授的这项研究工作已经得到了国家有关部门的重视和支持。

姜双林博士近年来一直关注欧盟农业环境行政给付问题，2012 年出版了译著《农业与欧盟环境法》，积累了较多的相关研究资料，取得了一定的阶段性研究成果，本书即是其在博士学位论文的基础上修改补充的最终成果。从总体上看，本书材料翔实、立论严密，有不少独到的新颖见解，具有重要的学术价值和实践意义。目前在国内环境法学领域，从给付行政视角系统地研究农业环境问题的成果并不多见，本书是具有一定代表性的学术著作。姜双林博士的《欧盟农业环境给付法律制度研究》就要出版了，我很高兴，特为此序，希望能引起有关部门和学界的关注，以推动对农业法律政策特别是农业环保法律政策的进一步研究。

中国环境资源法研究会原会长、现任学术委员会主任

2018 年 6 月

目　　录

绪　　论

第一节　问题的提出

从欧洲层面来看，共同农业政策在欧盟（前身为欧共体）之内居于中心地位。20世纪60年代欧共体初创之时，其最重要的目标是保障粮食产量和保护农场收入，这一目标已经通过日益集约化的耕作方法以及施用大量农药、除草剂和化肥而得以实现，但农业生产诱发的环境问题日益显现：水质遭受破坏、土壤和空气污染加剧、农田生物多样性遭受损害。从20世纪80年代初欧共体开始考虑重新定位农业政策，将保护农业环境纳入了政策目标。随着对与集约型农业相关联的环境副作用认识的深化，以及要求加大对保护和加强环境友好型耕作方式的支持力度，促成了欧共体关于共同农业政策的系列改革。在欧洲层面，1986年修改后的《单一欧洲法》明确规定，环境保护的有关法定要求应成为共同体其他政策（包括农业政策）的组成部分。《欧共体条约》第6条规定了硬性指令，即"环境保护的法定要求必须融入共同体政策和行动的界定和执行之中……特别是为了促进可持续发展"。

欧共体将环境关切纳入CAP的操作分为四个阶段：一是1992年CAP改革，其中包括引进农业环境条例。这一阶段将一项新的环境监管技术（交叉遵守）引入到CAP之中，即接受可耕地和某些牲畜补贴要以遵守基本的环境保障作为条件。二是2000年议程改革，将环保关切与欧洲的农业政策重新作了调整。农场补贴给付与生产实行实质性地"脱钩"，果断地切换成对生产者提供收入支持。三是中期审查。2008年正常检查承认了CAP在保护和加强生物多样性、管理和保护水源以及应对气候变化中所发挥的中心作用，通过修改法律，重新配置直接给付制度。四是新一轮的欧盟共同农业政策改革计划（2014—2020）已经公布并已于2014年1月1日开始实施，致力于打造更为公平、更为绿色、更为有效和透明的CAP。本次改革代表了CAP历史的另一个里程碑，它将公共和私人产品的共同提供置于政策的核心。农民理应为他们给更广泛的公众所提供的服务得到奖励，诸如景观、农田生物多样性、气候稳定，尽管这些服务没有市场价值。因此，第一支柱的新政策工具（绿化）指向环境公共产品的供给，它构成了政策框架的一项重大变化。这不仅会对欧盟及其成员国自身，也会给世界其他各国带来深远的影响。

我国目前给付行政研究所面临的困境，有些学者还是有着比较清醒的认识。胡敏洁从中国的历史视角进行回溯研究后指出："在给付行政的概念移植中，中国法对于给付行政的形成基础、范围、立法现状以及相关的行政法问题，尚处在一种介绍和直接引入的初级阶段。尽管实务界和司法界也面临着涉及给付行政的诸多难题，但由于法学学说的失语，适宜的解决策略未能提出。"① 国内农业生态环境补偿，从2005年提出要建立该项制度至今已有十余个春秋，但目前在国家层面，连个指导性意见都难以出台，更遑论健全农业生态环境补偿制度。目前只有碎片化的、部门化的试点，实质性的推进困难重重。之所以如此，可能与法学学说的失语有关。

本书试图从欧盟农业环境政策变迁入手，围绕欧盟农业环境给付的制度规范及其实践，考量其制度框架内容，挖掘制度嬗变的时空影响因素，分析制度设计的法理，对欧盟农业环境给付制度的利弊得失作深入研究。

---

① 胡敏洁：《给付行政范畴的中国生成》，《中国法学》2013年第2期。

本书的框架结构是，第一章以行政法学的一般原理来重点论述欧盟农业环境给付中所涉及的几个关键性的问题。第二章解读欧盟农业环境给付所反映的二项重要原则：污染者付费原则和提供者获得原则。第三章至第五章，分别以最具欧盟农业环境给付代表性的交叉遵守给付、自然约束区域给付和自愿性农业环境措施给付为例，结合相关法律规定和实践，逐一操刀作深入的剖析，权衡其利弊得失。第六章，以理念和制度建构启示作为收官。

第二节　研究的意义

一　学术价值

（一）有利于环境行政给付理论的深化

行政法学上首先使用"给付"一语的是德国行政法学家福斯多夫，他对给付行政学说进行了系统论述。[①] 其范围包括社会保障行政、公用设施行政及补贴行政三个部分。[②] 在中国的特殊制度背景之下，作为一个学说上的重要范畴，"给付行政"开始被正式引入，其标志在于大量的外国法译著得以问世。如陈新民教授的《公法学札记》于1999年在大陆出版，其中对福斯多夫的服务行政理论进行了介绍。杨建顺教授翻译的《日本行政法》以及高家伟教授翻译的《行政法学总论》中都提及了给付行政范畴。[③] 真正推动给付行政的中国发展，则在2004年之后。国内有学者考察了给付行政在中国的晚近发展路径后指出，给付行政这一范畴的继受过程较晚，再加之理论发展的不足，使得其学说史脉络并不清晰。可以说，在外国法的传入与中国本土因素的碰撞之中，给付行政的发展尚处于较为粗浅的学说阶段。然而，概念的塑造却往往是一种观念的语境化。在某一种观念开始逐渐

---

① 陈新民：《公法学札记》，中国政法大学出版社2001年版，第81页。
② 胡敏洁：《给付行政范畴的中国生成》，《中国法学》2013年第2期。
③ 同上。

深入并成为主流话语时，会影响到学说上的概念发展与理解。给付行政的发展史为我们揭示的一些规律与特征，有助于当下给付行政的深入理解与本土塑型。① 环境行政法学除了需要"制度一般"的理论研究以外，还需要深入研究"具体制度"，以"制度一般"理论指导"具体制度"理论，以"具体制度"理论支撑"制度一般"理论。通过对农业环境给付制度在欧盟现实条件下的运用和分析，探究农业环境行政给付制度在欧盟的改革及其得失，有利于我国环境行政给付"具体制度"理论研究的深化。

（二）有利于私人财产权与环境责任理论的深化

通过对共同农业生产政策中的交叉遵守机制、农村发展政策不利地区计划、欧盟自愿性的农业环境措施等方面的深入分析和研究，有利于深化对基于私人财产权的环境义务属性理论体系的认识。

（三）有利于环境法激励型实施机制理论的深化

通过对欧盟农业环境支持制度建构中的强制实施与自愿履行相结合的双轨制、以自然保育为重点的项目机制、生态解困富农的激励机制、利益相关者参与机制、公平分配的绩效评价和约束机制的探究，尤其是在对环境资源"用途管制"以完善私人财产权中环境责任属性的探索，有利于环境法激励型实施机制理论的深化。

二　应用价值

（一）贯彻污染者付费原则有助于发挥环境法反向激励作用

该原则要求污染者应该承担避免或纠正环境损害的成本。一般来说，农民必须确保遵守强制性的国家和欧盟的环保标准且以其自身的成本遵守构成交叉遵守部分制度的基本强制性标准。不遵守强制性要求则要接受处罚。简言之，贯彻污染者付费原则，避免环境损害，强化农业生产者环境保护的法律责任，有助于发挥环境法上的反向激励作用。

---

① 胡敏洁：《给付行政范畴的中国生成》，《中国法学》2013 年第 2 期。

（二）贯彻"提供者获得"原则有助于发挥环境法正向激励作用

该原则要求为超越法定要求的自愿性环境承诺提供报酬。农业环境给付通过采用这一原则，鼓励农民签署超出强制要求的参考水平的保护环境承诺。农业环境给付应涵盖作为自愿性环境承诺所产生的费用和收入损失，发挥环境法正向激励作用。

（三）研究欧盟农业环境给付政策有助于借鉴国外法治有益经验

欧盟农业环境给付，无论是理念上的变化还是具体制度的框架变迁，无论是宏观立法模式的选择还是微观具体立法内容的建构，有其独到创新之处。与此同时，欧盟农业环境给付实践也遭遇过各种挫折和难题，仍处在不断改革完善之中。欧盟在此方面的经验和教训，对于至今尚在苦苦探索和完善自身生态补偿制度的中国而言，不无镜鉴的价值。

三　研究现状与文献综述

国际上对于欧盟农业环境给付的研究，始于农业多功能性理论对公共财政在农业环境治理中角色的探讨。多国学者对此作了多学科集成研究。从生态学、经济学、法社会学等学科的理论和方法出发，使这些新问题的研究呈现出明显的交叉学科研究的特征。比如，有美国、英国等国学者、OECD 农业环境委员会采用生态学、法社会学的视角，就 WTO 具体贸易协议对欧盟共同农业政策，尤其是对欧盟农业环境给付政策的影响、欧盟所倡导的农业多功能性与农业环境给付之间的关系、自然保育项目的补偿基金如何确保环境目标的实现、给付基金时如何做到公平分配、对农民生态服务提供给付的必要性和基准设定以及法律实施的社会效果和生态效果、最佳农业环境实践守则等实施问题进行了深刻分析和实证研究。相关代表文献有：Francis G. Snyder, *Law of the Common Agraicultural Policy*, 1985；Martin Whitby, *The European Environment and CAP Reform Policies and Prospects for Conservation*, 1996；Wayne Moyer and Tim Josling, *Agricultural Policy Reform Politics and process in the EU and US in the 1990s*, 2002；OECD

Guidelines for Cost-effective Agri-environmental Policy Measures，2010 等。

　　法学上对于欧盟农业环境给付的探讨，主要致力于法律制度实施与完善。国外学者着重深入挖掘与欧盟农业环境给付法律制度实施有关的污染者付费原则、生态服务提供者获得原则、生物多样性锐减、自然保育补偿、交叉遵守机制、自愿性农业环境合同和土地管理合同、有机农业和农业污染管控、食品安全、动物福利等问题并进行深刻的法学规范分析，提出完善的建议。

　　关于农业环境政策的研究，Perter deleon（2010）等在《自愿环保计划：政策观点》一书中研究和讨论了欧盟农业环境协议的作用。Cooper，T.（2006）等认为，大量具有高自然价值的区域大多位居于发展迟缓地区，因此需要制定特殊的法律规范予以调整和支持。

　　关于环境保护与农业生产政策一体化，Brian jack（2009）认为，欧盟实施"交叉遵守"制度，将直接给付引入农业生产政策，其真正意义在于，确保农民有机会履行一些更明确的环境义务。Luc Bodiguel（2008）在《新农村发展条例：在法国的实施》一文中研究和讨论了欧盟成员国的农民必须遵守一系列共同体法律（关于环境、公共与动物健康以及动物鉴定与登记、动物福利等方面的指令，共有 18 项）才能保持其接受直接给付的资格。

　　关于有机农业给付与食品安全，欧盟委员会早在 2001 年就出台了《有机农业：共同体规则指南》。Dabbert，S.（2003）在《有机农业和可持续性：环境方面》一文中认为，有证据表明有机农业减少了集约农业的生产方式，有助于解决集约农业产生的环境问题。Lynggard，K.（2008）在《共同农业政策与有机农业：关于持续性和变化的制度视角》一文中认为，有机农业既能保护环境又支持动物福利，解决了不断增长的消费者对高质量食品的需求。Macmaolain，C.（2006）在《欧盟食品法》一书中对有机农民以及转向有机生产的农民的财政支持进行了研究。

　　关于农业与自然保育补贴，Silva，J. P 等（2009）在《源自 LIFE（环境财政工具）的经验：自然保育最佳实践》一文中对由共同体和成员国共同资助的 970 个自然保育工程进行了实证研究。

我国学界对欧盟农业环境给付多从农业生态环境补偿视角展开研究，在以下四个方面比较突出：

其一，关于农业环境给付的理论基础。

欧美在 WTO 农业谈判中，将农业的多功能性作为其对农业实施适度保护（提供补贴）的理由（许晓春、邵彦敏，2007）；有学者认为，我国生态补偿研究多以我国实行生态补偿的经验研究为主，借鉴国外生态补偿理论的偏少（许正中、赖先进，2009），而国内因农业生态环境补偿的复杂性和特殊性，以及实践过程中生态保护方面存在着的结构性政策缺位，特别是缺乏生态补偿方面的具体政策与实施指南，已经影响到生态保护长效机制的建立（李文华，2010）。

其二，关于农业环境给付的多元目标。

欧盟鼓励农民采用环境友好的生产方式（邢可霞等，2007），在生态目标与补偿之间建立紧密的联系（杨晓萌，2008）；从欧盟自然 2000 生态网的财政支持措施的初步探讨（蔡守秋，2002）到 WTO 贸易协议对欧盟农业生态补偿政策影响的分析（王广深等，2009；李本，2009），相关研究逐渐趋于深入，进而有学者从理论与实践层面对欧盟农业可持续发展与农业生态环境补偿问题进行了深入探讨（高尚全，2011）。

其三，关于融资与公平分配。

有学者对政府和市场在生态补偿中的融资作用进行了前瞻分析（李小云等，2007），还有学者对国外生态补偿的政府购买模式、市场模式和生态产品认证计划模式及实践问题进行了分析（任世丹、杜群，2009）。

其四，关于制度配置不足。

相关研究在近 3 年来较为多见，涉及强调管制性手段过多但激励不足而影响补偿效益（钭晓东，2007）；生态补偿方式、核算机制、汇缴、分配发放、监管、评估等各项制度有待探索和研究（王曦，2009）；流域补偿的理论模式（邵天一，2010）、全球公认的可持续发展先驱：欧盟各国的战略与行动（王伟中，2008）；激励与惩罚并用的保障机制（任勇等，2008）、生态补偿的国际比较：模式与机制

（郭日生等，2012）；由于生态环境补偿是一个涉及多领域的复杂问题，系统的生态环境补偿法律体系构建必将是一个长期过程（王金南，2011）等。

综上所述，我国学界对欧盟农业环境给付制度研究已有一定基础，对相关问题也展开了框架性的初步探讨。但是这些研究主要是传统的生态学、管理学和经济学分析较多，结论也主要停留在关于制度构建和完善的简略建议。但如何采用比较研究方法对欧盟农业环境给付制度实践作深入研究尚存薄弱之处；尤其是，有关将直接给付与环境服务的供给相联系的改革得失以及对农业环境给付中公权力运行约束的程序保障理论方面，还有待进一步解构和剖析。

四　主要研究方法

（一）规范分析与实证分析相结合

既注重理论上对"农业环境给付"理念的逻辑推理和含义阐释，又注重对实际案件和具体事件的验证与剖析。这里的规范分析重点在于从静态层面解析欧盟农业环境给付的相关条例指令等规范体系；这里的实证分析重在文献研究法。

（二）历史与现实相结合

通过收集欧盟农业环境政策变迁的第一手资料，追寻农业环境给付的历史发展轨迹，从应用实效的动态层面把握其在各成员国中的实施效果，挖掘制度嬗变的时空影响因素，并科学地预测其近期的发展趋向。

（三）重视比较研究方法

根据比较法研究六个步骤的方法论，要先找出①研究的"共同的起点"：相关成员国所面临的共同性质的农业环境给付问题，进而研究②各自对此问题所采取的法律解决方法，即有关法律规范、程序和制度（给付资格设定、给付标准、环境绩效等方面规定），以及③各成员在特定问题上所用解决方法异同的理由及④其产生原因的可能趋势，然后根据⑤特定解决办法是否符合社会需要的效能标准作出相对客观的评价，⑥预测未来"绿色新政"的发展趋势。

第一章

欧盟农业环境给付的行政法理

第一节　欧盟农业环境给付的蕴含

一　农业环境给付的概念生成

关于给付行政在现代行政法体系中的地位，国内著名的行政法专家章剑生教授对此有过深刻的分析，他认为："近一个世纪以来的福利、环保、资讯与高科技等社会发展的要素，使行政内涵发生了重大变化，因此，传统行政法也发生了历史性的转型。"给付行政对现代行政法体系带来的冲击是相当显著的，这种冲击，首先，是现代行政法体系的扩展。传统行政法中以行政权为核心而展开的干预行政体系，逐渐转换成为"双核心"——（在干预行政基础上）增加给付行政——的现代行政法体系。给付行政成为现代行政法的规范对象之后，原先以规范干预行政而发展起来的传统行政法原则、制度、规则等都需要作出协调性的回应，至少在用于规范给付行政时应当有适度调整。一般来说，给付行政有益于行政相对人，所以，它并不需要高密度的法律规范——行政裁量空间更为广阔，依法行政原理也增添了新的内容。首先，由于给付行政是回应社会发展过程中发生的全新问题而生成的一种行政，所以，与干预行政相比，给付行政更多的应当是目标导向，而不是规则导向。其次，给付行政使私人参与行政的空间变大，如私法中合同方式被运用在给付行政之中，行政机关与私人之间的活动更多的是"约定而不是事先的法定。"① 章剑生教授在剖析了福利行政简史的基础上，对行政给付下了这样的定义："给付行政是行政机关旨在通过给予行政相对人利益来实现行政任务的一种行政。"② 并提出了与给付行政相匹配的制度：个人参与行政、政府购买服务和合同式管理。认为：与干预行政不同的是，给付行政领域经常会出现由私人来履行行政任务的情形，因为给付行政的天然特征使它更易于或者更容易承认私人的参与；政府购买服务，即政府以公共财政向社会购买服务，再次，分配给符合法定条件的个人，替代政府直接提供的服务；合同式管理，政府通过与相关的组织和个人订立行政合同，明确行政给付内容、标准、对象、期限等，最后，政府通过对行政合同履行情况的评估支付费用。③ 并且高屋建瓴地指出："这个现代行政法学理论框架（给付行政）值得我们关注，或者可以成为我们思考问题的一个基本方向。"④

这种理念阐释对于我们解读欧盟农业环境给付实践非常具有解释力。早在 1999 年，欧共体委员会在 1992 年麦克萨里八年改革的基础上，正式提出了以下建议：

共同农业政策改革中有关环境改革的哲学基础是，农民应该遵守基本的环境标准而无须补偿。然而，如果社会希望农民提供超过这一基线的环境服务时，那么这种服务就需通过农业环境措施进行特殊购买（政府）。

今天，欧共体委员所倡导的这一双轨制（欧盟实行强制性交叉遵守与自愿性环境计划相结合的双轨制立法体制）方法已构成了共同体农业环境政策的核心。⑤

---

① 章剑生：《现代行政法基本理论》（上），法律出版社 2013 年版，第 113 页。
② 同上书，第 115 页。
③ 同上书，第 117—118 页。
④ 同上书，第 112 页。
⑤ ［英］布莱恩·杰克：《农业与欧盟环境法》，姜双林译，中国政法大学出版社 2012 年版，第 349 页。

为此，我们似乎可以给欧盟的农业环境给付界定如下：它是指欧盟为实现欧盟农业可持续发展目标而由相关行政机构以公共财政的方式通过环境合同向农场主购买环境生态服务而给予农场主利益的特殊给付。

二　交叉遵守机制、财产权利及污染者付费原则

交叉遵守给付的理论基础是欧盟环境法中一再推崇的"污染者付费原则"。欧盟通过不断地修改法律，为农业环境给付提供了充分的法律依据。现行的法律依据是 2013 年通过的第 1306/2013 号条例以及据此所制定的实施细则。

规范农业环境给付的行为方式，具体通过提供服务、发放费用、签订协议来实现。

加强对农业环境给付的控制，专门建立了综合控制管理制度。一方面，尽力保障行政相对人，即农场主的程序请求权；同时也从法律禁止给付过度（avoid double funding）。另一方面如果当农场主不能满足法定管理要求或良好农业环境条件的，则区分未遵守的主观心理状态：故意或过失，作出相应的处罚，即给付的削减甚至全部撤销。这对于农民来说，还是很有威慑力的。

提倡交叉遵守者，强调其灵活性和潜力，不仅将农业生产的财政支持与环境保障相链接，同时也促进自愿性环保计划的利用。根据欧盟农村发展条例所资助的现行农业环境计划，连同以单一农场支付形式的直接支持，意味着交叉遵守（理论上）的三个变种都已通过2000 年议程和随后的 CAP 改革而被采用。在这一进程中，交叉遵守规则通过单一农场给付条例得以适用，正是以"红标签"方法作为基础的，使直接支持的接收强制性地取决于生产者对前面所述的基本法定管理的遵守。

这种形式的交叉遵守具有内在的局限性。作为环境管理的工具，交叉遵守取决于农民的申请，而后被授以直接支持；它被融入单一农场给付。因此，其实效和应用取决于市场；如果市场条件决定了那些

农民生产粮食没有补贴也能盈利，那么它就会失去其相关性。[①] 选择"红标签"方法已意味着接收直接支持与参与农业环境计划链接的机会，该计划具有更为具体和广泛的环境惠益，这已成定局。然而，也有人重点对单一付款计划本身适用条件的性质提出更为根本性的批评。遵守规则是想将欧盟环境法"污染者付费"原则适用于农业的一次明显的尝试。[②] 然而，法定管理的要求都是欧洲和/或国内法律项下农民大体上本应予遵守的事项。因此，交叉遵守条件能否交付额外的好处作为对公共开支的回报，是值得商榷的。[③] 因违反环境法而撤回由公共经费资助的单一农场支付，它不是"污染者付费"原则的实施；更确切地说，它是一种"污染者不支付"的情形。然而，SFP 将其列入交叉遵守条件，提供了额外的强制遵守预先存在的法律义务的执行机制，即农场支持的撤回或削减。[④] 补贴的撤销无损于根据相关指令和国内实施条例可能适用的任何追加处罚，这些无疑地适用于污染者付费原则，包括在某些情况下恢复已受损毁的自然栖息地的潜在义务。[⑤] 还应当指出的是，将土地维持在良好农业和环境条件更多的是基于，土地不再用于农业生产——对违反将土地维持在 GAEC 的要求的行为也施以同样的制裁。

引入交叉遵守更进一步的方面是它对财产权的影响。原来的 2000 年议程改革，明确基于这样一种假设：考虑到实施条例的法律效力，

---

① See M. Cardwell, "The Polluter Pays Principle in European Community Law and its Impact on UK Farmer", *Oklahoma law Review*, Vol. 59, January 2006.

② Art. 174（2）TEU; 6th Community Environmental Action Programme, Decision 1600/2002 of the European Parliament and of the Council, 2002 OJ L 242/1. See Michael Norman Cardwell, "The Polluter Pays Principle in European Community Law and its Impact on UK Farmers", *Oklahoma law Review*, Vol. 59, January 2006.

③ See eg. House of Commons Environment, Food and Rural Affairs Committee, *The Mid-term Review of the Common Agriculture Policy*, Third Report of Session 2002–03, HC 151, paras. 52, 76 ff.

④ See Council Regulation 73/2009, arts. 6–7.

⑤ See eg. the Conservation of Habitat and Species Regulations 2010, SI 2010/690, Chapter 6, pp. 230–231.

农民应有义务来执行基本的环境管理责任作为财产权的一个属性（换言之，农民作为财产权所有人负有环境管护义务）：

共同农业政策改革中有关环境改革的哲学基础是，农民应该遵守基本的环境标准而无须补偿。然而，如果社会希望农民提供超过这一基线的环境服务时，那么这种服务就需通过农业环境措施进行特殊购买。[1]

这个假设不安地与传统普通法的财产观念坐在一起，后者不承认对所有者的开发和土地用途的隐含限制。当然，困难在于，界定环境管理的"基准"，而这种基准将被确认为财产权所固有的，2000 年议程改革就已提出了这种主张：将附属于 SFP 的交叉遵守条件中的义务置于过低的水平上。根据欧洲 2020 战略，未来 CAP 的改革[2]可能会产生更精准的方法。欧盟委员会文件《导向 2020 的共同农业政策》[3]通过 CAP 来改善环保绩效，即通过支持遍及整个欧盟的环境措施来强制性地"绿化"直接支付的内容。[4] 这些内容采用了"超越交叉遵守的简化、广义的、非合约及年度环保行动的形式并与农业相链接；例如，永久牧场、绿色覆盖物、轮作、'生态'休耕"等形式。现行直接支持制度的"绿色"元素包括了 Natura 2000 区域、林业措施给付等。[5]

三　自愿性环境管理协议

奖励那些提供遵守基本环境标准以外的环境服务的农民，农业环

---

[1]　*Directions Towards Sustainable Agriculture*，COM（1999）22 final，at para. 3. 2. 1.

[2]　European Commission，Europe 2020，*a Strategy for smart sustainable and inclusive growth*，COM（2010）202 final（3. 3. 2010）.

[3]　EU Commission，*The CAP towards* 2020：*Meeting the Food*，*Natural Resources and Territorial Challenges of the Future*，Communication for the Commission to the European Parliament，the Council，European Economic and Social Committee and the Committee of me Regions，COM（2010）672 Final.

[4]　See *Proposal for a Regulation of the European Parliament and the Council Establishing Rules for Direct Payments to Farmers under Support Schemes within the Framework of the Common Agricultural Policy*，COM（2011）625/2 Final.

[5]　See COM（2010）672 Final at 8-9.

境协议起到了关键性的作用。

　　按照农业环境协议所提供的机制，各成员国农业机构可向农民提供自愿性管理合同。参加的农民要签订一个管理合同，据此，他们同意在约定的年限里按照一定的方法管理土地，开发土地的环境价值。作为回报，他们可以得到相应的报酬。因此，这个计划提供了一项政策措施，即成员国通过此措施保护和保持现存环境特征，恢复和加强这些特征。这一计划还提供机会调整农业环境措施，解决个别区域内特别重要的环境问题——比如野生物种和栖息地的保育或传统景观和休闲场所的保护。①

　　农业环境协议的推行填补了共同农业政策中的空白。绝大多数有价值的农村景观都是农业管理制度创造的，并受到这一制度的保护。这些管理制度同时还创造和保育着重要的野生动物栖息地。最初的共同农业政策只是对农业生产进行奖励，没有公开的市场来对自然资源保育产品的生产进行支付。但许多有价值的景观和重要的栖息地都遭受破坏或被摧毁，因为农民根据共同农业政策所提供的生产信号，强化了生产。农业环境协议的开发为欧共体提供了一个双重机会，既承认农民在环境管理中的作用，又可以保护农村环境。②

第二节　生态目标与给付之间的关联

一　确立私人财产属性中的环境管护义务

　　共同农业政策项下农业环境计划所构筑的法律秩序已经假定良好

---

① Wildlife Link, *Agri-environment Management Agreements: Their Benefits and Future*, London: Wildlife Link, 1995, p. 6.

② See European Commission, *Agriculture and Environment: Management Agreements in Four Countries of the European Community*, Luxembourg: Office for Official Publications of the European Communities, 1986, p. 15.

农业规范标准是财产权利的一个组成部分。① 承认某一管护责任的财产权利改革将有助于为野生动物栖息地的保护提供一个稳定、有效的环境政策，同时既支撑农业环保措施，也支持比现行财产权制度许可更有效的保护区公共政策。它会影响远离土地所有人私人利益的权利和利益的再平衡，承认并信赖土地可持续管理中更广泛的社区利益。② 通过比现行法律所允许的更为有效的公共经费资助的农业环境计划来巩固有保障的环境管理的改善。当然，良好实践水平的设定将为评估管理协议项下激励性支付提供比现在更广泛的基础，这些规则限于CAP 项下的农村发展支付和单一农场支付。在经济交换中，可交易的财产权利将作出调整，以反映财产权利中所隐含的新管护义务。③

二　环境给付行政的程序变革

交叉遵守机制既规定了实体性的要求，如：法定管理要求和良好农业与环境条件；也规定了程序性的要求，如：综合控制管理制度和制裁制度，详见下文展开的论述。

在欧盟，农村发展政策通过"基金、管理和控制制度、规划"这3 项内容予以实施，并由单一的欧洲农业农村发展基金（EAFRD）为农村发展提供支持，规定了 2007—2013 年农村发展政策管理的一般性原则。2004 年第 796/2004（EC）号委员会条例制定了关于建立交叉遵守控制制度的详细规则。这一制度已被证明是实施直接给付方案的有效和高效手段。不仅为第 1782/2003（EC）号、第 73/2009（EC）号理事会条例所规定的交叉遵守、调制与综合行政和控制制度的实施，而且也为第 479/2008（EC）号理事会条例所规定的交叉遵

---

① Christopher P. Rodgers, *The Law of Nature Conservation Property*, *Environment*, *and the Limits of Law*, Oxford: Oxford University Press, 2013, p. 309.

② See W. Lucy and C. Mitchell, "Replacing Private Property: The Case for Stewardship", (1996) 55 *Cambridge Law Journal* 566.

③ Christopher P. Rodgers, The Law of Nature Conservation *Property*, *Environment*, *and the Limits of Law*, Oxford: Oxford University Press, 2013, p. 310.

守的实施设定了实施细则。第 73/2009（EC）号理事会条例就是以此综合制度为基础的。现在 1122/2009 号（EC）委员会条例撤销并替代了第 796/2004（EC）号委员会条例。

过去的改革已使 CAP 发生了阶跃式的变化，本次也不例外。2013年的 CAP 改革代表了 CAP 历史的另一个里程碑，它将公共和私人物品的共同提供置于政策的核心。农民理应为他们为更广泛的公众所提供的服务得到奖励，诸如景观、农田生物多样性、气候稳定，尽管它们没有市场价值。因此，第一支柱的新政策工具（绿化）指向环境公共物品的供给，它构成了政策框架的一项重大变化。2013 年 12 月，欧盟正式通过了经改革的 CAP 四个基础条例以及 2014 年的转换规则。

新 CAP 的设计也变得更具有效性、针对性和连贯性。对于政策支持而言，它基于更为全面的方法，以更有针对性的、综合的和互补的方式维持现有的两个支柱结构。CAP 的两大支柱，第一支柱的更好的有针对性的工具辅之以第二支柱的区域量身定做的和自愿性的措施，旨在更有效地实现 CAP 所有三大目标。

成员国在编制第一支柱工具的预算及其实施时存在新的灵活性，承认欧盟内农业、农事生产潜力与气候，环境以及社会经济条件及其需求存在广泛多样性。①

最具实质内容的是第 1305/2013（EU）号条例的第 96 条行政检查。该条规定，各成员国，在适当的情况下，应充分利用第 5 篇第 2 章，特别是本条例第 68（1）（a）（b）（d）（e）和（f）条所设定的综合控制制度。成员国可以利用其现有的管理和控制制度来确保遵守交叉遵守规则。特别是根据第 2008/71（EC）号理事会指令和第 1760/2000 号（EC）所建立的牛识别和登记以及关于牛肉和牛肉产品标签制度和第 21/2004 号（EC）条例所建立的关于动物识别和登记制度，应与本条例第 5 篇第 2 章中所述及的制度相兼容。

---

① European Commission, *Overview of CAP Reform* 2014-2020, http://ec. europa. eu/agriculture/policy-perspectives/policy-briefs/05_ en. pdf, p. 5.

这里需要补充说明的是，第1305/2003（EU）理事会条例第68
（1）（a）（b）（d）（e）和（f）条所指的内容分别是：（a）计算机
化的数据库；（b）农业宗地识别制度；（d）援助申请和给付请求；
（e）综合控制制度；（f）第67（2）条中提及的那些提出援助申请或
给付请求的每个支持受益人的身份单一记录制度。

第96条还规定，根据交叉遵守所考虑的法定要求、标准、行为
或区域，成员国可以决定实施行政检查，特别是那些控制制度中已作
规定可适用于交叉遵守的各自法定要求、标准、行为或区域。各成员
国应进行实地检查以核实受益人是否遵守本篇所规定的义务。委员会
应采取执行行动，制定进行检查的规则，以核查本篇所指义务的遵守
情况。

三 公众参与：更广泛的合作伙伴关系

我们如何保障和改善生态系统服务的持续供应？[①] 下面的内容是
英国国家生态系统评估的主要调查结果，在一定程度上也充分体现了
欧盟农业生态系统服务供应的基本要求。

• 当代社会与其可能的能力相比更不具可持续性。对提供食物、
水和能源安全的压力作出回应的同时，保护生物多样性和适应环境快
速变化，将要求获得有价值的权利，为生态系统服务创造可运行的市
场，改进我们的资源用途，并采取新方法来管理这些资源。

• 没有混合使用法规、技术、财政激励和行为变化的适当的适应
性广的框架，就不可能成功地解决国家的、地区的，或全球规模的环
境问题（例如空气和水的质量）。然而，通过启动各种各样的地方性
的保护活动和改善某些生态系统服务的本地化措施，这些活动和措施
已经证明非常重要。

---

① Robert Watson and Steve Albon, *The UK National Ecosystem AssessmentSynthesis of the Key Findings*, Oxford: Information Press, p. 53, http://archive.defra.gov.uk/environment/natural/documents/UKNEA_ SynthesisReport.pdf.

●许多已经发生的生态系统服务和生物多样性保育的最新改进是有效监管的结果。这些都是由诸如农村发展计划，特别是欧盟共同农业政策项下的农业环境计划，辅以自然指令并增加了保护区的面积和条件的各项欧盟政策指令所驱动的结果。

●在未来，生态系统服务管理对社会的（例如人口统计）、环境的（如气候变化）和土地利用的（例如生物能源增加使用）变化需要有弹性和适应性。因此，必须考虑革新性的潜在的间接和直接驱动因素。

●向一个更可持续地利用生态系统及其服务的转型可通过采用更加一体化的而不是传统的部门式的管理办法而获得有利发展，认识到在各个生态系统服务之间不得不进行的交易所存在的某些困难。

●通过采取多功能的办法促进整合，有足够的灵活性来识别响应所需的规模，从地方到全球，有足够的开放和透明度以促进各种不同行动者之间的对话与合作。

●政府、私营部门、志愿者和广大的民间社会在向生态系统更可持续利用的转型中都发挥着重要的角色。

所载的这些建议标示出自然保育政策实施的一个新方向，并且将启动摆脱以国家为主导的方法而导向一个旨在促进私营部门的更多参与以提供适应当地规模的栖息地的再造和保护。这意味着该政策的发展，代表着向"私有化"自然保育的转向。这就提出了进一步的问题，即是否可能存在范围更大的利用保育地役权和其他私法机制，由土地所有者和私营部门组织提供。政策转变的推力，在很大程度上导向替换自然保育国家主导的方法，代之以以本地合作伙伴关系为基础的更具参与性的模式，自然地将注意力集中于新法律工具的潜在开发，即创设从事保育管理的可执行义务。例如，可通过与私人和独立（非公众）机构订立保育地役权或契约，创设具有法律约束力的为了自然保育的长期管理土地的义务。该土地和栖息地，可通过由个人能决定的地役权而得到保护，而不一定明示该土地是否在 SSSI 或其他法定保护区之内。从某些方面而言，使用地役权及契诺，是目前正在通过使用与公共机构所签订的管理协议所追求的此类做法的扩展。①然而，管理协议，通常具有固定期限（例如高级管护协议的情形下以10年为期限），而保护地役权或契诺可能无期限地持续下去。②

①　Reid，"Possible New Approaches to Nature Conservation Law in the UK"，*Environmental Law Review*，Vol. 14，No. 1，June 2012.

②　Christopher P. Rodgers，*The Law of Nature Conservation Property，Environment，and the Limits of Law*，Oxford：Oxford University Press，2013，p. 302.

第二章

欧盟农业环境给付的基本原则

第一节　农业环境给付中的污染者付费原则

一　污染者付费原则的源起

"污染者付费"原则（以下简称 PPP 原则）是一个经济原则。环境物品的使用通常会导致经济学家们所说的外部性，即正外部性或负外部性。

居住在保养很好的森林附近的农民们，从减少的侵蚀和洪水以及不干涸的水井中获益。然而，森林的所有者不能对这些惠益收取费用。因此，农民所享有的是正外部性。当商品或服务的生产或消费损害环境商品而该损害未能在其价格中得到反映时就会出现负外部性问题。例如，化肥和农药的过量使用，以及过度抽取地下水没有反映到农产品价格之中。为此消费者从市场价格所获得的惠益，没有反映其经济活动的真实成本，成为以牺牲环境为代价的免费搭车者。①

要求污染者承担预防、控制和清理污染的费用，其主要目标是成本分配和成本内部化。1972 年，经济合作与发展组织（OECD）在其

---

① Nicolas de Sadeleer, *Environmental principles*: *from political slogans tolegal rules*, Oxford: Oxford University Press, 2002, p. 21.

通过的一项决议中明确表达了这一原则，认为实行这一原则可以促进合理利用环境与资源，防止并减轻环境损害，实现社会公平。这项决议规定，禁止各成员国对该国就企业污染防治工作所采取的措施予以资金上的补助，要求排污者（即污染者）负担由政府部门决定的减少污染措施的费用，以保证环境处于一种可被接受的状态。这项决议的目的原在于协调 OECD 成员国间的贸易政策，防止因各成员国由于环境立法的规定不同而导致该国的产品在国际贸易上发生扭曲出现不公平贸易。由于 OECD 成员国基本上是发达国家，因此污染者付费原则很快成为国家参与国际贸易的一项规则而被国际社会广泛接受，成为各国制定环境政策的指南和环境法的一项基本原则。①

从环境法的历史发展来看，污染者付费原则的确立是环境法的一个革命。该原则反映了 20 世纪 70 年代国际社会对环境状态的关注。当时首先考虑的问题是大范围环境损害的治理措施，而"污染者付费"是这种治理措施之一。该原则的措辞表明当时已经存在着环境污染，而且可能继续发生污染，要治理或者防治污染，必须有人承担费用，而污染者是最合理的人选。尽管政府官员和环境保护组织都认为污染者应该付费，但对该原则的具体内容没有一致的意见，主要的分歧在于是对该原则进行经济学解释还是法律解释。②

1989 年 OECD 指出该原则应适用于农业。③虽然该原则最先作为一项经济原则，自 1990 年以来，它在国际上已被公认是项法律原则。④PPP 原则现在国家和国际环境政策中发挥着重要作用。欧洲共同体（EC）在 1987 年单一欧洲法中采用该原则⑤，它已出现在国际

---

①　金瑞林、汪劲：《20 世纪环境法学研究评述》，北京大学出版社 2003 年版，第 176 页。

②　高家伟：《欧洲环境法》，工商出版社 2000 年版，第 55 页。

③　OECD, *Agricultural and Environmental Policies: Opportunities for Integration*, 1989.

④　Environment Directorate, OECD, The Polluter-Pays Principle: OECD Analyses and Recommendations, at 9, Doc. OCDE/GD（92）81（1992）.

⑤　Single European Act, 17 Feb. 1986, 1987 OJ（L 169）1.

协议之中，包括 1992 年的里约宣言①。该原则已成为许多国家立法的明确组成部分；在其他国家，该原则无论是在环境规制还是污染责任中都是隐含的潜台词。

这一概念与国内有学者所指的污染者负担原则非常相近。"污染者负担原则逐步由政策性的环境原则，发展和演化成为一项国内、国际环境法所共同接受的环境法原则，并具有规范和引导环境立法、弥补法律漏洞、帮助法律解释和解决国际贸易与环境争端等方面的法律实践意义。随着污染者负担原则的实践发展，其主体和责任范围不断扩大。通过环境责任主体归属的确定和责任范围的划定，污染者负担原则已成为当代社会环境法律和政策实践的重要法理基础。"②

农业生产实践影响环境。环境惠益伴随着某些农业实践做法，也产生对环境的负面影响。这些往往涉及有害化学品引入环境（考虑到环境污染物）并带来栖息地和景观改变的后果。③ 污染者付费原则处理农业的负面影响。近年来，许多国家的农业生产集约化加剧了这些影响，其中可能包括地表水和地下水的污染（例如营养物质和化学物质），物质（例如氨、颗粒、气味）排放到大气之中，以及土壤污染。其他环境因素的影响，包括农村地区可能发生的栖息地和景观退化。因为农业排放通常是弥漫性的，该原则的适用就有了特殊的困难。但是，在理论上，当农业活动产生了环境损害，影响了私人和公共的财产时就应该适用 PPP 原则。④

---

① United Nations Conference on Environment and Development, Rio Declaration on Environment and Development, UNCED Doc. A/CONF. 151/5/Rev. 1, 31 ILM 874 (1992).

② 柯坚：《论污染者负担原则的嬗变》，《法学评论》2010 年第 6 期。

③ I. Hodge, "Agri-environmental Policy: A UK Perspective", in D. Helm (Ed.), Environmental Policy: Objectives, instruments, and Implementation, Oxford llniversity Press, 2000, pp. 216, 219.

④ See D. Baldock & G. Bennett, Agriculture and the Polluter PaysPrinciple: A Study of Six EC Countries, 1991.

二　欧盟环境法上的污染者付费原则

事实上，污染者付费原则除了被 OECD 和欧盟采纳之外，该原则还为多项多边公约所明确承认。鉴于本书重点讨论的是欧盟的相关内容，故对 OECD 的适用情况不复赘言。

下面重点讨论 PPP 原则在欧共体法律中的发展。如前所述，早期的《罗马条约》没有规定共同体对环境问题的权限，即使没有特殊的环境授权，在共同体政策的一系列环境行动规划中也强调了污染者付费原则。在其他立法权渊源项下，最主要的是指令所采用的各种环保措施（当时动物或农业废物被排除在外），或明或暗地适用了该原则。① 到了 1987 年，通过《单一欧洲法》，欧洲共同体获得了可制定保护环境措施的明确权限，污染者付费被正式接纳为欧盟的环境原则。即使在这一原则融入该条约之前，它已是共同体环境政策的基石之一。②

（一）污染者付费原则在法律上的确立

《欧洲经济共同体条约》从 1958 年生效起，将近 30 年没有进行过什么重大的修改。但是，《单一欧洲法》（*The Single European Act*，"SEA"）③ 的出现改变了这种情况。④ 该法于 1986 年 2 月 14 日和 28 日在卢森堡签署，1987 年 7 月 1 日生效。⑤ 关于环境问题，该法作了许多重要的变革，这样做，它将"多少有点边缘化的环境政策和法律转换成了至关重要的事情之一"。污染者付费原则于 1987 年 7 月 1 日在欧盟成为主要法律的一部分。SEA 通过了新的环境编，其中明确阐

---

① Council Directive 75/442 of 15 July 1975 on waste, pmbl. , 1975 OJ（L 194）39, 40.

② Jan H. Jans & Hans H. B. Vedder, *European Environmental Law After Lisbon Groningen*（Fourth edition）, Europa Law Publishing, 2012, p. 49.

③ Single European Act, 17 Feb. 1986, 1987 O. J.（L 169）1.

④ 王世洲主编：《欧洲共同体法律的制定与执行》，法律出版社 1999 年版，第 10 页。

⑤ ［法］西蒙：《欧盟法律体系》，王玉芳、李滨、赵海峰译，北京大学出版社 2007年版，第 6 页。

明了目标与指导原则，授权环境立法，使环境保护成为其他欧洲政策的组成部分。《马斯特里赫特条约》略改了环境编①。

根据修订后的条约，"共同体关于环境政策……应基于风险预防原则和应该采取预防措施原则，环境损害源头纠正应作为优先事项，污染者应给付费用"②。根据所谓的一体化原则，"环境保护要求必须融入到其他共同体政策和活动的界定与实施之中……包括农业政策"③。详细的发展历程，将从下面的共同体环境行动规划的历次变迁中予以更深入的考察。

（二）环境行动规划

在修订的条约之前制定的污染者付费原则，这一原则在共同体政策被归结为"软法"并以次级立法的方式予以实施。

1. 第一个环境行动规划

1973 年 11 月出现了第一个环境行动规划（EAP）。该行动规划的主要内容是：第一，减少污染（如评估、标准设定和生产措施）和妨害；第二，改善环境和生活质量；第三，在涉及环境保护的国际组织中采取共同行动。这是欧共体第一次将环境保护纳入经济发展的考虑中，是一次根本性的思维变革。④ 其中最重要的是必须从源头消除或者减少污染。污染者必须承担防治、消除污染或者处理措施的费用。⑤ 这被认为是在欧洲环境法上首次出现污染者付费原则。⑥ 在控制污染措施的经济背景下，EAP 将污染者付费作为"运用经济手段履行环境计划而不阻碍在共同体内逐步消除区域不平衡的指导原则"⑦。1975

---

① Treaty on European Union, 7 Feb. 1992, 1992 OJ（C 191）1.

② EC Treaty, art. 174（2）.

③ EC Treaty, art. 6.

④ 蔡守秋主编：《欧盟环境政策法律研究》，武汉大学出版社 2002 年版，第 97—98 页。

⑤ 高家伟：《欧洲环境法》，工商出版社 2000 年版，第 44 页。

⑥ 同上书，第 58 页。

⑦ Programme of action of the European Communities on the environment. Annex, 1973 OJ（C 112）30.

年，理事会发布了关于成本分配和公共部门关于环境事务行动的推荐意见，它呼吁各成员国统一分摊环保成本。[1] 委员会推荐意见中的污染者付费原则不仅不禁止治理费用最终转嫁给污染产品的最终消费者，而且认为消费者应当直接承担这些费用，是环境破坏行为成本内部化的最有效的方法。[2]

推荐意见的核心在于其附件，即该委员会给理事会关于成本分配和公共部门环境事务行动的通信：原则和具体规则支配其适用。该通信识别出污染者和他们应该给付的内容。比经合组织更精确的是，通讯将污染者界定为"那些直接或间接损害环境或创造引起这种损害的条件的人"[3]。当识别污染者太困难时（例如，累积的污染或污染链），"防治污染的成本应由污染链或累积污染过程中的某个点状污染源，通过法律或行政手段，从行政和经济的角度，提供最佳的解决方案，做出改善环境的最有效的贡献"[4]。标准（例如，具有法律约束力的环境质量标准）和污染收费是防止污染的适当手段。[5] 污染者应承担污染控制措施，并给付："由污染者负担的成本应包括所有实现环境质量目标的必要支出，包括直接与执行反污染措施相连接的行政成本。"污染者付费原则的实际结果是：污染者应当遵守其环境义务，除非法定例外，政府不得为此提供补助。委员会通讯提出的例外情况是：如果直接执行严格的标准或者征收大量的费用可能造成严重的经济或者社会支出，可以提供临时的或者

---

[1]　Council Recommendation of 3 March 1975, Annex Ⅱ 3, 1975 OJ（L 194）1, 2.

[2]　高家伟：《欧洲环境法》，工商出版社 2000 年版，第 59 页。

[3]　Recommendation, Annex Ⅱ 3, 1975 OJ（L 174）at 2. A footnote adds, "The concept of polluter, as defined in this sentence, does not affect provisions concerning third-party liability", Id. Ⅱ 3, n. 2.

[4]　Id. Annex Ⅱ 3, at 2. Kramer identifies this as an economic, rather than a legal formulation, Kramer, supra note 60, at 255.

[5]　Recommendation, Annex Ⅱ 4, 1975 OJ（L 174）at 2-3.

具有递减性质的补助。①

这个推荐意见就是在 20 年后，对于理解污染者付费原则的意义依然是不可或缺的。特别重要的是，即使这个推荐意见不能对那些个人赋予各项权利，这些权利正是这些个人可能在国家法院面前所依靠的，这一推荐意见并不乏法律效力，为什么这么说？实际上，"国家法院在裁决提交给它们的纠纷时，特别是在它们解释采取国家措施以实施它们或者在它们旨在补强 EC 条款的约束力时一定会对这些建议予以考虑"。因此，第 75/436 号建议对于在国家法院所提起的纠纷结果具有决定性的影响。②

该方案就是基于污染者付费原则，即向污染者收取费用作为抗击污染者所造成污染的行动的成本，这将鼓励他们减少污染，努力寻求低污染的产品或技术，促使更合理地使用已变得稀缺的环境资源。该原则除了收取费用之外，也可以通过施加环境标准而得以实施。要求必须遵守环境标准的各类公司，如果它们如此行事，在其生产过程中将作出各种投资治理污染。这种设置标准的方法也有助于确保污染者承担污染成本。③

2. 后续的 EAPs④

第一个 EAP 采纳了 PPP 原则，随后的 EAPS 更严格地解释了该原

---

① Margaret Rosso Grossman, "Agriculture and the Polluter Pays Principle", *Electronic Journal of Comparative Law*, vol. 11. 3；也可参见高家伟《欧洲环境法》，工商出版社 2000 年版，第 59 页。

② Nicolas de Sadeleer, *Environmental principles: from political slogans tolegal rules*, Oxford: Oxford University Press, 2002, p. 28. 根据第 75/436 号建议：由公法或私法管束对污染负责的自然人或法人，必须支付因消除或减少此污染所必需的此等措施的费用，以遵守能满足质量目标的标准或等效措施，或如果不存在此等目标，则应遵守由公共机构制定的那些标准或等效措施。

③ Jan H. Jans & Hans H. B. Vedder, *European Environmental Law After Lisbon Groningen*, Fourth edition, Europa Law Publishing, 2012, p. 50.

④ Margaret Rosso Grossman（ed.）, *Agriculture and the Polluter Pays Principle*, British Institute of International and Comparative Law, 2009, pp. 13-15.

则并提升其重要性。第二个 EAP 承认有必要对该原则的适用作进一步研究，特别是费用收集和跨界污染治理制度。1983 年的第三个 EAP，① 尽管篇幅显著缩短，但对 PPP 原则却作了更详细的规定，指出该原则在资源优化配置语境下有其"决定性意义"。它利用市场力量，"［对污染者］构成一项激励……减少由其活动所造成的污染，发现污染较少的产品或技术"②。为实施环境保护措施，第三个 EAP 将与国家和共同体环境政策相互合作，以确保在所有区域有协调的环境政策，同时，强调了污染者付费原则，尽管认识到这可能导致财政上的负担，但它有助于实现优化资源的配置。③ 第四个 EAP 再次确认了 SEA 所设定的环境原则和一体化原则。第四个 EAP 指出，污染控制的经济手段必须与该原则相一致，并再次参考了 1975 年的推荐意见。该委员会正在研究延长转型国家为控制污染措施的援助期限的可能性。④ 再次重申了 SEA 中所表达的环境政策目标和业已建立的其他原则。根据 SEA，环境政策要求必须成为其他共同体政策的一个组成部分。理事会表达了将环境和农业政策一体化的意图。1993 年采用了第五个 EAP，又称《走向可持续性》的行动规划⑤，再次确认了"欧共体与环境有关的行动应遵循以下原则，即采取预防措施原则，把环境危害作为优先事项控制在源头原则，以及污染者付费原则。环境保护

① Resolution of the Council of the European Communities and of the Representatives of the Governments of the Member States, Meeting within the Council of 7 February 1983 on the continuation and implementation of a European Community policy and action programme on the environment (1982 to 1986), 1983 OJ (C 46) 1.

② 1983 OJ (C 46), Annex, at 7.

③ Third EAP, at 7.

④ Fourth EAP, Annex, at 11, 15. The Fourth EAP indicated that the PPP could be implemented in several specific environmental instances, eg., waste recycling and charges based on noise from landing aircraft, at 28, 32.

⑤ Resolution of the Council and the Representatives of the Governments of the Member States, Meeting within the Council of 1 February 1993 on a Community Programme of Policy and Action in Relation to the Environment and Sustainable Development, 1993 OJ (C 138) 1.

要求应当是欧共体其他政策中的一个组成部分"①。它还讨论了国家援助与 PPP 原则的兼容问题，注意到了"补贴对于特定类型的环境支出的日益增长的重要性"。认为采用经济激励措施为有效实施污染者付费原则所必需。② 有趣的是，第五个 EAP 还承诺了环境责任的综合方法，既防止对环境的损害，也确保损害的修复。凭借环境损害由对该损害的发生负有责任的个人或机构来修复的新机制，PPP 原则应获得完全的尊重。第六个 EAP，继续推进可持续发展和环境保护与其他共同体政策的一体化，它把生物多样性保护作为关键性的议题之一。③ 像早期的 EAP 一样，尽管很简要，但它热切要求 PPP 原则。行动规划指出，它构成了共同体环境政策的一个"框架"，应以"污染者付费原则"和其他共同体环境原则为基础。必须根据这些原则实现环境目标。④ 促进可持续发展，将对环境产生的积极和消极影响内部化，也必须贯彻包括 PPP 原则在内的环境保护原则。⑤ 2013 年 11 月通过的第七个环境行动规划，在其序言第 20 段重申了欧盟环境保护中的在污染源头纠正和污染者付费原则，并在第 2 （2） 条强调了污染者付费原则和其他三项原则一起构成了第七个 EAP 的基础。在第七个 EAP 附件的第 5 段作了如下强调："将环境目标一体纳入其他联盟政策和活动也已取得了相当大的进展。自 2003 年共同农业政策（CAP）改革以来，已使得直接给付与农民将土地保持在良好农业和环境条件与遵守相关环境立法的法定要求相链接。""……特别是在欧盟的指导下，在欧盟和成员国层面逐渐淘汰对环境有害的补贴。……要转向征

---

① 蔡守秋：《欧盟环境政策法律研究》，武汉大学出版社 2002 年版，第 84 页。

② Nicolas de Sadeleer, *Environmental Principles*: *from Political Slogans to Legal Rules*, Oxford: Oxford University Press, 2002, p. 29.

③ ［英］布莱恩·杰克：《农业与欧盟环境法》，姜双林译，中国政法大学出版社 2012 年版，第 195 页。

④ Decision No. 1600/2002/EC of the European Parliament and of the Council of 22 July 2002 Decision laying down the Sixth Community Environment Action Programme ［2002］ OJ L242/1, art. 2 （3）.

⑤ Id. art. 3 （4）, at 5. An earlier proposal for the Sixth Programme, provided more detail.

收污染税……要更广泛地使用诸如生态系统服务给付（payments for e-cosystem services）在内的其他市场手段……"①

（三）对环境的国家援助

如前所述，第五个 EAP 已注意到了国家援助与环境保护之间的兼容性问题，其背后的本质在于：欧盟对环境的国家援助政策既考虑污染者付费原则也要考虑自由竞争原则。② 事实上，在适当的情况下可以采取环保措施的国家援助表明共同体"看到了污染者付费原则作为一项原则正受到减损和豁免"。污染者付费原则尤其与关于环境保护国家援助指南相关。根据欧盟委员会的观点，与保护环境有关的成本，和其他产品的成本一样，应由公司内部化。援助控制与环境政策必须在确保污染者付费原则上相互支持。③

1. 共同体指南

欧盟委员会作为负责实施国家援助规定的主要机构，它首次处理环境保护的国家援助问题是在 1974 年，当时制定了第一个环境援助指南。这些指南，中间经过一定的修改，一直适用到 1993 年。这些指南更广泛和更详细地强调政策制定者考虑了国家援助可能对可持续发展和污染者付费原则"全面适用"的影响。1993 年委员会在评估国家援助措施的基础上起草了新的规则④，这些规则后被 2001 年的环境援助指南所替代⑤。目前，生效的是环境援助 2008 年指南。⑥

---

① Decision No. 1386/2013/EU of the European Parliament and of the Council of 20 November 2013 on a General Union Environment Action Programme to 2020 "Living well, within the limits of our planet", [2013] OJ L 354/171, at 173, 174, 176, 193.

② Aid granted by states is governed by EC Treaty articles 87–89. Aid that distorts or threatens to distort competition is prohibited. EC Treaty, art. 87. Special rules exist for agriculture. EC Treaty, art. 36. See Community Guidelines for State Aid in the Agriculture Sector, 2000 OJ (C 28) 2, 3.

③ Jan H. Jans & Hans H. B. Vedder, *European Environmental Law After Lisbon Groningen*, Fourth edition, Europa Law Publishing, 2012, pp. 50–51.

④ The 1994 Guidelines; OJ 1994 C 72/1.

⑤ OJ 2001 C 37/3.

⑥ Jan H. Jans & Hans H. B. Vedder, *European Environmental Law After Lisbon Groningen*, Fourth edition, Europa Law Publishing, 2012, p. 318.

2. 对农业部门的指南①

然而，这些一般准则不适用于农业部门。相反，农业遵循的是独立制度，农业部门为国家援助设定了共同体指南。② 对于农业，只要它尊重共同农业政策的目标，国家援助就具有了正当性。必须综合考虑环境问题。③ 然而，CAP "没有被设计成环境友好的政策"④，环境目标一体化相当缓慢。CAP 包括多项方案，可以说是实施提供者获得原则，而很少要求农业污染者付费。⑤

农业指南支配的内容比 CAP 立法措施中所指的十几个援助类型（例如，投资、关于青年农民、提前退休、有害生产、技术支持、牲畜）还要多。许多内容放在农村发展条例项下，⑥ 同时也授权对环保事业的援助。根据指南，对环境措施的援助必须包括对 EC 环境原则的特别注意："援助方案并没有将从源头上消除污染置于充分的优先地位，或者关于污染者付费原则的正确应用不能被认为是与共同利益相兼容的，因此没能获得委员会的授权。"⑦ 此外，农业指南强调国家援助只有当农民的事业承担超出了 "在该区域内的一贯良好农业实践区而适用这些措施时才提供援助。"⑧

同样，在某些地区，农民在环境限制下工作以保护野生鸟类和所

---

① Grossman, Margaret Rosso, "Agriculture and the Polluter Pays Principle: An Introduction", *Oklahoma law Review*, Vol. 59, No. 1, January 2006.

② Agriculture Guidelines, 2000 OJ (C 28) 2.

③ See EC Treaty arts. 6, 32-38. Agriculture Guidelines, 2000 OJ (C 28) at 4, 3.9.

④ P. M. Barnes & I. G. Barnes, "Understanding the Costs of an Environmentally 'Friendly' Common Agricultural Policy for the European Union", *European Environment*, Vol. 11, No. 11, 2001.

⑤ See M. Cardwell, "The Polluter Pays Principle in European Community Law and Its Impact on United Kingdom Farmers", *Oklahoma law Review*, Vol. 59, January 2006.

⑥ Council Regulation 1257/1999, 1999 OJ (L 160) 80, as amended (consolidated version at CONSLEG 1999R1257 – 01/05/2004). This Regulation will be replaced in 2007 by Council Regulation 1698/2005, 2005 OJ (L 277) 1.

⑦ Agriculture Guidelines, 2000 OJ (C 28), at 8, 5.1.3.

⑧ Agriculture Guidelines, 2000 OJ (C 28), at 9, 5.3.4.

识别出来的栖息地，对超越良好农业实践义务的行为提供援助是允许的；此外，援助"违反污染者付费原则应是例外的、临时的和递减的"①。事实上，1992 年栖息地指令特别确认污染者付费的原则可在自然保育的特殊情况予以有限适用。②

农业方针似乎严格地将 PPP 原则适用于经营性援助："委员会通常不批准减轻公司负担的经营性援助，包括农业生产者引起的污染或妨害所产生的成本。"③ 例外必须具有正当性，例如，新的国家环保要求超越共同体的需求或者生物燃料的开发，但这些援助必须是临时（不超过 5 年）和递减的。④

（四）环境责任

在第五个与第六个 EAPs 之间的数年里，共同体处理了环境责任问题，在第五个 EAP 里已简要提及。⑤ 环境责任指令实质上要求成员国规定行政措施，要求特定的污染者支付防止环境损害发生费用，或支付环境确实受损时用于恢复环境的费用。显然，这是"污染者付费"原则。⑥

1. 《环境责任指令》

2004 年 4 月，议会和理事会颁布了《环境责任指令》。⑦ 虽然范围有限，但与 PPP 原则一致，是一项专门性的环境责任立法，该指令全文共 21 条，包含 6 个附件，于 2007 年在欧盟各成员国实施。其立法目的是在欧洲建立起一个防止和救济环境损害的共同法律框架。《环境责任指令》是由欧盟制定的第一部规定由污染者为环境损害付费的立法。通过规定污染者对可引起环境损害的紧急危险和实际发生

---

① Agriculture Guidelines, 2000 OJ（C 28），at 10, 5.4.2. The Guidelines, id. the Habitats Directive, Council Directive 92/43, 1992 OJ（L 206）7, as amended.

② 1992 OJ（L 206）7, 8.

③ Agriculture Guidelines, 2000 OJ（C 28）at 10, 5.5.1.

④ Agriculture Guidelines, 2000 OJ（C 28）at 5.5.4.

⑤ Fifth EAP, at 72, 82.

⑥ As stated in paras. 2, 18 of the preamble to the Directive, 2004 OJ（L 143）56.

⑦ Directive 2004/35, 2004 OJ（L 143）56.

的环境损害承担经济责任，以使有可能产生污染的自然人和组织完善其防范措施减少污染损害的发生。① 环境损害的预防和补救应通过"污染者付费"原则而得到实施……因此，本指令的基本原则应适用于，其活动已造成环境损害或迫在眉睫的损害威胁负有财务责任的经营者，为促使经营者采取措施，采取尽量减少对环境损害风险的习惯做法以致减少其负有财务上责任的曝光机会。② 该指令适用于"经营者"可能是任何人，不论是法定的、私人的或公共的，只要是经营或控制某职业活动的人。显然，该定义十分广泛，甚至包括农民。③

该指令对经营者的环境责任作了规定，即由两个层级的制度构成，即无过错和过错两类分别适用。首先，对于该指令附件三所列具体行为的环境损害或这种损害的迫近威胁，指令规定了严格责任制度。因此，在这里，仅有该损害或损害威胁的发生就足以引起赔偿责任。这些行为在欧盟相关环境立法也有规定，具体包括废物管理、向土地和地下水进行排放、水资源的抽取、制造和储存使用各种物质、危险物品的运输、空气污染、限制使用转基因微生物以及故意释放转基因物等行为。④ 其次，当环境损害或这种损害的迫近威胁源自任何其他活动，只有被确定为经营者有疏忽或过错，才会产生环境责任的问题。⑤

该指令还对环境损害作出了界定。该指令的目的是建立一个基于"污染者付费"原则的环境责任体系，预防和救济环境损害。根据该指令，环境损害作了狭义上的定义，《环境责任指令》所定义的自然

---

① 唐飞、李玲：《欧盟环境责任制度的立法建构及借鉴意义》，《环境保护》2013 年第 8 期。

② Directive 2004/35, 2004 OJ (L 143) 56.

③ ［英］布莱恩·杰克：《农业与欧盟环境法》，姜双林译，中国政法大学出版社 2012 年版，第 237 页。

④ 唐飞、李玲：《欧盟环境责任制度的立法建构及借鉴意义》，《环境保护》2013 年第 8 期。

⑤ ［英］布莱恩·杰克：《农业与欧盟环境法》，姜双林译，中国政法大学出版社 2012 年版，第 237 页。

资源为四大类，即水、土地、野生物种和栖息地。对于这四类自然资源的损害只有达到一定程度时才被要求予以补偿。[①] 本指令适用于，当经营者有过错或过失的，在附录中列出的由危险活动所造成的环境损害，以及其他活动所造成的对受保护物种和自然栖息地的损害。指令不溯及既往。此外，它不适用于对人身的伤害，对私有财产的损害，或经济损失，[②] 因此成员国的立法将继续对人身和财产的传统损害提供救济。

《环境责任指令》确立损害赔偿的主要目标是恢复资源损害，同时采取污染者"付费"的原则，由污染责任者对环境资源损害恢复的成本付费。指令将恢复成本作为评价损害的主要方法。由于将资源恢复到基线条件需要花费大量时间，因此污染责任者应对恢复资源期间由于自然资源提供的生态功能的丧失予以补偿。根据指令规定，除了对损害的成本和临时的损失承担责任，责任者还应当对损害评估的成本、管理成本、法律成本和实施成本、数据收集和监督成本承担责任。[③]

2. 在农业上的适用

《环境责任指令》适用于某些农业活动。附件三列出欧共体环保措施所监管的 12 项危险活动适用严格责任。其中的许多措施与农耕活动有关。这些措施包括：

受制于第 96/61 号有关综合污染预防和控制指令的许可要求的安装操作。[④]

受制于第 2008/98/EC 号关于废物指令[⑤]或 91/689（EEC）号关

---

① 唐飞、李玲：《欧盟环境责任制度的立法建构及借鉴意义》，《环境保护》2013 年第 8 期。

② 《环境责任指令》序言，第 14 部分。

③ 唐飞、李玲：《欧盟环境责任制度的立法建构及借鉴意义》，《环境保护》2013 年第 8 期。

④ ［1999］OJ L257/26.

⑤ ［2008］OJ L312/3.

于危险废物指令的许可或登记要求所开展的废物管理操作。①

根据第 76/464 号关于由危险物质引起污染指令需事先授权向内陆水体的排放行为。②

根据第 80/68 号关于地下水污染指令，需事先批准将物质排入地下水的行为。③

根据 2000/60 号关于建立共同体水政策框架指令，需许可或授权而将污染物排放或注入地表或地下水的行为。④

根据第 2000/60 号指令，需事先批准的取水或蓄水行为。

植物保护产品［如第 91 /414 号关于待售植物保护产品的配售指令第 2（1）条的界定]⑤ 或生物农药［农药］产品［如 98/8 号关于待售生物农药产品的配售指令第 2（1）（a）条的界定］的制造、使用、储存、加工、灌［填］塞，环境释放和现场运输行为。⑥

第 2001/18 号关于释放转基因生物进入环境的指令所界定的转基因生物蓄意释放、运输和待售行为。⑦ 其中所含的使用基因改造的微生物和有意释放基因改造生物。⑧

有一个条款似乎违背了 PPP 原则，该指令表明，成员国可允许运营商不承担在某些条件下补救措施的成本。如果经营者没有过错或过失的，或者损害是由明确授权的排放或事件所造成的且遵守国家实施共同体措施的那些措施，或者当该排放或活动发生时，根据科学和技术知识，经营者能证明某一排放或活动不可能被认为是造成环境损害的，可以适用这项豁免。⑨

---

① ［1991］OJ L377/39.

② ［1976］OJ Ll29/23.

③ ［2000］OJ 332/91.

④ ［2000］OJ L327/1.

⑤ ［1991］OJ L230/1.

⑥ ［1998］OJ Ll23/ 1.

⑦ ［2001］OJ L106/ 1.

⑧ ［2001］OJ L106/ 1, Annex III, at 71.

⑨ Directive 2004/35, art. 8（4）, 2004 OJ（L 143）at 62－63.

（五）与农业环境措施的兼容性

就环境保护要求在共同农业政策中一体化而言，"污染者付费"原则是共同体环境政策中的最重要的组成部分之一。然而，欧盟委员会 2002 年做过评估，遍及共同体的登记在农业环境协议项下的土地中约有 26% 已经签署了国家协议，据此所提供的支持，是对那些承诺减少诸如化肥和杀虫剂等农场投入的农民的回报。这里提出了一个关于这些措施与"污染者付费"原则之间的兼容性问题。[1]

1999 年，当欧共体对共同农业政策掀起第二轮改革浪潮时，欧共体委员会就建议：[2]

共同农业政策改革中有关环境改革的哲学基础是，农民应该遵守基本的环境标准而无须补偿。然而，如果社会希望农民提供超过这一基线的环境服务时，那么这种服务就需通过农业环境措施进行特殊购买。

它与欧盟委员会的指导思想，即农民被预期在没有补偿的前提下遵守基本环境标准以及农业环境措施被预期用来购买额外的环境服务，不能相提并论。

2003 年，强制性交叉遵守政策措施的推行，有助于共同农业政策向这个指导思想更紧密地靠拢。第 1698/2005 号条例规定农业环境补贴给付将只覆盖那些超越第 1782/2003 号条例所要求履行的强制性交叉遵守标准的承诺。[3] 更为重要的是，欧盟农业开始着手双轨制方法。在拥有高品质土地的地区，农民可能集约化生产以谋求其生产收入的最大化。在这些土地上，需要保存的重要的环境容貌并不多。然而，这些农民现在被要求避免引起污染和环境损害，作

---

① See Court of Auditors, Special Report 14/2000: Greening the CAP, OJ [2000] C353/1, 36.

② European Commission, *Directions Towards Sustainable Agriculture*, COM (1999) 22 final, 28.

③ Council Regulation 1698/2005, Article 39 (3). A similar provision could also be found in Article 23 (2) of Council Regulation 1257/99，只是强制性交叉遵守在当时并不适用。

为其交叉遵守义务的一个组成部分。相反，品质较低的农地区域，通常较少经过集约化农业生产的洗礼，适合于保存的环境容貌则更多。这些地区较低的生产潜力同样意味着当地农民将会更多地为农业环境计划所吸引。在实践中，承诺的区分将组成国家交叉遵守标准的组成部分，特别是国家所确定的良好农业和环境条件，根据农业环境计划项下可获得支付的那些良好农业和环境条件，并不一定确定清晰。[①] 这就产生了一个潜在问题，即某个成员国中的农民会因其提供了该国所期望的环境服务而享受到了补贴，而另一成员国内的农民却未获同样的报偿。[②]

（六）污染者付费原则与政府对农业的支持

政府对农业的支持也提出了与污染者付费原则相关的问题。当农业活动对环境产生危害，影响私人和公共财产时，该原则应当适用。然而当生产商被要求修改其实践以提供环境惠益时（而不是避免损害时），补贴就具有正当性。

在这种语境下，区分不同类型的环境要求之间的区别是重要的。一种是交叉遵守方法，向农民给付取决于遵守最低的农耕环境标准，有时也被称为良好农业规范。另一种是提供者获得方法，农民对超出保护环境最低要求的做法而接收给付（类似于 2001 年经合组织所确定的参考水平）。[③]

共同体保护环境措施要求农民接受直接给付时，得满足作为共同农业政策（CAP）的一部分的那些条例所设定的环保要求。早期的结构性条例允许成员国对一些给付附加环境条件，以及 1992 年后颁布的立法

---

① See Court of Auditors, Special Report 8/2008, *Is Cross Compliance anEffective Policy?* http://eca.europa.eu/portal/page/portal/publications/auditreportsandopinions/specialreports.

② ［英］布莱恩·杰克：《农业与欧盟环境法》，姜双林译，中国政法大学出版社 2012 年版，第 148—149 页。

③ OECD, *Guidelines for Cost-effective Agri-environmental policy measures*, 2010, pp. 65-67.

要求那些接受特定支持给付的生产者得遵守所谓的交叉遵守措施。① 例如，环境保护是谷物土地强制休耕的早期目标，成员国均需对休耕土地采取适当的环境措施。② CAP 改革的 2000 年议程将强制交叉遵守措施作为直接给付的一个条件。③

　　CAP 晚近要求接受单一农场给付和其他直接给付的农民遵守一系列预先存在的法定措施和遵循良好农业规范。2003 年水平条例，对生产者建立了直接 CAP 支持的共同规则，接受直接给付以遵守法定管理要求为条件，④ 即，通过十八项立法措施所施加的实践做法来治理环境、公众和动物卫生、动物福利。保护环境的措施，从 2005 年 1 月 1 日开始适用，包括硝酸盐指令，野生鸟类和栖息地指令，关于保护地下水和污水污泥在农业中应用指令。⑤ 此外，有一个新要求，成员国有义务确保"农业用地……维持良好农业和环境条件"。国家必须基于该条例所建立的框架，考虑"土壤和气候条件、现有的农业系统、土地利用、作物轮作、耕作方法和农业结构"，建立无论是地区的或是国家的最低要求。⑥ 成员国必须确保农民遵守这些义务；处罚，包括对未遵守行为作出评估后予以减少或排除直接给付。⑦

　　但是，从最近欧盟审计院的一份特别报告可知，污染者付费原则并没有完全被融入共同农业政策之中。从理论上讲，污染者付费原则要求加害者承担预防、控制、清理污染的费用。现在该原则是条约和

---

① Cardwell, "The Polluter Pays Principle in European Community Law and its Impact on UK Farmers", *Oklahoma law Review*, Vol. 59, January 2006.

② Council Regulation 1765/92, 1992 OJ (L 181) 12. See Cardwell, "The Polluter Pays Principle in European Community Law and its Impact on UK Farmers", Vol. 59, January 2006.

③ E. g., Council Regulation 1259/1999, 1999 OJ (L 160) 113, cited by Cardwell, "The Polluter Pays Principle in European Community Law and its Impact on UK Farmers", Vol. 59, January 2006.

④ Council Regulation 1782/2003, art. 3, 2003 OJ (L 270) 1, 8.

⑤ Id. art. 4 & Annex III, 2003 OJ (L 270) at 8, 56.

⑥ Id. art. 3 and Annex IV, 2003 OJ (L 270) at 8, 58.

⑦ Id. arts. 6-7, 25, 2003 OJ (L 270) at 8-9, 12.

欧盟《环境责任指令》所规定的法律义务。农业措施既对环境带来惠益也增添负担。农业对环境的负面影响往往包括将有害化学物质（污染物）引入环境。"农业污染的扩散性和识别污染者的难度阻碍了环境法律的执行和损害赔偿责任的分配。"然而，"当农业活动对环境造成危害会影响私人和公共财产时，应适用污染者付费原则"①。污染者付费原则的执行机制可能存在（如在成员国层面所施加的罚款），但并不影响 CAP 受益人接受给付。

　　实际上，对那些不能满足交叉遵守要求的农民适用处罚（即超过了可接受的污染监管程度）的计算并不以引起损害的成本为基础，因此，可能只代表了部分费用。在许多情况下，它们与农民违反交叉遵守义务的严重性是不相称的。审计院再次提请人们注意交叉遵守适用中所存在的弱点。目前，交叉遵守得到了适用，它为污染者付费原则提供了有用的但只是部分的响应。大量的在农村发展项下的给付却没有与交叉遵守相挂钩。结果，排放污染物的那些农民继续接受这些款项且没有任何减少。目前，并不存在这样的机制成比例地考虑到农民所引起污染的预防和清理成本并相应地降低农村发展给付。②

　　综上所述，本节不仅考察了污染者付费原则的源起，而且从与农业相关的视角比较分析了 PPP 原则在欧共体法律中的发展，尤其是分析了 PPP 原则在环境行动规划中是如何以次级立法的方式得以实施的，以及污染者付费原则与国家竞争政策之间的关系，晚近《环境责任指令》对环境损害的预防与救济的规定，体现了"污染者付费"原则，梳理了《环境责任指令》中与农业相关的应受法律规制的具体行为。欧盟《环境责任指令》以环境恢复为目的，由污染责任者付费的制度构建，实现了污染者的责任同环境修复的统一，体现了环境立法中环境生态本位思想。最为重要的是，1999 年，当欧共体对共同农业

① Margaret Rosso Grossman, "Agriculture and the PolluterPays Principle", Electronic Journal of Comparative Law, vol. 11. 3 December 2007.

② European Court of Auditors, *Integration of EU Water Policy Objectives with the CAP: a Partial Success*, Luxembourg: Publications Office of the European Union, 2014, p. 40.

政策掀起第二轮改革浪潮时就已经提出了如下明确的建议："共同农业政策改革中有关环境改革的哲学基础是，农民应该遵守基本的环境标准而无须补偿。然而，如果社会希望农民提供超过这一基线的环境服务时，那么这种服务就需通过农业环境措施进行特殊购买。"这为欧盟农业环境给付制度奠定了坚实的思想基础，也为后续的欧盟农业环境的强制性交叉遵守机制提供了法理基础，明确了政府对农业的支持与污染者付费原则具有非常密切的联系。从晚近欧盟审计院的特殊报告中可知，要真正落实污染者付费原则也面临着诸多挑战，尤其是在农村发展政策项下的各类给付。

第二节　提供者获得原则

一　提供者获得原则的独特内涵①

（一）关键性概念的辨析

1. 污染者付费原则——避免环境损害

污染者付费原则写明污染者应承担避免或纠正环境损害的成本。一般来说，农民必须以其自己的成本确保遵守作为交叉遵守制度的组成部分，即强制性的国家和欧洲环保标准，尊重基本的强制性标准。不遵守强制性的法定要求将受到制裁。

2. 提供者获得原则——供应环境服务

该原则要求为超越法定要求的自愿性环境承诺提供报酬。对于共同农业政策而言，经由农业环境给付以鼓励农民签署超出强制要求的参考水平的保护环境承诺，从而接受这一原则。农业环境给付应涵盖作为自愿性环境承诺所产生的费用和收入损失。

3. 参考水准——基准线

参考水准或基准线代表着：遵守成本由农民承担的环境法定要求

---

① European Commission, *Key terms as regards the CAP and environment*, http://ec. europa. eu/agriculture/envir/cap/index_ en. htm#polluter.

与主动为了环境承诺而给农民提供薪酬的那些措施之间的界限。与污染者付费原则的国际公认定义相一致，参考水准由强制性环境标准作为代表，源自环境立法或交叉遵守的法定要求。超出这个基准水平的，可以适用农业环境给付。

4. 公共物品

公共物品是这样一种物品，即使它已为他人所消费过，还可用于他人消费。个人为公共物品的支付准备就绪会因他人的免费搭车而受挫，市场不能发挥确保这些公共物品令人满意的供给。因此，与社会需求相一致的公共物品的输送，需要政治行动。就供应而言，农业可以提供诸如保持吸引力的、经栽培的景观那样的公共物品，有助于各地的文化遗产或改善环境。

（二）与污染者付费原则内涵间的关系

早在 2001 年，OECD 就出版了《改善农业环境绩效：政策选择和市场方法》一书①，其中就讨论了农民财产权利以及农业在提供环境惠益中的作用。这里有一个问题：农民的财产权利与污染者付费原则之间的关系已经引起了 OECD 国家的重视。从该书关于该原则的定义可知，"如果造成环境损害的消费性或生产性活动并不为财产权利所涵盖"，那么污染者必须付费。

作为 OECD 的重要国家之一的挪威，其农业政策中使用两项重要原则。污染者付费原则确保提供合乎一定参考水准（即良好农业规范）的环保产品。但与农业联合生产公共物品需要那些活动超出基准水平时，则适用提供者获得原则。根据这一原则，政府可能不得不向那些运用私人生产要素提供公共产品的农民付费，以实现理想的资源配置。如果没有支持，这些公共物品将会消失。②

谈到来自农业的环境和景观效益，这是重要的多功能目标，与产

---

① OECD, *Improving the Environmental Performance of Agriculture*: *Policy Options and Market Approaches*, at 6, OECD Doc. COM/AGR/ENV（2001）.

② Michael N. Cardwell, *Margaret Rosso Grossman*, *ChristopherP. Rodgers*, *Agriculture and International Trade Law*, *Policy and the WTO*, CABI Publishing, 2003, p. 109.

权问题紧密相关。在许多国家，农业的土地大多私有。虽然土地用途监管的允许范围在不同的法律制度下各不相同，但政府对私有农地的土地利用决策的干预往往谨慎。如，欧洲委员会指出，要求农民提供环境惠益而不予补偿可能是对财产权利的侵犯。[①]

政府可使用监管，禁止像污染那样造成有害外部性的活动，但它们不太可能会制定措施，要求特定的土地用途或农业做法。禁止有害活动，与污染者付费原则相一致，它可能要求良好的农业实践。相反，为社会所珍视的土地用途（非商品产出）供应可能需要更明智地适用提供者获得原则，实行有偿服务。当土地所有者对农业土地的用途不能与政府目标共享时，对于产生理想程度的环境设施的农民作提供给付是必需的。[②]

有学者从非贸易关切的视角，对提供者获得原则作了进一步的分析。农业多功能的目标可通过如下自然资源的政策予以实现，即那些拥有积极的非商品产出的农民和其他土地管理者（以定位于产出的给付）对负产出的行为施以处罚。由于非商品产出的"空间多样性"，低层级政府可能最有效地设计和管理这些政策，以奖励或惩罚土地管理经理者。更高层级政府可在保护公共物品和确保遵守国际义务方面发挥作用。这样的方案将包括"对已呈现的服务提供给付"或"对那些对社会具有价值却未被作价的产出提供给付，而不仅是补贴"。此类自然资源政策得符合 WTO 的绿箱要求。[③]

在前一小节中，已初步界定了参考水准的概念。但要有效地适用提供者获得原则，得对环境惠益的需求水准有一个更准确的把握。如果"对环境惠益的需求超出了产权所界定的参考标记水平，如果不干

---

① Michael N. Cardwell, *Margaret Rosso Grossman*, *ChristopherP. Rodgers*, *Agriculture and International Trade Law*, *Policy and the WTO*, CABI Publishing, 2003, p. 109.

② Ibid.

③ Blandford, D. and Boisvert, R. N., " Multifunctional agriculture and domestic/international policy choice", *The Estey Centre Journal of International Law and Trade Policy*, 2002, 3 (1), pp. 106–118.

预这样的权利，所追求的环境目标就不能得到强制执行"①。参考水准是可测量的环境质量水平，应由农民以自己的代价予以实现。参考水准可以环境结果、耕作实践或排放水平来表示。因此，参考水准在下列这两种情形中要作出区分：若是污染者付费原则，要求农民承担避免环境损害的成本；若是通过私有资源或生产要素手段来提供环境服务的，则可要求某种激励。②

环境参考水准通常通过良好农业实践得以实现，这些做法的成本由生产者支付。然而，除此之外，农民使用了"私有的生产因素"而改善环境的，这就超越了提供服务的参考水准，应该得到补偿。③ 当然，当"农业活动通过环境致损侵犯了公共财产权利的"，应适用污染者付费原则，使农民负有责任。④

二 提供者获得原则的法律实践

一体化原则体现于共同农业政策的实施，其中"污染者付费"原则和其对应的"提供者获得"原则作为政策工具的作用明显。农民要履行遵守环境保护标准，其未遵守行为要受到处罚。农业可以是环境保护的一个重要组成部分，它有助于保护环境，产生公共产品。公共产品的生产得到了欧洲农村发展基金的支持，⑤ 特别是对农业环境措施的支持⑥。然而，具有

---

① Environmental Performance, at 46.

② Environmental Performanc, at 9.

③ Environmental Performanc, at 46.

④ Environmental Performanc, at 46, 26 (suggesting that environmental reference levels and property rights differ and evolve).

⑤ European Fund for Rural Development was established by the separation of the European Guidance and Guarantee Fund on the base of Council Regulation No 1290/2005 on the financing of the common agricultural policy. The financial sources of the Fund are partly comprised of gradually increasing modulation of direct payments in the frame of the first pillar.

⑥ Compare Cooper T., Hart K., Baldock D., Provision of Public Goods through Agriculture in the EuropeanUnion, Report Prepared for DG Agriculture and Rural Development, Contract No. 30-CE-0233091/00 - 28, London: Institute for European Environmental Policy, 2009, p. 88. http://ec. europa. eu/agriculture/analysis/external/public-goods/summary_ en_ fr. pdf.

潜在环境惠益的其他政策措施是不容忽视的，诸如自然生态 2000 给付或不利区域（自然障碍）给付计划①。这二项给付较充分地体现了提供者获得原则。本书将在后面专辟二章内容分别对其作更为深入的探究。应补充说明的是，这里所指的环境标准简单遵守（非侵权）是上述原则的分离边界。在这个边界范围之内的农业活动不牵涉任何上述原则。② 事实上，欧盟共同农业政策的晚近改革，与同是 WTO 发达成员方美国农业法的改革紧密相关的，在一定意义可以说是相互借鉴、相得益彰的，尤其是在提供者获得原则的法律实践上可谓心有灵犀，一脉相承。

（一）欧盟之外的法律实践（以美国为例）

美国农业立法已长期地给农业生产提供财政和技术援助。如，《1985 年食品安全法》（《农业法》）开天辟地规定了《自然保育篇》，对于治理水土流失提供政府援助，这些保育措施有助于避免土壤侵蚀的污染影响。③ 下面讨论的最近措施，帮助生产者实施遵守环境法律的措施。在某种程度上，这些给付违背了 PPP 原则关于无津贴的内容。

主动给付的一些措施，帮助生产者提供环保设施（公共产品），超越了仅仅是避免污染，超越了法律所规定的最低水平。这些激励措施可以作为提供者获得原则的示例，即意味着"公共物品的提供者应

---

① Compare Annex XI Policy Challenges and the Existing Policy Framework. In Cooper T., Hart K., Baldock D.: Provision of Public Goods through Agriculture in the European Union, Report Prepared for DG Agriculture and Rural Development, Contract No 30 - CE - 0233091/00 - 28. London: Institute for European Environmental Policy. 2009, pp. 330-346.

② Tkacikova, "Trends within Tools of Common Agricultural Policy", *Jana Annals Constantin Brancusi U. Targu Jiu Juridical Sci.*, Series 63, 2012, pp. 68-69.

③ Ted L. Napier (ed.), *The Conservation Title of the Food Security Act of* 1985: *An Overview*, *Implementing the Conservation Title of the Food Security Act of* 1985, *The Soil and Water Conservation Society*, 1990, p. 3.

接受对该公共产品供应的给付"①。

随后的 1990 年、1996 年、2002 年、2008 年和 2014 年修订的《农业法》不断地修订自然保育篇的相关内容，现行法律已直接规定为环境补贴，有许多项目体现的是提供者获得原则。下面以环境品质激励项目（EQIP）和保育安全项目（CSP）为例，释明如下：

1. 环境品质激励项目

对于生产者，特别是畜牧业生产者获得的联邦补贴，似乎违反了污染者付费原则。环境品质激励项目（EQIP）有助于生产者遵守关于土壤、水和空气质量，保护野生动物栖息地，地表水和地下水保育的监管要求。② 1996 年首次制定的 EQIP，在随后的 2008 年③和 2014 年《农业法》中已经获得再授权，2007 财年的重要资助将增至 13 亿美元。④ 与畜牧业生产有关的环保做法将接收 60% 的 EQIP 资金。⑤ 对 2002 财年至 2007 财年签订的所有合同项下的个人和实体提供给付时限于 450000 美元。⑥ 2014 年新的 EQIP 为农业生产者提供资金和技术援助以解决自然资源问题，提供诸如改善水和空气质量、保护地下水和地表水，减少土壤侵蚀和沉积或改进或创造野生动物栖息地等环境惠益。⑦

EQIP 授权与生产者签订期限为一至十年不等的合同，生产者同意执行合格的环境和保护实践做法以换取成本分担和奖励性的给付，

---

① Ian Hodge, "Agri-environmental Policy: A UK Perspective", in D. Helm (ed.), *Environmental Policy: Obiectives, Instruments, and Implementation*, Oxford University Press, 2000.

② 16 U. S. C. §§ 3839aa to 3839aa-9; 7 C. F. R. pt. 1466.

③ Farm Security and Rural Investment Act of 2002, Pub. L. No. 107-171, § 2301, 116 Stat. 134, 253 (codified at 16 U. S. C. §§ 3839aa to 3899aa-9). 详见保育篇的授权。

④ 16 U. S. C. § 3841 (a) (6). 经常会遇到国会拨款经费不足的问题。

⑤ 16 U. S. C. § 3839aa-2 (a), (e), (g).

⑥ 16 U. S. C. § 3839aa-7. 7 U. S. C. § 1308-3a (Supp. III 2003).

⑦ Natural Resources Conservation Service, *2014 Farm Bill Environmental Quality Incentives Program*. http://www. nrcs. usda. gov/wps/portal/nrcs/detail/national/programs/farmbill/? cid = stelprdb1242633.

以及技术援助。"实践做法"的定义包括结构性的做法（包括动物废物管理设施），土地管理实践（包括营养与施肥管理）和综合营养管理规划实践。畜牧业生产者的经营计划，包括生产者开发和实施综合营养管理计划，动物废物贮存或处置设施可获得成本分担给付的资格。生产者也可获得激励性给付资格，以鼓励开发相关法规所要求的营养计划。当然，新的 EQIP 对申请的农民资格作了限定：得控制和拥有适格的土地；遵守调整后的总收入限制条款；得遵守高度易蚀地和湿地保育的法定要求；得制定一项自然资源保育服务的经营计划，对于已被法律所要求的做法给予奖励性给付。①

2. 保育安全项目或保育管护者项目（CSP）

CSP 是美国适用提供者获得原则的另一个例子。2002 年《农业法》② 通过了保育安全项目。③ 2008 年《农业法》停止了该项目，代之以非常相似的保育管护者项目，该项目在 2014 年《农业法》中得以延续。④ 虽然 CSP 基金已是预算削减和再分配的受害者，该项目旨在对在可耕地上采用或维持保育实践做法的生产者提供给付，以有助于保护或改善土壤、水、空气、能源、植物和动物的生命质量以及其他保育的目的。合格的生产者制定保育管护计划，签订设定所要求保育措施的合同。⑤ 有三个层级的保护合同施行越来越严格的要求。第三级最为严格，涉及五至十年的合同，要求生产者申请一项关于整个农业经营过程中关注所有资源的保护计划。作为交换，生产者可获得

---

① Natural Resources Conservation Service, *2014 Farm Bill Environmental Quality Incentives Program*. http：//www. nrcs. usda. gov/wps/portal/nrcs/detail/national/programs/farmbill/? cid = stelprdb1242633.

② Farm Security and Rural Investment Act of 2002, Pub. L. No. 107 – 171, 116 Stat. 134 (2002).

③ 16 U. S. C. § § 3838–3838c; 7 C. F. R. pt. 1469.

④ Natural Resources Conservation Service, *2014 Farm Bill Environmental Quality Incentives Program*, http：//www. nrcs. usda. gov/wps/portal/nrcs/detailfull/national/programs/? &cid = stelprdb1047061.

⑤ 16 U. S. C. § 3838a. § 3838c（b）（3）. § 3838a（b）（3）.

基础给付和分担性给付——通常为采用或维持所要求的保育措施成本的 75%，但对初创业农民为 90%。① 这意味着生产者接收给付是作为奖励，以帮助他们"提供环境设施（公共产品），超越仅仅是避免污染，超越法律所要求的最低水平"②。晚近的保育管护者项目（CSP），自然资源保育服务局在如何提供保育项目给付中作出了重大的转变。现在不再使用传统的补偿模式，即给付每英亩的租金率或使用某实践惯例的评估成本的百分比，相反，CSP 根据保育业绩（点）提供给付——业绩越好，获得的给付越高。③

（二）欧盟自身的法律实践④

1. 共同体层面的措施

欧共体农业环境措施，根植于 20 世纪七八十年代所通过的结构性立法，到 1992 年成为 CAP 更为突出的部分，随着所谓的"配套性措施"的制定，它包括一项重要的环境组成要素。⑤ 欧共体授权对采用环境友好型耕作实践的生产者提供给付，农业环境的支持作为 CAP 的所谓第二支柱，即农村发展的重要组成部分。

农业环境支持取决于《农村发展条例》，包括在农村区域中为农业发展的许多其他项目。⑥ 第 1698/2005 号条例⑦于 2006 年开始适用，它授权对保护环境或维护乡村做法的五年或更长期限的合同提供给

① 16 U. S. C. § 3838c.

② Nanda, Ved P., "Agriculture and the Polluter Pays Principle", *Electronic Journal of Comparative Law*, vol. 11. 3, 2007, p. 64.

③ Natural Resources Conservation Service, *Payment for Performance: Conservation Stewardship Program*, http: //www. nrcs. usda. gov/wps/portal/nrcs/detail/national/programs/financial/csp/? cid = stelprdb1265826.

④ Margaret Rosso Grossman, "Agriculture and the Polluter Pays Principle: An Introduction", *Oklahoma law Review*, Vol. 59, No. 1, January 2006.

⑤ See generally Grossman, Agro-environmental Measures.

⑥ Council Regulation 1257/1999, 1999 OJ（L 160）80, as amended by Council Regulation 1783/2003, 2003 OJ（L 270）70.

⑦ Council Regulation 1698/2005.［2005］OJ L277/1.

付。成员国必须制订农业环境支持方案，但生产者参与是自愿的。

根据《农村发展条例》，"农业环境……承诺将涉及超过通常良好农业实践的应用……他们将供给不为诸如市场支持或补偿性津贴等其他支持措施所提供的服务"①。给付的计算应以收入损失、额外费用为基础，并需要提供一个激励，即由条例所调配的每年最大总量。②支持也授权帮助农民满足新的 EC 环境标准要求，它对农业实践施加了新的义务或限制。③2007 年初，第 1698/2005 号理事会条例取代了《农村发展条例》；该条例清楚地表明：符合条件的农业环境承诺，必须超越良好耕作实践："农业环境给付只包括那些承诺超越业已建立的相关强制性标准以及肥料和植物保护产品的使用的最低要求与由国家立法所建立的其他相关强制性要求。"④欧盟通过 CAP 对农民转变农业生产实践的做法给予补偿，特别是当农民持续按照良好农业实践操作并遵守相关环境法规的，按照农用地单位面积给予农民补贴。⑤

《农村发展条例》还授权对不利区域和受环境限制区域提供补偿。⑥尽管补偿通常只及于那些农民和生产者，即其环境实践比良好实践最低标准受到更严格限制的那些农民，以及在山区和其他欠发达地区对其正常农耕接受补偿的生产者，确保在那些区域能维持农业，如果放弃的话会导致环境退化。⑦此外，农民可因实施野生鸟类和栖息

---

① Council Regulation 1257/1999, art. 23, 1999 OJ（L 160）90, as Amended by Council Regulation 1783/2003, 2003 OJ（L 270）at 73.

② Id. art. 24 & Annex, as Amended by Council Regulation 1783/2003, 2003 OJ（L 270）at 74, 77.

③ Id. arts. 21a-21d, Added by Council Regulation 1783/2003, art. 1（9）, 2003 OJ（L 270）at 72-73（including support for other purposes）.

④ Council Regulation 1698/2005, art. 39, 2005 OJ（L 277）1, 20.

⑤ 高尚宾等：《农业可持续发展与生态补偿中国——欧盟农业生态补偿的理论与实践》，中国农业出版社 2011 年版，序一，第 2 页。

⑥ Council Regulation 1257/1999, arts. 13-16, 1999 OJ（L 160）at 88. Provisions effective in 2007 are at Council Regulation 1698/2005, arts. 37-38, 2005 OJ（L 277）at 19-20.

⑦ Council Regulation 1257/1999, arts. 13-16.

地指令所带来的限制而得到补偿。①但似乎实施 PPP 原则的一个条款表明：支持受环境限制的区域不能 "抵消基于实施硝酸盐指令的限制所导致的成本和收入损失"②。

新改革后的 CAP 基本上保留了原有的一些支持计划，但在内容上作了进一步了改善，详见后面章节的详细论述。

2. 成员国的实践

希腊，在有机农业框架内，对运营商提供补贴以鼓励他们采用环境友好型农业技术，超越 "良好农业实践" 的基线水平，有助于保护环境和维护乡村（农业环境），从而有助于实现共同体关于农业与环境的政策目标。在这种情况下，PPP 原则作为 "提供者获得原则" 相关的和建设性的方面予以适用：遵守与农业环境资助方案相挂钩，促进在超越 "良好农业实践" 基线的基础上的农业环境保护和可持续发展。如果社会希望农民提供超过基线水平的环境服务，那么这种服务就应该通过农业环境措施予以购买。③

因此，虽然有机农业的经营者有义务适用欧共体条例［通过第1804/99（EC）号理事会条例修订的第 2092/91（EEC）号由理事会条例］和第 33221/2001 号的部长联合决定，并给付检测系统的服务费用，④ 根据第 1257/1999（EC）号理事会条例，他们交叉遵守农业土地可持续管理的程度，致力于农业环境承诺的选择，是与基金相挂钩的。第 1257/1999（EC）号理事会条例第 23（2）条规定，确定农业环境承诺的支持水平和适用提供者获得原则，所提供的农业环境承

---

① Council Regulation 1257/1999, art. 16, amended by Council Regulation 1783/2003, 2003 OJ（L 270）at 72.

② Council Regulation 1750/1999, art. 11a, added by Commission Regulation 1763/2001, art. 1（2）, 2001 OJ（L 239）10, 11.

③ Raftopoulos, Evangelos, "Polluter Pays Principle and Agriculture in Greece", 59 *RHDI* 199（2006）, pp. 268–269.

④ See the Preamble（paragraph 38）of Directive 2000/60/EC.

诺"应超越通常良好农业实践的应用"。①

如果说希腊是关于有机农业的服务需要政府通过环境措施来购买的话，那么，英国农民的实践倒是提出了一个有趣的问题：污染者付费原则和提供者获得原则在农业环境措施适用中真的界线很分明吗？Cardwell 教授对此作了深入的分析：

当农业适用于污染者付费原则时，在硝酸盐污染责任和"交叉遵守"两个领域有特定的参照。然而，解决这些具体问题之前，农业部门已为证实两个原则之间的区别提供了充足理由：（a）污染者付费原则的操作与（b）对超越已确定基线及以上工作的补偿权利，或者说"提供者获得原则"。在本质上，农民一般应被认为对低于良好农业规范标准的污染和其他的"负外部性"负有责任，但有权对超过了该标准的"公共产品"的供应获得给付。这种区别已明确地表达于政策文件之中，如导向可持续的农业。②

由农民所担负的各种角色，特别是在维持和保护乡村方面，日益受到社会的密切关注。一方面，农民必须达到社会所要求的环境服务的最低标准包括强制性立法的惯例要求；另一方面，如果社会希望农民提供超越良好农业实践的基本水平的环境服务，那么农民在交付这些公共惠益时，他们所付出的成本和收入损失也应获得给付。③

最近，欧盟委员会明确地表示："适用污染者付费原则，农民遵守现行环境立法通常不能获得给付。"④ 然而，作为政策工具的发展，要在污染者付费原则与提供者获得原则之间保持清晰的界限会变得越

① Raftopoulos, Evangelos, "Polluter Pays Principle and Agriculture in Greece", 59 *RHDI* 199 (2006), p. 269.

② Cardwell, Michael, "Polluter Pays Principle in European Community Law and Its Impact on United Kingdom Farmers", *Oklahoma law Review*, Vol. 59, January 2006.

③ European Commission, Directions: Towards Sustainable Agriculture, COM (1999) 22 final, 1999 O. J. (C 173) 2, 17.

④ European Commission, Agri-environment Measures Overview on General Principles, Types of Measures, and Application, 4 (2005).

来越难。①

英国在实施硝酸盐脆弱区立法中未规定补偿内容。这与污染者付费原则完全一致。与硝酸盐敏感区相对比，这里似乎适用的是提供者获得原则。② 这就是说，与硝酸盐脆弱区的情况相比，硝酸盐敏感地区的义务在严重性上必须标记为"逐步改变"，但它并不总是显而易见的。③ 有机氮肥的最大允许值说明了这一点。1994 年硝酸盐敏感区条例规定，在硝酸盐敏感区域，农民不能在任何 12 个月期间"施用会导致超过每公顷土地 250 公斤氮数量的有机氮肥"。然而，在硝酸盐脆弱区，水保护的良好农业规范守则，到目前为止，要求农民"在任何 12 个月内施用的有机肥中不超过 250 公斤/公顷的总氮。"④另一方面，在硝酸盐敏感区情形下，"奖金方案"提供了更繁重的承诺选择。尽管如此，审计院迟迟没有对这一现象提出批评：成员国已对相对较小的额外努力的农民提供了补偿。在审计院看来，"只有当农民的承诺超越了硝酸盐指令标记的水平和良好农业实践时，才应予援助"⑤。

综上，提供者获得原则不仅具有独特的内涵，而且与污染者付费原则密不可分，虽然其界线不是那么分明；提供者获得原则虽然源于美国，但在欧盟及其成员国间均有丰富的法律实践。尤其是晚近，提供者获得原则为欧盟为农民所提供的超越其强制性标准或法定要求之外的农业环境服务提供给付提供了正当的法理基础。最新一轮的欧盟农业政策改革，更是明确了提供者获得原则在农业环境给付中的独特地位，尤其是在第 1305/2013 号和第 1307/2013 号条例中得到了充分

---

① Council Regulation 1782/2003, arts. 3-9, 2003 O. J. (L 270) 1, 8-9.

② See, e. g., Ian Hodge, "Agri-environmental Policy: A UK Perspective", *in Environmental Policy: Objectives, Instruments, and Implementation 216* (Dieter Helm ed., 2000).

③ See, e. g., Michmael Cardwell, *the European Model of Agriculture (2004)*. at 250-51.

④ Code of Good AgriculturalPracticefor the Protection of Water, 284.

⑤ Cardwell, Michael, "Polluter Pays Principle in European Community Law and Its Impact on United Kingdom Farmers", 59 Okla. L. Rev. 89 (2006), pp. 97-98.

的体现。农业环境气候给付应在支持农村可持续发展和回应社会对环境服务日益增长的需求中继续发挥突出的作用。它们应该进一步鼓励农民和其他土地管理者，通过引入或持续性地适用那些与有助于减缓和适应气候变化，保护和改善环境、自然景观资源及其特征，以及土壤和遗传多样性相兼容的农业实践活动，作为一个整体服务社会。在这样的背景下，农业遗传资源的保育和具有很高自然价值的农业系统的额外需求应给予特殊的关注。给付应有助于覆盖履行这些承诺所导致的额外费用和收入损失，而且，按照污染者付费原则，只应覆盖超越有关强制性标准和要求的那些承诺。成员国应根据第 1305/2013 号和第 1307/2013 号条例，确保给农民的给付，不会导致双重的资助。在许多情况下，由一批农民共同承担的承诺会产生协同效应从而增加环境效益。然而，联合行动所涉及的额外交易成本，应该得到适当的补偿。此外，为了确保农民和其他土地管理人员有机会正确地实施他们所作出的承诺，各成员国应努力为他们提供所需的技能和知识。

第三章

农业环境给付中的交叉遵守机制

如果说，本书第一、第二章更多的是从欧盟农业环境给付的行政法理及其基本原则作了一定程度的挖掘，试图从宏观上、从本质上把握解决欧盟农业环境给付所涉及的复杂关系问题，那么接下来的章节运用解剖麻雀的方法，分别对作为欧盟农业环境给付中一部分的交叉遵守机制给付、不利地区计划给付和农业环境措施给付作更加深入的剖析。不但要从规范层面试图回答欧盟是如何对此作出规定的，更要回答为什么要作出这样的规定或修改，还试图回答它们未来的发展趋势；而且还要从实践层面考察这些机制或计划的实施效果，评析其利弊得失。只有这样才能更好地了解把握它们各自之间以及与整体的本质联系。

其实，环境交叉遵守措施已经在一些经合组织国家，包括欧盟国家、挪威、美国、瑞士和最近的韩国得到了实施。①

在欧洲，为确保可持续的农业生产活动，农民有义务遵守共同的规则和标准以保护环境和景观，为此，欧盟创设了交叉遵守机制，不仅是将环保要求一体纳入共同农业政策的重要工具，而且将直接给付与农民遵守环境、食品安全、动植物健康和动物福利的基本标准，以及与将土地维持在良好农业与环境条件的法定管理要求相勾连，并详细规定了未遵守规定之法律责任。它的目标定位、法定要求和良好农

---

① OECD, *Guidelines for Cost-effective Agri-environmental policy measures*, 2010, p. 67.

业环境条件、与其他农业环境措施的衔接与协同等问题与欧盟体系内的共同农业政策直接关联，为欧盟农业补贴的法律制度的正当化提供法理依据。

欧盟共同农业政策作为欧盟对内、对外关系中具有重要地位的法律制度，晚近作了多次改革，从 20 世纪 70 年代发端以来，其间经过了多次改革，2010 年开始经全民讨论，2013 年 6 月，欧洲委员会、议会和理事会就共同农业政策改革达成了政治协议并提出了立法建议，2014—2020 年的政策措施业已确定，交叉遵守机制（cross-compliance）依然保留其中，[①] 它的最新发展值得探讨。

除了第 73/2009 号理事会条例和第 1122/2009 号欧盟委员会条例之外，与交叉遵守相关的主要法律依据是第 1306/2013 号条例、第 640/2014 号条例、第 809/2014 号条例。该机制包含了给农民设定的 13 项法定管理要求（原来 19 项）和使土壤、水和栖息地等维持良好农业环境条件之义务（7 项）。自 2005 年起，欧盟绝大多数接受直接给付的农民均从属于强制性的交叉遵守机制。该机制在共同农业政策给付与确保遵守基本强制性标准的需求之间产生综合效应。交叉遵守机制在运行中也面临着一些挑战。

那么欧盟现行交叉遵守机制诞生于何种历史背景？具体有哪些主要法律规范？由谁负责实施？其实施效果如何？对于违反行为如何控制与处理？如何保障农民能有效地遵守该机制？在实践中又面临着怎样的挑战？如何正确评价这些改革成果？本章拟就这些问题作一较为深入的探究。首先，从历史溯源及其机制变迁中去深刻把握其发展规律。

---

① European Commission, *Proposal for a Regulation of the European Parliament and of the Councilestablishing Rules for Direct Payments to Farmers under Support Schemes within the Framework of the Common Agricultural Policy*, COM（2011）625/2 Final, http：//eur-lex. europa. eu/Lex-UriServ/LexUriServ. do? uri＝COM：2011：0625：REV1：EN：PDF.

第一节　交叉遵守机制的溯源与变迁

共同农业政策的 2003 年改革（CAP）对农业支持作出了一系列调整。这一政策变化的主要目标是促进更加以市场为导向，农业的可持续发展，反映欧洲市民的关切。最具实质性的变化是引入了每个农场的脱钩的给付制度（单一农场给付）。此外，未能满足一系列的环境、动物健康和福利与食品安全要求的接收人可能受 CAP 直接给付削减的约束（交叉遵守）。① 其中 2003 年开始的共同农业政策改革被誉为"一个新时代的开始"。这次改革采取了包括交叉遵守在内的一系列措施，其重点就在于减少欧洲农业政策对环境的有害影响。

一　交叉遵守机制的背景：1970—2000 年

交叉遵守机制并非欧盟的独创。它早在 20 世纪 70 年代的美国就出现了。指农民必须满足一些条件，才能获得政府对农业支持方案项下的援助的资格，特别是商品的"项目"。1985 年美国《食品安全法》首次将农业补贴与环境条件相联系。但该原则在美国最初是作为经济措施而不是环境措施出现的。在美国，农民请求某一项目项下的支持，他们必须既要满足该项目的相关规则，也要满足其他联邦项目的某些特定义务：使"交叉的项目"产生链接，催生了"交叉遵守"这一术语。自此以后，该术语开始既在美国国内也在其他地方使用，主要是农业与环境政策之间的某些连接。即获取补贴的农民应该遵守环境条件这一原则作为"资源遵守"或"保育遵守"而为人们所熟悉。结果，交叉遵守在美国和欧盟演变为不同的含义。②

---

① Alliance Environnement：Evaluation of the Application of Cross Compliance as Foreseen under Regulation 1782/2003, Part II：Replies to Evaluation Questions, 27/07/2007, http：//ec. europa. eu/agriculture/eval/reports/cross_ compliance/part2. pdf.

② ［英］布莱恩·杰克：《农业与欧盟环境法》，姜双林译，中国政法大学出版社 2012 年版，第 82 页。

（一）早期发展

在欧洲经济一体化的进程中，共同农业政策扭转了当时欧共体农产品自给率只有85%的窘境，对欧共体农业所取得的成就功不可没。但是，作为共同农业政策的法律基础，欧共体于1957年签署的《罗马条约》并未将环境保护作为共同农业政策的目标予以规定。由于当时共同农业政策的指导思想是提高产量和生产力，确保粮食供应和稳定农民收入，基本上没有考虑农业的环境影响，结果共同农业政策在取得巨大成就的同时也破坏了环境和生态平衡。在过去的五十多年里，欧盟已逐渐意识到共同农业政策对环境的影响并开始进行一些改革，欧盟自20世纪80年代末就对交叉遵守进行了讨论，CAP后续的各项改革增加了作为生态环境一体化政策工具的交叉遵守的重要性。

1988年结构性立法引入了"搁置"或"闲置"土地的可能性，授权成员国可以选择将维持休耕土地作为受益人保护环境和自然资源的一项义务。[1] 1989年结构性立法进一步修订时规定：可对山区、丘陵或不利区域的农民给付补偿性津贴时附以环境条件。[2]

在农业专员MacSharry领导下的1992年CAP改革，人们日益关注"直接给付"，进一步增加了交叉遵守的潜在关联。这些项目的更大透明度促成了人们对下列问题的争论，即关于农业支持更广泛目的，要求农民满足更高的环境标准，向社会提供有形的社会和环境惠益作为给付回报的可能性。这些想法是新兴观点的一部分，即生产可能不再是对农业提供公共支持的主要目标。同时有越来越多的证据表明，农业遵守一系列欧盟环保标准的水平低于其他一些行业，正在引起环境损害。有人担心，农民在接受公共资金时却不尊重法律的要求。作为MacSharry改革的一部分，环境交叉遵守的元素被引入CAP。成员国被迫将"适当的环境条件"适用于可耕种地强制休耕的管理，并允许

---

[1]　Commission Regulation（EEC）1272/88 Laying down Detailed Rules for Applying the Set Aside Incentive Scheme for Arable Land（1988）J OJ L121/36, art 4（3）.

[2]　Council Regulation（EEC）797/85 on Improving the Efficiency of Agricultural Structures（1975）OJ L9311, art 14.

引入将肉牛和羊的头数补贴与直接给付的环境条件相联系。[①]

更显著的是，1992年MacSharry改革，随后公布的立法，将这种交叉遵守延伸至对市场共同组织项下农民的直接给付款项。这一事实所具有的重要意义在于，结构性立法项下的给付和市场的共同组织项下的给付似乎适用不同的原则。在结构立法的情况下，服务提供者原则获得一般性的支配地位。因此，对报酬接收者所施加的条件是要兑现诸如维持山区的农耕这样的"正外部性"。另一方面，应看到的是，当将交叉遵守延伸至调整市场共同组织的立法时，这些条件创造了一个享有更广泛的价格或生产商支持可被开启之前才能被清除的障碍。因此，这些条件被广泛地导向解决由集约化养殖所产生的"负外部性"问题。

特别是，1992 MacSharry改革见证了对畜牧业支持的"绿化"。最值得注意的是，关于哺乳奶牛保费和牛肉特殊溢价形式的头数给付受到了放养密度的限制。[②] 此种限制最初定为1993财政年度每公顷牧草3.5个家畜单位。[③] 从1996年及其随后的财政年度削降到每公顷牧草放养2个家畜单位。[④] 就是说，普遍的理解是，即使放养密度限于每公顷牧草为2个家畜单位，各成员国也有丰富的牛肉产品供应，也不会有很大的负担。然而，一些特殊规则无疑冲淡了这些规定的效力。重要的是，并非所有的动物都被列入放养密度（猪便是例子），以及

---

① Alliance Environnement: Evaluation of the Application of Cross Compliance as Foreseen under Regulation 1782/2003, Part II: Replies to Evaluation Questions, 27/07/2007, http://ec. europa. eu/agriculture/eval/reports/cross_ compliance/part2. pdf.

② Council Regulation (EEC) 805/68 on tbe common organisation of the market in beef and veal (1968) JO L148/24 art 4g, as amended by Council Regulation (EEC) 2066/92 (1992) OJ L215/49. 这里"头数给付"是指按农民所养动物数量领取补贴，结果导致牧场过载，造成生态破坏，后来的改革，严格控制单位牧草上放养动物的数量。

③ Council Regulation (EEC) 805/68 on the Common Organisation of the Market in Beef and Veal (1968) JO L148/24 art 4g (2), as Amended by Council Regulation (EEC) 2066192 119921 OJ L215/49.

④ Ibid.

不超过 15 个牲畜单位的生产者可获豁免（审计院报告葡萄牙所有养牛设施的 90% 得到豁免）。[①]

从 1992 年 MacSharry 改革后不久所制定的立法中可以看到，授权成员国在畜牧部门的市场共同组织项下的头数给付附以环境条件。[②] 在该要求中明显体现了污染者付费原则的适用，各成员国推出了交叉遵守，对违反者予以处罚是强制性的。

各成员国可根据任何违反这些措施的生态后果的严重性处以适当的和相称的处罚。如果必要，如此处罚可削减或取消与各自奖金计划相链接的惠益。[③]

因此，对市场共同组织直接给付的早期措施中所附加的交叉遵守条件，似乎并不具有重大的影响。凡强制性的，如在放养密度限制或休耕的情况下，它们并没有作为一项规则构成沉重的负担；并且，如果它们有能力对农耕施加更大影响，如在头数给付的情况下，由各成员国选择实施。

从环境方面来说，将直接给付引入农业生产政策的真正意义，不在于共同体可以利用这些给付措施以阻止农民日益强化的集约化生产，而是这些付费措施确保农民有机会履行一些更明确的环境义务。与给付有关的接受者有义务遵守一些明确的环境条件。而这种联系构成了交叉遵守原则的基础。欧共体在 1993 年的《第五个环境行动规划》中对交叉遵守进行了表述，指出保险的分配以及其他补偿给付应该"完全满足环境义务"。[④]

---

① Court of Auditors, para 21.

② M Cardwell, "Common Agricultural Policy Quotas and the Environment", *Drake law Review*, Vol. 45, 1997.

③ Council Regulation (EEC) 3013/89 on the Common Organization of the Market in Sheep Meat and Goatmeat (1999) OJ L289/1 art 5d (as Amended by Council Regulation IEC) 233/94 (1994) OJ L30/9).

④ Council of the European Community, Fifth Environmental Action Programme in Relation to the Environment and Sustainable Development, Official Journal [1993] C168/38.

（二）2000 年议程改革：柏林峰会

1999 年之前的 CAP 改革被称为 2000 年议程。为了解决农业耕作中对环境状态产生不利影响的某些变化，在一定程度上，1999 年 3 月在柏林峰会上所达成的 2000 年议程改革解决了这些缺陷。1999 年 CAP 改革（2000 年议程）第一次引入了遵守环保要求的原则。特别是，理事会于 1999 年 5 月 17 日通过了第 1259/1999 号条例，对共同农业政策下的直接支持计划建立了共同规则，这适用于大多数市场共同组织项下给农民的直接给付，迫使成员国"采取他们鉴于所用的农业用地或有关生产的情况并反映潜在环境影响而认为适当的环保措施"①。这些措施可能包括"以换取农业环境承诺的支持"，"一般的强制性环保要求"，"特殊环境要求构成直接给付条件。"② 这些措施构成了 1999 年《农村发展条例》的新近内容。此外，1999 年《水平条例》序言明确详述了这些要求"应由成员国采取的环境措施"，"尽管给予援助存在可用于非强制性的环保承诺的可能性。"③ 再次确认：在发生不遵守这些环境法定要求的情况下，成员国可自行决定将要采取的措施，即根据不遵守规定行为的生态后果的严重性而施以的适当和相称的处罚，并且这些处罚又一次延伸至"取消有关支持计划所获得的利益"④。

在这种语境下，可以注意到，两个因素的结合，降低了 1999 年《水平条例》的功效。首先，交叉遵守的条件限于环境保护。其次，虽然环保要求是强制性的，但在其执行方式上给予了成员国以广泛的自由权，这样就产生了竞争扭曲的真正危险。⑤ 结果，地区委员会主张，为了对抗任何这样的扭曲，框架规则应在欧共体层面予以设置。⑥

---

① [1999] OJ L160/113 art 3 (1).
② [1999] OJ L160/113 art 3 (1).
③ [1999] OJ L160/113 pmbl (3).
④ [1999] OJ L160/113 art 3 (2).
⑤ [1999] OJ C93/1 para 4 (1).
⑥ [1999] OJ C93/1 para 4 (1).

委员会还主张，在市场共同组织直接给付的情况下，交叉遵守条件的基准线应是良好农耕实践，对"额外环境服务供应提供"独立的给付。① 后边这种情形就是我们在第二章第二节所阐述的提供者获得原则的适用问题。

这一机制被指定为"环境交叉遵守"，因为援助的给予仅以遵守环境约束为条件。② 在欧盟的辩论中，术语交叉遵守和环境约束往往交替使用，以描述农民获取农业补贴资格与环境条件是紧密相连的，换言之，环境条件附属于农业支持政策。③

二　共同农业政策的中期审查与强制性交叉遵守的引入

今天，交叉遵守必须置于更广泛的可持续发展目标下审视。欧盟在 2001 年哥德堡理事会上所形成的关于欧洲联盟可持续发展战略中，强调了欧盟将环境目标纳入其内部政策和改善自然资源可持续管理的必要性。农业总司强调了这些要求：

"农民有义务根据良好农业规范和环境立法进行生产，从而有助于减少生产的负面影响。"④

委员会在一份通讯中给交叉遵守设定了参考指标。它声明，"为了实现可持续农业和农村发展有必要作出一些调整"。这些包括通过交叉遵守将食品安全融入 CAP 并在环境领域推进强制性的遵守，减少支持机制的负面压力，强化服务的提供。它还指出，动物的健康和福利关切必须完全融入 CAP。关于交叉遵守制度目的的明确声明如下：

"交叉遵守将以整个农场已用或未用的农业土地的方法作为申请

---

① ［1999］OJ C93/1 para 4（1）.

② *Council Regulation* 1259/1999，1999 *O. J.*（L160）113（*EC*），*art.* 3.

③ Daniel Bianchi，"Cross Compliance：The New Frontier in Granting Subsidies to the Agricultural Sector in the European Union"，*Georgetown International Environmental Law Review*，Vol. 19，2007.

④ Alliance Environnement：Evaluation of the Application of Cross Compliance as Foreseen under Regulation 1782/2003，Part II：Replies to Evaluation Questions，2007，http：//ec. europa. eu/agriculture/eval/reports/cross_ compliance/part2. pdf.

条件，包括这种可能性，即如果成员国认为有必要的，将以防止将牧场转换耕地作为申请条件。关于已用和未用的土地，交叉遵守将涉及尊重法定管理要求和将土地维持在良好农业生产条件的义务。"整个农场方法直接遵循脱钩的逻辑并强调交叉遵守制度的主要目的：支持环境、食品安全和动物健康与福利立法的实施。不尊重交叉遵守要求的，在保持与有关风险或损害相称的情况下，应减少直接给付。①

共同农业政策中期审查提供了加强交叉遵守性的机会，欧共体机构视为构成政策制定中的"彻底改变"。当 2003 年 6 月 26 日同意改革时，农业专员费什勒宣称"今天标志着一个新时代的开始。"② 主要政策举措最重要的有两项，一是将大多数直接给付卷入单一农场给付（SFP）之中，与生产脱钩，也即著名的"单一农场给付"；二是广泛的强制交叉遵守条件菜单的附件，它不仅面向 SFP 而且也适用于大多数的直接给付。③ 中期审查中将交叉遵守远远地拓展至环保领域之外。2003 年《水平条例》规定，作为一般规则，任何接受直接给付的农民：首先，遵守"法定管理要求"；其次，有义务将所有农业用地维持在"良好农业和环境条件"；最后，鼓励采取维护现有永久性牧场的措施。④ 尤其是后者，是一项非常特殊的安排，在欧盟看来，永久牧场在保护生物多样性中具有特殊重要的意义。

交叉遵守作为一种强制措施被引入，其范围从原来的环境关注扩展到更为广泛的为公众所关注的领域。从 2005 年 1 月 1 日开始，随着第 1782/2003 号条例的生效，从 CAP 第一支柱项下直接给付中受益的那些农民，在未遵守环境、公共健康、动物和植物卫生与动物福

---

① Alliance Environnement：Evaluation of the Application of Cross Compliance as Foreseen under Regulation 1782/2003，Part II：Replies to Evaluation Questions，27/07/2007，http：//ec. europa. eu/agriculture/eval/reports/cross_ compliance/part2. pdf.

② *The New*，*Reformed*，*Agricultural Policy*，Final Press Conference after the Decision at the Council on Agriculture，Luxembourg，26 June 2003，Speech/03/326.

③ The 2003 Horizontal Regulation［2003］OJ L270/1，arts 3-9（as amended）.

④ （2003）OJ L270/1，arts 3-5（as amended）.

利领域的一定标准情形下，可能会受到给付削减或撤销的约束。这种方法自 2007 年 1 月 1 日起扩大到与 CAP 第二支柱第 2 轴项下的与 8 项措施有关而接受援助的受益者（第 1698/2005 号理事会条例第 51 条）。为了避免这些援助方案项下所接受的直接援助总体水平的任何降低的可能性，农民必须遵守 19 项法定管理要求（第 1782/2003 号条例附件三所提到的法定管理要求）① 以及包括硝酸盐指令第 4、第 5 条，必须确保农业土地处于良好农业和环境条件（GAEC）的一系列要求，由成员国以第 1782/2003 号条例附录Ⅳ项下所给定的框架为基础予以界定。在此框架内，成员国享有广泛的自由范围。如同所指出的那样，他们可以界定区域而不是全国性的最低要求。他们还可"考虑有关区域的具体特点，包括土壤和气候条件、现有的耕作制度、土地利用、作物轮作、耕作方式和农业结构"②。

根据第 1782/2003 号条例，农民必须遵守一系列共同体法律以保持其接受直接支付的资格。从 2005 年 1 月 1 日起，农民必须确保其耕作方式符合共同体众多的关于环境、公共健康与动物健康以及动物鉴定与登记方面的措施。从 2006 年 1 月 1 日起，共同体还增加了关于公共健康、动物与植物健康方面的法律。另外，从 2007 年 1 月 1 日起，农民也必须遵守大量关于动物福利方面的指令。结果，这些措施进一步消除了耕作方式的差别，因为共同体的所有农民都必须保证他们的耕作方式符合同样的共同体法律。③

这里需要特别指出的是，强制性的交叉遵守与自愿性的农业环境措施还是有区别的。重要的是，在欧洲共同体所表示的框架下，"不

---

① A transitional derogation（applicable until 31/12/2008）from the application of SMRs was granted to the new Member States applying the single area payment scheme（SAPS）. All new Member States applying the SAPS（i. e. all new Member States except Malta and Slovenia）have made use of this derogation which applies to both first and second pillar.

② The 2003 Horizontal Regulation［2003］OJ L270/1, art 5（1）.

③ ［英］布莱恩·杰克:《农业与欧盟环境法》，姜双林译，中国政法大学出版社 2012 年版，第 89 页。

妨碍农村发展立法项下监管良好农业习惯的标准"和"适用高于良好农业习惯的参考水平之上的农业环境措施"的区别。① 因此,这种区别被保留了下来,一方面,农民所采取的行动作为 SFP 接受给付和市场共同组织项下大多数直接给付的条件,另一方面,这些行动足以使因供应"公共产品"而获取的薪酬正当化。事实上,在农村发展立法中,现在明确规定,农业环境与动物福利支出只包括超出任何交叉遵守义务的承诺。② 欧盟对自愿性的农业环境措施如何提供财政性给付的相关内容,将在后文中辟专章予以论述,在此不赘述。

为此目的,欧盟筛选了一组特别与有关环境保护、食品安全和动物健康与福利相关的法定要求,共有 18 项。不尊重这些要求的农民将面临其直接给付的消减。交叉遵守进一步适用于将农业用地维持在良好农业和环境条件的义务,以避免土地被遗弃和持续的环境问题。③

至于不遵守的处罚,条例规定可以延伸到一年或多个日历年的直接给付的整体丧失,将各种指令和条例项下或被强制执行的任何处罚附加在一起共同构成法定管理要求。如在 2003 年《水平条例》的陈述中,直接给付不妨害"共同体或国家法律其他规定中在现在或将来所设定的制裁"④。此外,虽然法定管理要求可能代表的是已经存在的规则,但将所有农业用地维持在良好农业和环境条件的义务无疑是新的。无可否认,欧共体框架中所设定的某些具体标准并不能等同于革新性的实践。例子是:"适当的机械使用"和"避免有害植物对农田的侵害。"⑤然而,反映的事实是,即接收 SFP 和绝大多数的直接给付不依赖于生产本身,该义务的覆盖面非常宽广,因为它也适用于不投

---

① The 2003 Horizontal Regulation〔2003〕OJ L270/1, act 5 (1).

② The 2005 Rural Development Regulation〔2005〕OJ 1277/1, arts 39 (3), 40 (2).

③ CAP Reform and EU The future of European Agricultural Policy, 16 March 2004, P3, http://ec. europa. eu/agriculture/events/sofia/ahner. pdf.

④ The 2003 Horizontal Regulation〔2003〕OJ L270/1 Preamble (2).

⑤ The 2003 Horizontal Regulation〔2003〕OJ L270/1 Annex JV〔as amended by Council Regulation (EC) 864/2004 12 (04) OJ 206/20〕.

入生产的土地，以避免土地抛荒。①

正如第二章第二节污染者付费原则所阐明的那样，交叉遵守机制是以该原则为基础的，但实践中并不会立即显现，附属于 SFP 和绝大多数直接给付的交叉遵守条件等同于污染者付费原则的直接适用。严格地说，一个农民可放弃这些给付并免于这些条件。然而，现实的情况是，该给付款项的重要性对于自主选择留下了很小的幅度空间。交叉遵守可以说体现了交易的特点，但一个地方的农民在谈判中很少有回旋的余地。②

这些 SMRs 要以诸如硝酸盐指令这样的现有欧盟指令和条例为基础。让农业用地保持 GAEC 是项新的要求，尤其旨在防止抛荒和严重疏于管理。

根据规定，成员国还必须建立支持交叉遵守的综合咨询制度（从 2007 年 1 月 1 日起必须建立）。后文详述。

总之，交叉遵守是通过农民接收直接给付时强化尊重强制性标准以促进欧盟农业可持续发展的机制。这是伴随附件Ⅲ中现有的义务而削减援助的制度而其本身并不是一套新的标准。只有附件Ⅳ和关于永久牧场的义务是对农业部门的新要求，这些都可被看作针对脱钩产生潜在负面影响的保障措施。交叉遵守还没有被建议作为一种引入实质性义务的新工具。也不是脱钩给付的论据，脱钩给付是基于其他的考虑。③ 它也同样很难说这样的交叉遵守简单地适用服务提供者获得原则。而且，没有要突破的基线以吸引给付，它可能会受到质疑：SFP

---

① The 2003 Horizontal Regulation［2003］OJ L270/1, pmbl（3）.

② For such analysis in relation to environmental measures prior to the Mid-term Review, See CP Rodgers, "Agenda 2000, Land Use, and the Environment: Towards a Theory of Environmental Property Rights" in J Holder and C Harrison（eds.）, *Law and Geography: Current Legal Issues 2002*, Oxford: Oxford University Press, 2003, p. 239.

③ Alliance Environnement: Evaluation of the Application of Cross Compliance as Foreseen under Regulation 1782/2003, Part Ⅱ: Replies to Evaluation Questions, 27/07/2007, http://ec. europa. eu/agriculture/eval/reports/cross_ compliance/part2. pdf.

的主要功能是否是交付"公共产品"（农业环境服务）。尽管该功能在政策文件可能已被强调，2003 年《水平条例》明确其作为收入支持的补贴新形式。①

三　2008 年的正常检查改革

最近几年所实行的一系列改革，逐渐将共同农业政策的重心从数量转向质量、从生产支持转向生产者支持。2008 年 12 月对共同农业政策进行了正常检查。对与集约型农业相关联的环境副作用的认识，以及对保护和加强环境的耕作方式的支持力度的需求意识的与日俱增也是非常重要的因素。环境问题已在政治议程大厦中登堂入室，而且对于政治家和政策制定者而言，其重要性的分量已不容小视。在欧洲层面，1986 年的《单一欧洲法》修订了《欧共体条约》，明确规定，环境保护的有关法定要求应成为共同体其他政策的组成部分。如今，经《欧盟条约》和《阿姆斯特丹条约》的后续修改，《欧共体条约》第 6 条规定了硬性指令，即"环境保护的法定要求必须融入共同体政策和行动的界定和执行之中……特别是为了促进可持续发展"。考虑到农业在欧洲农村中的主要作用，认为现在共同农业政策在支持欧盟许多主要环境政策倡议中发挥着主要作用并不令人惊奇。比如 2008 年的共同农业政策正常检查承认了它在保护和加强生物多样性、管理和保护水源以及应对气候变化中所发挥的中心作用。②

2008 年正常检查也为直接给付设定了底线。鉴于共同体 25 个成员国几乎有一半接受直接给付的农民每年所接收的给付不到 500 欧元，正常检查提出要求，从 2010 年开始，只能向那些既有资格每年至少获得 100 欧元又耕作了至少 1 公顷合格土地以上的农民发放给付。③

2008 年正常检查保留了第 1782/2003 号理事会条例所采纳的法定

①　[2003] OJ L270/1, art I.

②　[英] 布莱恩·杰克：《农业与欧盟环境法》，姜双林译，中国政法大学出版社 2012 年版，第 5—6 页。

③　Council Regulation 73/2009, [2009] L 30/16, Article 28.

交叉遵守要求的结构，但简化了农民必须遵守的共同体法律的清单。①
共同体农民必须遵守以下共同体法律以保留其根据共同农业政策获得
直接给付的完全资格。法定管理要求主要体现在环境保护，公共与动
物健康以及动物鉴定与登记，公共、动物与植物健康，疾病通知和动
物福利等方面，具体表现在：②

1. 环境保护

关于野鸟保育的第 79/409/EEC 号理事会指令，[1979] OJL103/
1：[第 3（1），3（2）（b），4（1），4（2），4（4）和 5（a），
（b）和（c）条]；

关于保护地下水免受由特定危险物质引起污染的第 80/68/EEC 号
理事会指令，[1980] OJL20/43：[第 4 条和第 5 条]；

关于环境保护、特别是在农业中使用污泥时的土壤保护的第 86/
278/EEC 号理事会指令，[1986] OJL181/6：[第 3 条]；

关于保护水体免受农业面源中的硝酸盐所引起的污染的第 91/
676/EEC 号理事会指令，[1991] OJL375/1：[第 4 条和第 5 条]；

关于自然栖息地以及动植物保育的第 92/43 号理事会指令，
[1992] OJL206/7：[第 6 条以及第 13（1）（a）条]。

2. 公众与动物健康以及动物鉴定与登记

关于猪鉴定与登记的第 2008/71/EEC 号理事会指令，[2008]
OJL213/31：[第 3—5 条]；

欧洲议会与理事会关于建立牛类动物鉴定与登记以及牛肉及牛肉制品
标签制度的第 1760/2000 号规则，[2000] OJL204/1：[第 4—7 条]；

关于建立绵羊与山羊鉴定与登记制度的第 21/2004 号理事会条

---

① Council Regulation 73/2009，[2009] L 30/16，Article 4 and Annex Ⅱ．

② 这部分内容既可参见［英］布莱恩·杰克《农业与欧盟环境法》，姜双林译，中国
政法大学出版社 2012 年版，第 91—93 页。也可参见 Daniel Bianchi，"Cross Compliance：The
New Frontier in Granting Subsidies to the Agricultural Sector in the European Union"，*Georgetown In-
ternational Environmental Law Review*，Vol. 19，2007. 附件三中第 3、4 条中所指的法定管理
要求。

例，［2004］OJL5/8：［第3—5条］。

3. 公众、动物与植物健康

关于加强市场上的植物保护产品的第91/414/EEC号理事会指令，［1991］OJL230/1：［第3条］；

关于禁止在农作物中使用荷尔蒙、抗甲状腺药物治疗行为和受体激动剂等物质的第96/22/EEC号理事会指令，［1996］OJL125/3：［第3（a），（b），（d）条和（e）条，第5条和第7条］；

欧洲议会和欧洲理事会关于食品法及建立欧洲食品安全机构的一般原则和要求的规定，以及检验食品安全程序的一般原则和要求的规定，［2002］OJL31/1：［第14条，第15条，第17（1）条以及第18—20条］；

欧洲议会和欧洲理事会关于预防、控制和消除某些遗传性海绵状脑病的第999/2001号规则，［2001］OJL147/1：［第7条，第11—13条及第15条］。

4. 疾病通知

第85/511/EEC号理事会指令采纳了关于共同体采取控制口蹄病的措施，［1985］OJL315/11：［第3条］；

第92/119/EEC号理事会指令采纳了共同体控制某些动物疾病的一般措施和采取与猪传染性水疱病特殊措施，［1992］OJL62/69：［第3条］；

第2000/75/EEC号理事会指令设定了关于控制与消除蓝舌病的特殊规定，［2000］OJL327/74：［第3条］。

5. 动物福利

第91/629号理事会指令规定了保护牛的最低标准，［1991］OJL340/28：［第3—4条］；

第91/630号理事会指令规定了保护猪的最低标准，［1991］OJL340/33：［第3—4（1）条］；

第95/58号理事会指令关于为耕作目的保护饲养动物的规定，［1998］OJL221/28：［第3条］。

这些法定管理要求的具体规范内容将在本章第二节中予以详细考察。当然，鉴于，2013 年和 2014 年欧盟对交叉遵守机制的有关内容，已据各成员国的实际实施状况作出了相应的改革完善和调整，法定管理要求已从原有的 19 项减至 13 项；有些法定管理要求根据实际需要，作了调减。

另外，第 1782/2003 号条例还要求成员国制定良好的农业与环境条件，解决条例中所设定的特定问题和标准。农民必须遵守作为其交叉遵守义务组成部分的这些标准。2008 年正常检查对这些标准和问题进行了修改。如表 3-1 所示，欧盟区分出了主要问题，据此分别设置了强制标准和选择性标准。

表 3-1　　　　　　　　　　"良好农业与环境条件"要求

项目	强制标准	选择性标准
土壤腐蚀 通过适当措施保护土壤	最低程度的土壤覆盖； 反映当地特定条件的最低程度土地管理	梯田保护
土壤有机物 通过适当措施保持土壤有机物	耕地上作物收割后遗留在地里的残茎的管理	轮种标准
土壤结构 通过适当措施保持土壤结构		适当机械的使用
最低的保持水平 保证最低的保持水平并避免栖息地退化	保持景观特征，包括在恰当的地方，树篱、池塘、沟渠，成排或成片或单独的树木以及田埂；避免种植农业中不受欢迎的植物；保护永久牧场	最低限度的牲口饲养率或/和合适的制度；建立和/或保护栖息地。禁止砍伐油橄榄树；维持油橄榄树和藤本植物的良好生长条件
水体保护与管理	沿水源地建立缓冲带；当用水灌溉须经批准时，遵守批准程序	

随后，2008 年 CAP 正常检查承认农业在保护和加强生物多样性、管理和保护水资源和应对气候变化方面发挥了中心作用。[①]与环保相关的有五个方面（动物福利；动物健康；疾病通知；公共卫生和环境）的交叉遵守标准，其中有两项涉及农业对自然保育的贡献，即第

---

① See Regulations 72-74/2009 OJ 2009 L 30/l.

79/409 号野生鸟类保育指令和第 92/43 号野生动植物自然栖息地保育指令。① 虽然这两项指令是在欧盟范围内保护生物多样性的全面法律框架，欧盟委员会已经注意到，"现实中，成员国就每项指令的实施记录一直乏善可陈"②。该委员会强调，CAP 必须通过对环保型耕作方法的支持在保护生物多样性方面做得更多。③ 成员国也在该领域发挥着重要作用，因为与交叉遵守标准并行的要求是：各成员国得制定将土地维持在良好业和环境条件的实践守则，作为 SFP 的进一步资格要求。④

处理因硝酸盐（第 91/676 号指令）和特定危险物质（第 80/68 号指令）的使用所引起的水污染的交叉遵守标准另有两项指令。⑤ 关于防止源自农业源硝酸盐污染的水体保护指令，旨在解决农业在促成这种水污染中的作用问题。所界定的污染是指："来自农业源的氮化合物直接或间接排入水生环境，其结果是，危害人类健康，损害生物资源和水生生态系统，损坏水体的舒适度以及干扰水的其他合法用途。"⑥ 水体因硝酸盐含量高于某一阈值时被视为受到了污染，各成员国有义务将排水进入这些水域的所有土地指定为"硝酸盐脆弱区"。⑦ 在这些区域必须实施减少硝酸盐污染程度的行动规划，而不论这种污染的来源。这两项指令是关于水的更广泛的欧盟计划的组成部分，其中包括城市污水处理指令和水框架指令，后者的第 22 条规定，第 80/

---

① Respectively, OJ 1979 L 103/1 and OJ 1992 L 206/7.

② B. Jack, *Agricultry and EU Environmental Law*, Farnham: Ashgate Publishing, 2009, p. 157.

③ See Preparing for the "Health Check" of the CAP Reform, COM (2007) 722, p. 9.

④ Josepha Mcmahon, "The CAP in 2020: Vision or Hindsight?" in Suzanne Kingston (ed.) *European Perspectives on Environmental Law and Governance*, Routledge, 2013, p. 109.

⑤ Articles 4 and 5 of Directive 91/676 OJ 1992 L 375/1 and Directive 80/68 OJ 1980 L 20/4311.

⑥ Article 2 (j) of Directive 91/676 OJ 1992 L 375/1.

⑦ Ibid., Article 3 (2).

68 号指令将于 2013 年 12 月 22 日废止。① 最新修订的相关条例已将水体保护识别为一个单独的领域并予以特别保护，尤其是对地下水。

在 2010 年年初，委员会报告了第 91/676 号指令在 2004—2007 年的实施情况。这是首份涵盖所有 27 个成员国的报告，② 它指出，欧盟作为一个整体，在此期间每年使用 2100 万吨氮肥和近 1700 万吨来自畜牧业的氮。它还指出，15% 的监测站所拥有的数据平均硝酸盐含量大于 50 毫克/升，这是指令所设定的水被视为污染的水准；第 75/440 号指令初始设定的非约束性指标为 25 毫克/升，已经超过此水准的监测站达 21%。③

四　交叉遵守机制的最新发展④

(一) OECD 的立法建言

事实上，2010 年 2 月 OECD 国家农业部长会议勾勒了当前相关国家农业政策所面临的挑战，包括：农民应能对正在变化中的消费者和社会需求作出有效的反应，要有适当的风险管理政策，农业政策应与包括环境、消费者和发展政策在内的其他政策相一致。特别强调了要改善农业的环境绩效。⑤

2010 年 4 月，欧洲委员会发起了一项广泛的公众磋商，即共同农业政策（CAP）的未来，主要围绕四个问题：

- 为什么我们需要共同农业政策？

---

① Respectively Directive 91/271 OJ 1991 L 135/40 （as amended by Directive 98/15 OJ 1998 L 67129） and Directive 2000/60 OJ 2000 L 327/1. Pending the repeal and replacement of Directive 80/68, its provisions are supplemented by Directive 2006/118 OJ 2006 L 372/19.

② COM （2010） 47.

③ COM （2010） 47. p. 3. Directive 75/440 OJ 1975 L 194/26 （dealt with the quality of surface waters intended or drinking water abstraction）.

④ Josepha, Mcmahon, "The CAP in 2020: Vision or Hindsight?" in Suzanne Kingston （ed.） *European Perspectives on Environmental Law and Governance*, Routledge, 2013, pp. 118-119.

⑤ Ibid., p. 102.

● 公众对农业的期待是什么？

● 为什么要改革共同农业政策？

● 我们需要为明天的共同农业政策准备什么样的工具？①

根据磋商的情况，欧盟委员会于 2010 年 11 月签发一份关于改革选项的报告。② 该报告建议：

CAP 的改革必须继续，为促进更强的竞争力，欧洲市民期望纳税人资源的有效利用，公共政策的有效回报，关注食品安全、环境和气候变化、社会和地域的平衡三大挑战。目标应该是建立农村欧洲更可持续的、智慧的和更具包容性的增长。③

2011 年 5 月 25—26 日在经合组织部长级会议上，经合组织关于绿色增长综合报告在谈到政策应旨在增加积极外部性和公共产品的供给时，认为这些政策应包括：特别定位于保护环境质量的措施和其他政策措施。前者的类别包括广泛的环境措施项下的各类给付；后者的类别包括将环境条件与支持给付的接收者施加某种链接（交叉遵守）。在这种交叉遵守的条件下，在相对生产区域的农场提供高水平的给付，可能产生出每个支出单位的相对温和的环境回报。不管怎样，交叉遵守要比那些给农民提供支持而不附以任何环境条件的措施更好。④

可能存在着不得不在生态保护和其他环境目标之间作出选择的情形，有必要权衡不同政策的成本和效益。许多国家（OECD 成员国）将支持供给与满足环境要求（交叉遵守）建立链接来对付多重的目标。⑤

（二）一体化方案

对此，欧盟如何在新一轮的改革中予以应对，考验着欧盟所有人

---

① Josepha, Mcmahon, "The CAP in 2020: Vision or Hindsight?" in Suzanne Kingston (ed.) *European Perspectives on Environmental Law and Governance*, Routledge, 2013, p. 103.

② The CAP towards 2020: Meeting the food, Natural Resources and Territorial Challenges of the Future, COM (2010) 672.

③ Ibid., p. 3.

④ OECD Green Growth Studies: Food and Agriculture, 2011, pp. 44-45.

⑤ Ibid., p. 46.

的智慧。从当时讨论的文件中可以看出，从一个更加开放的国际贸易体系（养活不断增长人口的需要）所产生的竞争压力会导致更大的专业化和集约化生产，更为一体化的方案可以被看作对该需要的回应，在 CAP 内创设奖励促进更可持续的农业实践。虽然气候变化方面，土地利用、土地利用变化和林业并不是欧盟的温室气体减排承诺的一部分，但 2020 欧盟努力共享目标需要：那些不为排放交易计划所涵盖的部门，其中包括农业部门，也要在 2005 年水平上削减 20%。农业的最新排放项目表明主要三个污染源，肠道发酵物（47%），粪便管理（28%）和施用于土壤的氮（20%），总排放量到 2020 年下降5%，达 1780 万吨二氧化碳当量。换言之，如何应对气候变化，农业已成为绕不开的主角之一。对于欧洲农业，根据欧盟委员会的建议，需要以设定更为一般的目标作出良好的回应。对于初级生产，其建议是"整体农场规模战略"，其中包括延长放牧季节，减少修整的次数，提高草地质量，增加草地上三叶草的使用，早期泥浆的应用次数，饮食控制，若经济上可行，转向有机农业。除了后者，这些建议可以构成将土地维持在良好农业和环境条件要求的一部分，它为接收单一农场给付所必需的条件。除了动物养殖，该报告还建议通过更大规模地造林，更大规模地种植生物质产品和生物燃料生产的可能扩展让农业具有更高的碳汇能力。[1]

对于欧盟委员会而言，第二方案将 SFP 与公共物品的供应（环境、气候变化等福利）相连接，并提出了将 SFP 分为三部分的建议，这将进一步降低支持与生产的历史类型和水平之间的联系，从而促进农民之间以及成员国之间更大程度上的公平。但是，在各成员国的自由裁量权范围内，耦合的支持仍然有可能存在。这三个要素是：所有积极活动的农民的基本给付率；对与实现改善了的环境结果相关联的额外费用提供

---

[1] Josepha, Mcmahon, "The CAP in 2020: Vision or Hindsight?" in Suzanne Kingston (ed.) *European Perspectives on Environmental Law and Governance*, Routledge, 2013, pp. 113-114.

更多的援助（如永久牧场、绿色覆盖、作物轮作和生态休耕）；并对受到特定自然限制提供补偿性给付。收入支持的 3/4 倍的这种分配方法提出了它是否与 CAP 简化议程相一致的问题。根据建议，积极的农民将有资格获得这二个支柱项下的环境给付和特定的自然限制给付，这将增加农村发展支柱整体开支中的相对份额。这与简化版的 CAP 目标几乎是相一致。它也提出了第一支柱项下的新增环境给付比第二支柱项下等价给付是否会更有效和更具效率，以及第一支柱项下特定自然约束给付与第二支柱项下的不利区域给付之间的平衡问题。在这两种情形下，可能存在第一支柱与第二支柱间的资源转化。①

基本比率仍然以履行交叉遵守标准和将土地保持在良好农业和环境条件为前提。举例来说，因此，如果这三个要素之间的关系可表示为 50：40：10（基本给付率：环境给付：特殊给付），这将比 90：5：5的比率关系对环境产生更多的惠益。正是这三个要素之间的平衡，最终理事会和欧洲议会决定，它将决定着在何种程度上，这种特定选择方案能满足确保 CAP 成为"更可持续的以及在不同的政策目标、农民和各成员国之间的平衡能更好地得到满足"的目标。②

一体化方法——第二选择方案——符合经合组织农业部长所确定的 2010 政策原则，促进"绿色增长"，解决气候变化问题，改善环境绩效。然而，这些措施类型的重点也有可能是由欧盟委员会所提出的第三种选项的突出特点。此方案，表现得最为激进，尽管可能存在环境公共产品的供应和特定自然限制给付在严重危机的情况下可能启动干扰条款，它将涉及现有直接给付的逐步淘汰和所有市场措施的取消。在此选项下的大多数措施将置于第二支柱项下，将侧重于环境和气候变化。③

---

① Josepha, Mcmahon, "The CAP in 2020: Vision or Hindsight?" in Suzanne Kingston (ed.) *European Perspectives on Environmental Law and Governance*, Routledge, 2013, pp. 116 - 117.

② Ibid., p. 117.

③ Ibid.

耕作和更广泛的土地管理是解决某些人类所面临21世纪最大挑战的关键性活动。制止生物多样性的崩溃，减缓和适应气候变化，并保持充足、清洁的水资源，是其中的一些环境挑战，它需要对欧洲的土地资源利用和管理方式作出深刻的变化。

习惯性地避开现有政策工具的"绿化"，该提案设定了一项利用公共给付对农民提供公共产品实行奖励的同时，保持污染者付费原则应适用于所有农业活动的制度。农民尊重现行法例，即使提供必要的公共物品将不能获得给付。因为接收给付的先决条件，该提案将要求尊重环境立法和当前交叉遵守标准，并将其继续作为所有给付的基准。但是在标准中将增加以下内容：水框架指令；未来土壤框架指令；可持续农药使用指令；未来工业排放指令的减排要素；食品最高残留限量条例。现有的培训和咨询服务将通知并告知农民如何遵守其法律责任。①

（三）2013 年后的共同农业政策

欧洲议会农业与农村发展委员会在 2010 年 6 月的报告中建议，2013 年后 CAP 的主要挑战将是确保欧洲和全球层面的粮食安全，但粮食产量增加的目的将必须与应对气候变化挑战作出平衡。②一个更具竞争力的欧洲农业将解决气候变化，并通过绿色增长推动创新，同时确保均衡的地域发展。通过五项基石来呈递一个更为公平、更可持续的 CAP。第一块基石是直接支持，即粮食安全与公平贸易，使用以面积为基础的给付应符合基本的交叉遵守标准；脱钩给付将受到限制和封顶。第二块基石是可持续发展，将通过以明确的目标为基础的合同式的气候变化交易值来实现。这两块基石将通过欧盟预算而获得资助，而其余的基石则需共同出资资助。③ 第三块基石是遍及欧洲的农

---

① Josepha, Mcmahon, "The CAP in 2020: Vision or Hindsight?" in Suzanne Kingston (ed.) *European Perspectives on Environmental Law and Governance*, Routledge, 2013, p. 119.

② See PE 439. 972v0200 Report on the future of the Cont1llon Agricultural Policy after 2013 (Rapporteur George Lyon), available ac www. europarl. europa. eu/sidesigecDoc. do? pubRef = - IIEPIINONSGML+REPORT + A 7-2010-0204+0+ DOC+PDF+ VO/IEN& language = EN.

③ The EU would also finance safety nets co cope with price volatility and food crises.

业，将涉及不利区域给付的持续性改革以确保遍及整个欧盟的农耕活动，支持当地粮食生产，应对土地抛荒的挑战。第四块基石是生物多样性和环境保护，结果性协议和领地合同将成为其特征，将涵盖广大农业用地、水体、土壤改善以及有机的和高自然价值农耕的农业环境措施。第五块基石是绿色增长，对农村发展将采用综合办法，以额外措施应对气候变化和绿色能源。这个建议与由理事会所提出的意见之间的分歧会使人想起这两个机构之间可能发生的冲突。然而，冲突的程度可能并不显著，因为这两个机构在基本性问题上（在环境问题和促进农村发展上更为一体化）达成了一致，但在预算结算上可能存在不一致。①

2011 年 6 月欧盟委员会的立法建议已经到期，并可能是第二个选择方案，将选择更大一体化的方法。一些问题仍有待澄清。这些措施包括：积极农民的定义；第一支柱给付的各要素之间的平衡；交叉遵守标准（良好农业和环境条件要求）与额外环境给付之间的关系；在第一支柱项下特定自然约束给付与第二支柱项下的不利区域给付之间的关系；农村发展支柱项下的变革的影响；以及用于农业预算解决。这些问题的答案将决定着目前的改革进程中将出现什么样的 CAP。②

事实上，我们可从欧盟官方网站清晰地获悉，欧盟为了能制定更具时代特色的共同农业政策，一直在不懈地努力：③

经过广泛的公共辩论后，欧洲委员会于 2010 年 11 月 18 日出版了关于"导向 2020 的共同农业政策"的通讯，概述了未来 CAP 的选择以及与其他机构和利益相关者所展开的辩论。

2011 年 10 月 12 日委员会提出了一系列的法律建议，旨在使 CAP

---

① Josepha, Mcmahon, "The CAP in 2020: Vision or Hindsight?" in Suzanne Kingston (ed.) *European Perspectives on Environmental Law and Governance*, Routledge, 2013, pp. 123-124.

② Ibid., p. 124.

③ European Commission, *The Common Agricultural Policy after 2013*, http://ec. europa. eu/agriculture/cap-post-2013/index_ en. htm.

成为更有效的政策以服务于更具竞争力和可持续的农业和农村地区。

2013 年 6 月 26 日，在委员会、欧洲议会和理事会之间达成了关于 CAP 改革的政治协议。

欧洲议会在 2013 年 11 月批准了这些条例后，欧盟农业部长理事会于 12 月 16 日正式通过了经改革的 CAP 四个基础条例以及 2014 年的转换规则。

2013 年 12 月 20 日，四个基础条例和转换规则刊登在官方杂志上。

五　小结

欧盟在中期审查后将交叉遵守远远地拓展至环保领域之外。不仅要求任何接受直接给付的农民须遵守"法定管理要求"，也有义务将所有农业用地维持在"良好农业和环境条件"，还鼓励农民采取维护现有永久性牧场的措施，其范围从原来的环境关注扩展到更为广泛的为公众所关注的领域，包括环境保护，公共与动物健康以及动物鉴定与登记，公共、动物与植物健康，疾病通知和动物福利等方面。在未遵守环境，公共、动物和植物卫生与动物福利领域的一定标准情形下，条例规定可以延伸到一年或多个日历年的直接给付的整体丧失，将各种指令和条例项下或被强制执行的任何处罚附加在一起共同构成法定管理要求。此外，将所有农业用地维持在良好农业和环境条件的义务与关于维持永久牧场的义务是对农业部门的新要求。在 2008 年正常检查后，对接受直接给付的农民的资格条件提出了新的要求，即从 2010 年开始，只有那些每年至少获得 100 欧元又耕作了至少 1 公顷合格土地以上的农民才有获得给付的资格。由此观之，欧盟关于农业环境给付的交叉遵守机制也处于不断完善之中。

第二节　法定管理要求（SMRs）

1992 年改革，欧洲农业法首次引入了交叉遵守的概念；例如，与耕地预留和牲畜生产相关。[①] 从 2003 年到中期审查，其范围迅速扩大，根据第 1782/2003 号理事会条例规定，从 2005 年起，所有接受直接给付的农民都必须遵守交叉遵守的规定。农民接收单一给付计划项下的给付必须遵守欧洲立法中业已建立的"交叉遵守"条件[②]和国内的实施法规。[③]交叉遵守包括两个独立的要素，也就是交叉遵守的标准，即法定管理要求（SMR）和良好农业与环境条件（GAEC）。2009 年 1 月，欧盟理事会发发布了第 73/2009 号理事会条例取代第 1782/2003 号理事会条例，但条例只是对第 1782/2003 号理事会条例做了局部的修改和完善，基本上是对第 1782/2003 号理事会条例的继承。2013 年 12 月 20 日公布的四个基础条例[④]对交叉遵守在内的法律规则作了新的修订。本节将运用历史比较方法对重新修订后的最新内容作较为深入的探究。

一　引言

根据第 1306/2013 号条例规定，对法定管理要求作了调整。交叉遵守制度，将与环境、气候变化、将土地维持在良好农业和环境条件、公众健康、动物健康、植物健康和动物福利有关的基本标准，融入 CAP 之中。交叉遵守旨在通过受益者更好地意识尊重那些基本标准

---

① B. Jack, *Agriculture and EU Environmental Law*, Ashgate, 2009, pp. 66-79.

② Council Regulation 73/2009, [2009] OJ L30/16 following the 2008 CAP Health Check.

③ The Common Agricultural Policy Single Payment and Support Schemes (Cross Compliance) (England) Regulations 2010 SI 2010/540 and the Agriculture (Cross Compliance) (No. 2) Regulations 2009.

④ 它们分别是：Regulation (EU) No. 1305/2013 of the European Parliament and of the Council of 17 december 2013 on Support for Rural Development by the European Agricultural Fund for Rural Development (EAFRD); Regulation (EU) No. 1306/2013 of the European Parliament and of the Council of 17 December 2013 on the Financing, Management and Monitoring of the Common Agricultural policy; Regulation (EU) No. 1307/2013 of the European Parliament and of the Council of 17 December 2013 Establishing Rules for Direct Payments to Farmers under Support Schemes within the Framework of the Common Agricultural Policy; Regulation (EU) No. 1308/2013 of the European Parliament and of the Council of 17 December 2013 Establishing a Common Organisation of the Markets in Agricultural Products。

的必要性，来促进可持续农业的发展。它也旨在通过改善该政策与环境、公共健康、动物健康、植物健康和动物福利政策的相容性，促进CAP 能与社会的期待和谐相处。交叉遵守制度构成 CAP 不可分割的组成部分，因此应予保持。然而，到目前为止，它的范围由那些单独的法定管理要求和维持土地于良好农业和环境条件的标准清单所组成，需要精简，以确保交叉遵守制度的一致性和更为突出。为此目的，应以单一列表的方式梳理这些要求和标准，并根据领域和问题予以分组。经验表明：交叉遵守范围内的一些要求与农事活动或该设施所在的区域相关性并不充分，或者对于有关国家当局而不是受益人更为关注。因此，该范围应予调整。应对 2015 年和 2016 年永久牧场的维持进一步作出规定。①

根据 2008 年正常检查后所确定的 18 项法定管理要求清单见表 3-2。

表 3-2　　　　　　　　　　**18 项法定管理要求清单**

主要问题		要求与标准	
环境保护	SMR 1	关于野鸟保育的第 79/409/EEC 号理事会指令，[1979] OJ L103/1	第 3（1），3（2）（b），4（1），4（2），4（4）和 5（a），（b）和（c）条
	SMR 2	关于保护地下水免受由特定危险物质引起污染的第 80/68/EEC 号理事会指令，[1980] OJ L20/43	第 4 条和第 5 条
	SMR 3	关于环境保护特别是在农业中使用污泥时的土壤保护的第 86/278/EEC 号理事会指令，[1986] OJ L181/6	第 3 条
	SMR 4	关于保护水体免受农业面源中的硝酸盐所引起的污染的第 91/676/EEC 号理事会指令，[1991] OJ L375/1	第 4 条和第 5 条
	SMR 5	关于自然栖息地以及动植物保育的第 92/43 号理事会指令，[1992] OJ L206/7	第 6 条以及第 13（1）（a）条

---

① Regulation（EU）No. 1306/2013，OJ L 347/556，preamble（54）.

主要问题		要求与标准	
公共与动物健康以及动物鉴定与登记	SMR 6	关于猪的鉴定与登记的第 2008/71/EEC 号理事会指令，[2008] OJ L213/31	第 3—5 条
	SMR 7	欧洲议会与理事会关于建立牛类动物鉴定与登记以及牛肉与牛肉制品标签制度的第 1760/2000 号规则，[2000] OJ L204/1	第 4—7 条
	SMR 8a	关于建立绵羊和山羊鉴定与登记制度的第 21/2004 号理事会条例，[2004] OJ L5/8	第 3—5 条
公共、动物与植物健康	SMR 9	关于加强市场上的植物保护产品的第 91/414/EEC 号理事会指令，[1991] OJ L230/1	第 3 条
	SMR 10	关于禁止在农作物中使用荷尔蒙、抗甲状腺药物治疗行为和受体激动剂等物质的第 96/22/EEC 号理事会指令，[1996] OJ L125/3	第 3（a），（b），（d）条和（e）条，第 5 条和第 7 条
	SMR 11	欧洲议会和欧洲理事会关于食品法及建立欧洲食品安全机构的一般原则和要求的规定，以及检验食品安全程序的一般原则和要求的规定，[2002] OJ L31/1	第 14 条，第 15 条，第 17（1）条以及第 18—20 条
	SMR 12	2001 年 5 月 22 日欧洲议会和欧洲理事会关于预防、控制和消除某些遗传性海绵状脑病的第 999/2001 号规则 [2001] OJ L 147	第 7 条，第 11—13 条及第 15 条
疾病通知	SMR 13	第 85/511/EEC 号理事会指令采纳了关于共同体采取控制口蹄病的措施，[1985] OJ L315/11	第 3 条
	SMR 14	第 92/119/EEC 号理事会指令采纳了共同体控制某些动物疾病的一般措施和采取与猪传染性水疱病特殊措施，[1992] OJ L62/69	第 3 条
	SMR 15	第 2000/75/EEC 号理事会指令设定了关于控制与消除蓝舌病的特殊规定，[2000] OJ L327/74	第 3 条
动物福利	SMR 16	第 91/629 号理事会指令规定了保护牛的最低标准，[1991] OJ L340/28	第 3 条和第 4 条
	SMR 17	第 91/630 号理事会指令规定了保护猪的最低标准，[1991] OJ L340/33	第 3 条和第 4（1）条
	SMR 18	1998 年 7 月 20 日第 95/58 号关于为耕作目的保护饲养动物的理事会指令 [1998] OJ L 221	第 3 条

根据新条例规定，为了确保交叉遵守制度的一致性和更为突出，对交叉遵守的标准清单范围作了精简，在梳理这些要求和标准并根据领域和问题予以分组的基础上，以单一列表的方式列出。这样确实有利于监管部门、给付机构和相关农民了解和实施交叉遵守机制。这里需要特别指出的是，原来法定管理要求共有 18 项，而新条例精简后只有 13 项，且部分内容作了微调。① 详见表 3-3。

表 3-3　　　　　　　　　　依据第 93 条交叉遵守规则清单

领域	主要问题	要求与标准		
环境、气候变化、土地的良好农业条件	水	SMR 1	1991 年 12 月 12 日第 91/676/EEC 号关于保护水体免受农业面源硝酸盐所致污染的理事会指令［1991］OJ L 375	第 4 和 5 条
		GAEC 1	建立沿水道的缓冲带	
		GAEC 2	如果灌溉用水需经批准的，则遵守批准程序	
		GAEC 3	保护地下水免受污染：禁止向地下水直接排放污染物和防止向地面排放和通过土壤渗透危险物质而间接污染地下水的措施，列于第 80/68/EEC 号指令的附件中，自该指令颁布生效以来，与农业活动相关的措施	
	土壤和碳存储	GAEC 4	最低限度的土壤植被覆盖	
		GAEC 5	从反映场址特定条件的最低限度土地管理要求到限制水土流失	
		GAEC 6	采取适当措施维持土壤有机物质水平，包括禁止燃烧适于耕种的残株，为植物健康原因的除外	
	生物多样性	SMR 2	2009 年 11 月 30 日欧洲理事会和议会关于保育野鸟的第 2009/147/EC 号指令［2010］OJ L 20	第 3（1）条，第 3（2）（b）条，第 4（1），（2）和（4）条
		SMR 3	1992 年 5 月 21 日关于自然栖息地以及动植物保育的第 92/43 号理事会指令［1992］OJ L 206/7	第 6（1）和（2）条

① Regulation（EU）No. 1306/2013，OJ L 347/556，art 93，Annex II，pp. 602-603.

领域	主要问题		要求与标准	
环境、气候变化、土地的良好农业条件	景观，养护的最低水准	GAEC 7	保持景观特征，包括在恰当的地方，树篱、池塘、沟渠，成排或成片或单独的树木以及田埂和梯田，包括在鸟类繁殖或饲育季节关于砍树篱和树木的禁令，作为一种选项，避免入侵植物物种	
公共卫生、动物卫生和植物卫生	食品安全	SMR 4	2002 年 1 月 28 日欧洲议会和欧洲理事会第 178/2002 号条例设定了食品法的一般原则和要求，建立欧洲食品安全机构，以及设定了食品安全事务相关程序［2002］OJ L 31/1	第 14 条，第 15 条，第 17（1）条以及第 18—20 条
		SMR 5	1996 年 4 月 29 日关于在畜牧业中禁止使用含有荷尔蒙、抗甲状腺药物治疗行为和受体激动剂等物质的第 96/22/EEC 号理事会指令并撤销第 81/602/EEC、88/146/EEC 和 88/299/EEC 号指令［1966］OJ L 125/3	第 3（a），(b)，（d）和（e）条，第 4 条，第 5 条和第 7 条
	动物的识别与登记	SMR 6	2008 年 7 月 15 日关于猪的鉴定与登记的第 2008/71/EEC 号理事会指令［2005］OJ L 213/31	第 3—5 条
		SMR 7	2000 年 7 月 17 日欧洲议会与理事会关于建立牛类动物鉴定与登记以及牛肉及牛肉制品标签制度的第 1760/2000 号条例并撤销第 820/97（EC）号理事会条例［2000］OJ L 204/1	第 4 和 7 条
		SMR 8	2003 年 12 月 17 日关于建立绵羊与山羊鉴定与登记制度的第 21/2004 号理事会条例［2004］OJ L 5	第 3—5 条
	动物疾病	SMR 9	2001 年 5 月 22 日欧洲议会和欧洲理事会关于预防、控制和消除某些遗传性海绵状脑病的 999/2001 号规则［2001］OJ L 147/1	第 7 条，第 11—13 条及第 15 条
	植物保护产品	SMR 10	2009 年 10 月 21 日欧洲议会和理事会关于在市场上投放植物保护产品的第 1107/2009 号条例和撤销第 91/414/EEC 号理事会指令［2009］OJ L 309	第 55 条第 1、2 句
动物福利	动物福利	SMR 11	2008 年 12 月 18 日第 2008/119/EC 号理事会指令设定了犊牛保护的最低标准［2009］OJ L 10/7	第 3 和 4 条
		SMR 12	2008 年 12 月 18 日第 2008/120/EC 号理事会指令设定了猪保护的最低标准［2009］OJ L 47/5	第 3 和 4 条

续表

领域	主要问题		要求与标准	
动物福利	动物福利	SMR 13	1998 年 7 月 20 日第 95/58 号关于为耕作目的保护饲养动物的理事会指令［1998］OJ L 221/23	第 4 条

SMR：法定管理要求。

GAEC：土地良好农业和环境条件标准。

二　农民义务的法律基础

对于大多数法定要求而言，大多数成员国需在农场层面采取行动，因为清单是基于先前存在的国家立法。在一些情况下，成员国会提出新的立法，以便能够确定农民义务。

20 世纪 80 年代以来，指令和条例所指的法定要求的交叉遵守已经适用（于某些案件）。谈判伊始，委员会提出了一个含有 38 项标准的清单（这已是个缩减清单，即从广泛的意义上可适用于农业食品部门的 300 个有关管理标准中进行了缩减）。有人可能会质疑为何现在限于 18 项标准。事实上，当时的欧共体已从各部门和农业活动中具有代表性的权利要求中进行了甄选。尽管现在还未打算给交叉遵守机制施加太多的负担，必须强调的是，300 种措施已经适用了（各成员国正在执行过程中的某些指令除外）。因此，它不会给农民增添额外的义务。此外，现在被要求必须检查这些标准的成员国，也不会导致新的义务。成员国必须已经确保对有疑问的标准的尊重。①

应各成员国的要求，已减少了基本清单。有的法定要求中的整个类别已被剔除：如工作安全要求。人们可能一看到这些法定要求，就会想到在农村地区频繁发生、常常是致命的事故所引发的不幸，仍然没有受到像疯牛病和口蹄疫疾病那样受同等程度的关注。然而，他们

---

① Daniel Bianchi, "Cross Compliance: The New Frontier in Granting Subsidies to the Agricultural Sector in the European Union", *Georgetown International Environmental Law Review*, Vol. 19, 2007.

除外的理由在相当程度上取决于这些限制的法律形式。在工作安全领域，始于 20 世纪 80 年代的内容多为其宣言式的指令的法律文本，对于农民而言，远没有实际的约束力和明确的义务。[①]

认识到主要用于拟订 18 种标准的三个依据非常重要：一是法定要求必须关注任何接受给予直接援助的部门；二是法定要求必须直接关注农民；三是法定要求的相对重要性。例如，这些依据的适用阐明了关于母鸡指令[②]为何被排除在外，因为家禽业不存在任何的直接援助。其他指令之所以被撤回，是因为它们不直接与农民相关，例如，废物收集。[③] 另一方面，养猪指令[④]与栖息地指令[⑤]一样被列入其中，是因为这些部门、猪肉和环境保护的相对重要性。提出第 178/2002 理事会条例的适用范围这一问题是恰如其分的，该条例规定了食品法的一般原则和要求，[⑥] 建立了欧洲食品安全局，并规定了食品安全事项的程序，其内容非常广泛，它所包含的义务似乎与指令而不是条例更具相关性。[⑦]

根据 2007 年的一份评估报告，成员国在建立 SMR 相关的农民义务，确立 SMR 3（环境保护、土壤保护）、SMR 4（硝酸盐）、SMR 6—8a（公共与动物健康以及动物鉴定与登记）、SMR 9（植物保护产品）、SMR 12（预防、控制和消除某些遗传性海绵状脑病）、SMR 13—15（疾病通知）的具体标准时，其内容相当相似，均要求在成员国间的农民在农场层面从事水平相同或类似的活动。类似的使用清晰语言所表达的农民义务，在农业活动措辞中拥有相同的含义。不仅建

---

① Daniel Bianchi, "Cross Compliance: The New Frontier in Granting Subsidies to the Agricultural Sector in the European Union", *Georgetown International Environmental Law Review*, Vol. 19, 2007.

② Council Directive 1999/74, 1999 O. J. L 203/53 (EC).

③ Council Directive 75/442, 1975 O. J. L 194/39 (EEC).

④ Council Directive 91/630, 1991 O. J. L 340/33 (EEC).

⑤ Council Directive 92/43, 1992 O. J. L 206/7 (EEC).

⑥ Council Regulation 178/2002, 2002 O. J. L 31/1 (EC).

⑦ Daniel Bianchi, "Cross Compliance: The New Frontier in Granting Subsidies to the Agricultural Sector in the European Union", *Georgetown International Environmental Law Review*, Vol. 19, 2007.

立农民的这些 SMR 义务是相似的，而且有关这些 SMR 的农民义务遗漏得相对较少。大多数成员国已确定了与附件三所列举的所有或几乎所有立法相关的农民义务。但在 SMR 10（禁止在农作物中使用荷尔蒙、抗甲状腺药物治疗行为和受体激动剂等物质）的农民义务上，有些不太协调。像 SMR 1（野鸟保育），SMR 2（保护地下水免受由特定危险物质引起污染），SMR 5（自然栖息地以及动植物保育）和 SMR 11（食品安全），即农民义务在各成员国间的界定最不协调的，其中农民义务遗漏也是最多的。这表明许多欧盟成员国似乎在界定农民应在农场水平所应采取的行为以确保遵守 SMR 方面遇到困难。2006 年 6 月，委员会颁发了关于交叉遵守卫生规则的指导性文件。委员会的这份工作文件，试图澄清这种 SMR 在成员国层面的实施。[①] 但有的法定管理要求的实施效果并不理想，所以，在新一轮改革中作出了调整，甚至删除，只保留了 13 项。

三 新法中关于农民 13 项法定义务的具体内容

表 3-4 　　　　　　　　　新旧法定管理依据对照表

新	旧	适用法条依据	变化情况
SMR 1 关于保护水体免受农业面源中的硝酸盐所引起的污染的第 91/676/EEC 号理事会指令，[1991] OJ L375/1	SMR4	第 4 和 5 条	无
SMR2 2009 年 11 月 30 日欧洲理事会和议会关于保育野鸟的第 2009/147/EC 号指令 [2010] OJ L 20/7)	SMR 1 关于野鸟保育的第 79/409/EEC 号理事会指令，[1979] OJ L 103/1	第 3（1）条，第 3（2）（b）条，第 4（1），（2）和（4）条 [原来：第 3（1），3（2）（b），4（1），4（2），4（4）和 5（a），（b）和（c）条、第 7 条、第 8 条]	有

① Alliance Environnement：Evaluation of the Application of Cross Compliance as Foreseen under Regulation 1782/2003，Part II：Replies to Evaluation Questions，27/07/2007，http：// ec. europa. eu/agriculture/eval/reports/cross_ compliance/part2. pdf.

续表

新	旧	适用法条依据	变化情况
SMR 3 1992 年 5 月 21 日关于自然栖息地以及动植物保育的第 92/43 号理事会指令，[1992] OJ L 206/7	SMR 5	第 6（1）和（2）条[原来：第 6 条，第 13 条，第 15 条和第 22（b）条]	有
SMR4 2002 年 1 月 28 日欧洲议会和欧洲理事会第 178/2002 号条例设定了食品法的一般原则和要求，建立欧洲食品安全机构，以及设定了食品安全事务相关程序［2002］OJ L 31/1	SMR 11	第 14 条，第 15 条，第 17（1）条以及第 18—20 条	无
SMR5 1996 年 4 月 29 日关于在畜牧业中禁止使用含有荷尔蒙、抗甲状腺药物治疗行为和受体激动剂等物质的第 96/22/EEC 号理事会指令并撤销第 81/602/EEC、88/146/EEC 和 88/299/EEC 号指令［1996］OJ L 125/3	SMR 10	第 3（a），（b），（d）和（e）条，第 4 条，第 5 条和第 7 条	无
SMR6 2008 年 7 月 15 日关于猪的鉴定与登记的第 2008/71/EEC 号理事会指令［2005］OJ L 213/31)	SMR 6 理事会指令 92/102 号，1992 O. J.（L 355）32（EEC）	第 3—5 条	有
SMR7 2000 年 7 月 17 日欧洲议会与理事会关于建立牛类动物鉴定与登记以及牛肉及牛肉制品标签制度的第 1760/2000 号条例并撤销第 820/97（EC）号理事会条例［2000］OJ L 204/1	SMR 7 SMR 8 欧洲议会与理事会关于建立牛类动物鉴定与登记以及牛肉及牛肉制品标签制度的第 1760/2000 号规则，［2000］OJ L204/1	第 4 和 7 条（原来：SMR 7 第 6 和第 8 条；SMR 8 第 4—7 条）	有
SMR 8 2003 年 12 月 17 日关于建立绵羊和山羊鉴定与登记制度的第 21/2004 号理事会条例［2004］OJ L 5/8	SMR 8a	第 3—5 条	无
SMR9 2001 年 5 月 22 日欧洲议会和欧洲理事会关于预防、控制和消除某些遗传性海绵状脑病的 999/2001 号规则［2001］OJ L 147/1	SMR 12	第 7 条，第 11—13 条及第 15 条	无

新	旧	适用法条依据	变化情况
SMR10 2009 年 10 月 21 日欧洲议会和理事会关于在市场上投放植物保护产品的第 1107/2009 号条例和撤销第 91/414/EEC 号理事会指令［2009］OJ L 309	SMR 9 关于加强市场上的植物保护产品的第 91/414/EEC 号理事会指令，［1991］OJ L230/1	第 55 条第 1、2 句（原来：第 3 条）	有
SMR11 2008 年 12 月 18 日第 2008/119/EC 号理事会指令设定了犊牛保护的最低标准［2009］OJ L 10	SMR 16 第 91/629 号理事会指令规定了保护牛的最低标准，［1991］OJ L340/28	第 3 条和第 4 条	无
SMR12 2008 年 12 月 18 日第 2008/120/EC 号理事会指令设定了猪保护的最低标准［2009］OJ L 47	SMR 17 第 91/630 号理事会指令规定了保护猪的最低标准，［1991］OJ L340/33	第 3 条和第 4 条［原来：第 3 条和第 4（1）条］	有
SMR13 1998 年 7 月 20 日第 95/58 号关于为耕作目的保护饲养动物的理事会指令［1998］OJ L 221	SMR 18	第 4 条（原来：第 3 条）	有
	SMR 2 关于保护地下水免受由特定危险物质引起污染的第 80/68/EEC 号理事会指令，［1980］OJ L20/43	第 4 条和第 5 条	
	SMR3 关于环境保护特别是在农业中使用污泥时的土壤保护的第 86/278/EEC 号理事会指令，［1986］OJ L181/6	第 3 条	

新	旧	适用法条依据	变化情况
	SMR13 第 85/511/EEC 号理事会指令采纳了关于共同体采取控制口蹄病的措施，［1985］OJ L315/11	第 3 条	
	SMR14 第 92/119/EEC 号理事会指令采纳了共同体控制某些动物疾病的一般措施和采取与猪传染性水疱病相关的特殊措施，［1992］OJ L62/69	第 3 条	
	SMR 15 第 2000/75/EEC 号理事会指令设定了关于控制与消除蓝舌病的特殊规定，［2000］OJ L327/74	第 3 条	

（一）SMR 1（硝酸盐指令）

除了原来的排序（SMR 4）作了调整之外，内容上没有任何变化。关于保护水体免受农业面源中的硝酸盐所引起的污染的指令，以给所有水域提供一般水平的保护、防止污染为目标。

欧洲水道硝酸盐富集，对人类健康和环境存在潜在危险的后果，成为欧共体决策者关注的问题。因富营养化所带来的藻类繁殖，对那些水域的生态多样性以及对人类和动物的健康带来重要影响。此外，不雅的外观、令人不舒服的气味，也会带来有害的经济影响，因为人们很少愿意将受此影响的水域投入娱乐之用。关于防止源自农业源硝酸盐污染的水保护指令，旨在解决农业在促成这种水污染中的作用问题。给成员国提供了一种选择，它们可以识别出受这类污染影响的个别水体，或者将来可能受影响的水体。①

根据第 4 条规定，各成员国应在两年内根据本指令的通知：（a）建立在自愿基础上由农民实施的良好农业实践守则，它应该包含的条款至少应涵盖附件 Ⅱ A②所指及的项目；（b）设立必要的包括为农民提供培训和信息在内的方案，促进良好农业实践守则的适用。③各成员国应向欧盟委员会提交其详细的良好农业实践守则，欧盟委员会将根据第 11 条规定对这些报告进行摘要和出版，以及向理事会提出适当的建议。④

根据第 5 条规定，各成员国应根据本指令要实现的宗旨，划定脆弱区，制定行动规划。行动规划可与某一成员国内境内所有脆弱区相关，若成员国认为需要的，可在不同的脆弱区或部分区域设立不同的方案。⑤制定行动规划应考虑到：（a）可得科学和技术数据，主要是关于农业源和其他污染源各自的氮的促成作用；（b）有关成员国相关地区的环境条件。⑥行动规划应在其建立后 4 年内得到实施并应包括下列强制措施：（a）附件三的措施；（b）成员国根据第 4 条设立的良好农业实践守则中所描述的那些措施，为附件三规定的措施所替代的

---

① ［英］布莱恩·杰克：《农业与欧盟环境法》，姜双林译，中国政法大学出版社 2012 年版，第 210—211 页。

② 附件 IIA 是指良好农业实践守则的具体内容要求。以减少硝酸盐污染为目标以及考虑到共同体不同地区的条件，在制定良好农业实践守则时应确定其条款应涵盖以下事项，只要它们具有相关性：（1）土地施用化肥的期间不相宜的；（2）陡峭斜坡地面施用化肥的；（3）水浸透区、水淹区、冰冻或积雪覆盖的地面施用化肥的；（4）水道附近施用化肥的土地条件；（5）禽畜粪便贮存容器的能力与建设，包括采取措施防止污水通过径流和渗漏进入地下水以及防止地表水的液体含有禽畜粪便和来自诸如青贮饲料那样的存储植物原料的废水；（6）该土地适用程序，包括化肥和牲畜粪便撒布的速度和均匀性，将养分损失进入水体维持在一个可接受的水平。

③ See Council Directive 91/676/EEC, Article 4 (1) (a) (b).

④ Ibid., Article 4 (2).

⑤ Ibid., Article 5 (1) (2).

⑥ Ibid., Article 5 (3).

那些措施除外。① 各成员国如果在一开始或根据实施执行行动规划时所获得的经验，很显然在第 4 款所提及的措施将不足以实现第 1 条中规定的目标时而认为有必要的，可在行动规划的框架内，采取额外的措施或强制执行行动。选择这些措施或行动时，与其他可能的预防措施相比，各成员国应考虑其有效性及成本。② 各成员国应制定和实施适当的监测方案以评估根据本条所设立的行动规划的有效性。各成员国应在其本国领土范围内适用第 5 条规定以监测在选定的测量点中的水体中硝酸盐含量（地表水和地下水），使人们有可能辨认农业面源污染的水域中硝酸盐的污染程度。③

如果水体硝酸盐浓度超过每升 50 毫克，或者不采取预防措施可能导致这样结果，这样的水体将被视为已受污染。同样，即水体富营养化或未来会富营养化的风险，为指令所指向的该类污染提供了更多指标。在每一种情况下，特别是已被识别出来已受污染的水体，为各成员国创设了一个义务，即应将在其之上流入那些水体的所有土地划为"硝酸盐脆弱区"。作为选择，一些成员国选择在其全部领土上适用保护措施，实际上即申明它们整个国家的领土将作为一个大硝酸盐脆弱区。在每个硝酸盐脆弱区内的各成员国均须执行强制性的行动方案。这些方案为减少硝酸盐污染程度的农耕活动建立最低标准。它们要求农民遵守诸如此类的监管规定，如在一年中禁止施粪肥和化肥的次数，牲畜粪便所需的存储容量和有机肥与化肥的最高限额。④ 这里"硝酸盐脆弱区"识别制度的设计，非常具有欧洲人的智慧，体现了人们认识到水体污染问题的根子在陆地上，特别应对农民的施肥等农耕活动作出法律上的规制。

从 2007 年的评估情况来看，与硝酸盐指令相关的农民义务在各

①　See Council Directive 91/676/EEC, Article 5（4）.

②　Ibid., Article 5（5）.

③　Ibid., Article 5（6）.

④　［英］布莱恩·杰克:《农业与欧盟环境法》，姜双林译，中国政法大学出版社 2012 年版，第 212 页。

成员国间表现出高度的一致（意大利除外），包括以下几个方面：
- 粪肥和化肥施用的封闭期；
- 粪肥储存规则和存储容量的要求；
- 粪肥施用规则：如与水道的距离，关于在斜坡上使用等；
- 氮应用限制。[①]

2014 年审计院的特殊报告表明，硝酸盐指令的实施面临着许多挑战。各成员国在硝酸盐行动方案中所呈现的志向各不相同，且这些方案并不需要欧洲委员会的批准。结果，在各成员国确定硝酸盐脆弱区或所采取的行动时所用的基准之间存在着重大的差别。最近的欧盟环保署的 2012 年第 8 期的报告表明，氮水平的现行趋势即使到 2027 年也未能充分达到理想的状况，在良好现状与预期的现状之间存在着差距（gap）。[②]

硝酸盐指令自 1991 年实施以来已二十余年，欧盟依然存在许多违法的情形，如：2013 年 6 月 13 日，欧洲法院判决法国未能将许多区域划定为硝酸盐脆弱区，其中有些区域地下水中的硝酸盐浓度超过 50 毫克/升。审计院的调查结果表明：交叉遵守已提高了农民与水有关的意识并促成了农耕实践做法的某些改变。然而，交叉遵守的影响还是有限的，既是因为许多重要的与水有关的问题没有被包括到交叉遵守之中，也因为交叉遵守项下所适用的制裁不是以所引起损害的成本作为计算的依据，可能只是代表了这种成本的一部分。因此，交叉遵守在成员国适用中所发现的弱点可能削减了其潜在的影响。[③]

（二）SMR 2（保育野鸟）

除了原来的排序（SMR 1）作了调整之外，内容上也有些变化。不仅适用的法律依据作了变更，而且内容的选择也有取舍。现在适用

[①] Alliance Environnement：Evaluation of the Application of Cross Compliance as Foreseen under Regulation 1782/2003, Part II：Replies to Evaluation Questions, 27/07/2007.

[②] European Court of Auditors. *Integration of EU Water Policy Objectives with the CAP：a Partial Success*, Luxembourg：Publications Office of the European Union, 2014, p. 23.

[③] Ibid.

的是：2009 年 11 月 30 日欧洲理事会和议会关于保育野鸟的第 2009/
147/EC 号指令，① 以替代原第 79/409/EEC 号野鸟指令。内容上保留
了第 3 条和第 4 条规定，而对第 5 条、第 7 条和第 8 条作了调减。

第 3 条要求成员国必须采取必要措施保护、巩固或重建所有自然
野生鸟类栖息地，② 如根据栖息地的生态需求对保护区内外进行维护
与管理。③

该指令要求成员国要对附录 I 的物种和附录 I 未列的迁徙物种采
取设立特别保护区等措施保护那些濒临灭绝的物种、对其栖息地的特
定变化敏感的物种、由于数量较少或地区限制而很少得到关注的物种
以及其他由于其栖息地的特殊性质需要得到关注的物种。④ 另外，成
员国还必须采取恰当的措施避免栖息地的污染和退化以及对这些地区
鸟类的干扰。⑤

以上规定在新改革后的条例附件中依然作了保留，其理由在于：
鸟类指令似乎在成员国确定特别是与第 3 和 4 条相关的、特殊的农民
义务时出现了某些困难。这可能部分地反映了鸟类指令在这些国家延
迟转换的情况。因为各地农民的情况大不相同⑥

这里需要特别指出的是，在 2007 年评估中发现：原来第 5 条
（禁止以任何方式故意射杀或捕捉野鸟、禁止故意毁灭或破坏鸟巢和
鸟蛋或移动鸟巢、禁止在野鸟繁殖和饲养期间进行故意干扰）⑦、第 7
条（允许狩猎特定野生鸟类时不得危害保良的努力）⑧、第 8 条（禁

---

① See Council Directive 2009/147/EC, ［2010］OJ L20/7.

② See Council Directive 79/409/EEC, Article 3 (1).

③ Ibid., Article 3 (2) (b).

④ See Council Directive 79/409/EEC, Article 4 (1).

⑤ Ibid., Article 4 (4).

⑥ Alliance Environnement: Evaluation of the Application of Cross Compliance as Foreseen under Regulation 1782/2003, Part II: Replies to Evaluation Questions, 27/07/2007, pp. 9-10.

⑦ See Council Directive 79/409/EEC, Article 5 (a), (b) and (d).

⑧ Ibid., Article 7.

止使用某些方法狩猎鸟类，如设立陷阱)①，因为成员国在确立与
SMR 1 相关的农民义务时，在涉及第 5 条、第 7 条和第 8 条的要求方
面最为协调，几乎所有成员国都确立了有关的农民义务。所以欧盟在
本次改革中未再列入。②

（三）SMR 3（栖息地保护）

除了原来的排序（SMR 5）作了调整之外，内容上也有较大的变
化。根据原来的规定，栖息地指令中的第 6、13、15 和 22（b）条列
入其中，但现在只保留了第 6（1）和（2）条。

根据该指令第 6（3）条规定，任何规划或项目不直接与该场所的
管理相连接或所必需的但可能带来重大影响的，不论是单独的或与其
他规划或项目相结合的，都应根据该场所的保育目标对该场所可能的
后果接受适当的评估，根据对该场所的可能后果的评估结论，③ 国家
主管部门应在确定它不会对有关场所的完整性产生不利影响时，如果
可行，则应在听取公众意见后才同意这些规划或项目。④ 如果，尽管
对该场所的可能后果的评估是否定性的和缺乏可选择的解决方案时，
某一规划或项目仍然会因凌驾于公众利益之上的至关重要的原因而必
须履行，包括社会或经济性质的原因，成员国家应采取一切必要的补
偿措施以确保自然生态 2000 的整体连贯性得到保护。所采取的补偿
措施应通知委员会。⑤ 如果该场所寄宿着某一优先级自然栖息地类型
和/或优先物种的，可能提出的唯一考虑是那些与人类健康或公众安
全有关的，对该环境最重要的惠益后果，或者再加欧盟委员会的意
见，以及其他凌驾于公众利益之上的其他必要的原因。⑥ 各成员国应

---

① See Council Directive 79/409/EEC, Article 8.

② Alliance Environnement: Evaluation of the Application of Cross Compliance as Foreseen under
Regulation 1782/2003, Part II: Replies to Evaluation Questions, 27/07/2007, pp. 9–10.

③ See Council Directive 92/43/EEC, Article 6（3），[1992] OJ L206/7.

④ Ibid. , Article 6（3）.

⑤ See Council Directive 92/43/EEC, Article 6（4），[1992] OJ L206/7.

⑥ Ibid. , Article 6（4）.

采取必要的措施，建立附件Ⅳ（b）中列出的植物物种严格保护制度，禁止：（b）在其自然分布范围内处于野生状态的这些植物的故意采摘、收集、切割、铲除或销毁。① 第15条要求成员国适用关于捕杀附件Ⅴ所列野生动物的规则。② 第22（b）条要求成员国确保故意引入不是本土领土上的任何野生物种要受到监管。③

本指令旨在通过自然栖息地和野生动植物的保育维持欧盟范围内的生物多样性。在欧洲，许多栖息地类型恶化，越来越多的物种已受到威胁或变得稀有。该指令的目的是为那些作为具有共同体利益而被选定的栖息地类型和物种建立"良好的保育状态"。④ 或许因为上述规定存在实施上的困难抑或其他原因，在本次改革中被删减了，仅保留了以下内容：

对于特殊保育区，各成员国应建立必要的保育措施包括，如果需要的话，专门为这些场所设计适当的管理规划，或融入其他的发展计划之中，以及采取适当的与附件一的各类自然栖息地类型和在这些场所中存在的物种相一致的法律、行政或合同措施。⑤ 各成员国应在特殊保育区内采取适当的步骤以避免自然栖息地和物种栖息地的恶化，以及对已被指定的区域物种的干扰，只要与本指令的目标有关的这种干扰可能是重大的。⑥

（四）SMR 4（食品安全）

除了原来的排序（SMR 11）作了调整之外，沿袭了过去的内容。那么，为什么共同体要将此设定为农民必须遵守的法定义务，而且不作出相应的调整呢？这其中既有深刻的历史原因，也有法律制度本身

---

① See Council Directive 92/43/EEC, Article 13 (1) (a).

② Ibid. , Article 15.

③ Ibid. , Article 22 (b).

④ Alliance Environnement: Evaluation of the Application of Cross Compliance as Foreseen under Regulation 1782/2003, Part Ⅰ: Deseriptive Report—Statufory Nlanagement Requirements, 27/07/2007, p. 13.

⑤ See Council Directive 92/43/EEC, Article 6 (1).

⑥ Ibid. , Article 6 (2).

所存在的不足。

对消费者信心影响最大的可能是 20 世纪 80 年代末到 90 年代初席卷了整个欧洲共同体的疯牛病（BSE）危机。① 该危机引起了对人类食品链安全的广泛关注，也迫使欧洲共同体深刻地反省了自己的食品安全法律和程序能否满足需要的问题。危机之后，许多共同体机构发表了调查报告。这些调查报告也确认了已用于处理本次危机的那些法律措施所存在的不足。② 这首先促成了体现欧共体内食品法基本原则的绿皮书出版，随后是关于食品安全的白皮书出台。③ 欧共体通过第 178/2002 号条例为欧盟食品法的将来发展建立了基本框架。④

欧洲议会和欧洲理事会第 178/2002 号条例设定了食品法的一般原则和要求，建立欧洲食品安全机构，制定了食品安全事务的程序。第 14、15、17（1）、18、19 和 20 条适用于 SMR 4。

第 14 条规定了基本的食品安全的法定要求，即不安全的食品不能进入市场。⑤ 包括对健康有害的或者不适合人类消费的食物。⑥ 第 15 条规定了饲料安全的法定要求，不安全的动物饲料也不能流入市场或喂养任何用于食品生产的动物。⑦ 如果这些饲料对人类或动物的健

---

① For analysis of the development of the BSE Crisis see Vincent, K. "Mad Cows and Euro-crats-Community Responses to the BSE Crisis", *European Law Journal*, Vol. 10, 2004.

② Court of Auditors, Special Report 91/98 concerning the Community Financing of Certain Measures Taken as a Result of the BSE crisis, Accompanied by the Replies of the Commission, [1998] OJ C383/1.

③ European Commission, Green Paper on the Principles of Food Law in the European U-nion, COM (1997) 176 final and European Commission, White Paper on Food Safety, COM (1999) 719 final.

④ Regulation 178/2002 of the European Parliament and of the Council Laying down the General Principles and Requirements of Food Law, Establishing the European Food Safety Authority and Laying down Procedures in matters of Food Safety, [2002] OJ L31/l.

⑤ Regulation 178/2002, Article 14 (1).

⑥ Ibid., Article 14 (2).

⑦ Ibid., Article 15 (1).

康有不利影响，或者它会使得由农场动物衍生的食品不能安全地用于人类消费，这些饲料就被认为是不安全的。①

　　该条例明确反映了这种期待（对食品安全负首要责任的主要是饲料生产商、农民和粮食经营者②），强调欧共体食品法应采取"从农场到餐桌"的方法。第 17（1）条设定了食品和饲料经营者的责任，以确保所有食品和饲料经营者（在生产、加工和销售的所有阶段）都应达到食品法的法定要求。③ 第 18 条规定了关于建立食品、饲料、食品生产的动物和任何打算投入的或期待加入到食品或饲料的其他物质可追溯性的法定要求。要求饲料企业、农场主和食品生产者全都必须创设充分的程序，使国家食品安全监管当局识别供应商，并识别其产品所供给的企业。④ 这些供应商包括所有为其用于食品生产的动物或者"打算成为或期待成为，或合成某一食品或饲料的任何物质"的提供者。⑤

　　第 19 条设定了食品经营者关于收回不安全食品和通知有关当局的责任。第 20 条设定了饲料经营者关于收回不安全饲料和通知有关当局的责任。

　　在实践中，有三项主要的农民义务普遍得到了各成员国的界定和遵守：

- 投放市场的食品或饲料必须是安全的；
- 农民必须保持往来产品的记录；
- 被认为不安全的食品或饲料必须撤回并通知当局。

　　SMR 4 似乎让成员国在界定农民义务方面显得有些困难。农民义务的变化表明，在成员国间并不存在整体一致的方式。这可能表明，当局对附件三规定的条款在农场层面上何者构成适当的农民义务还不

---

① Regulation 178/2002, Article 15（2）.

② Ibid., Article 8.

③ Ibid., Article 17.

④ Ibid., Article 18.

⑤ Ibid., Article 18（2）.

清楚。如果农民义务已经确定，这些义务在性质上倾向于相当普遍性的，例如，投放市场的食品或饲料必须是法定要求安全的。而一些成员国试图界定何为安全的食品或饲料，但到底是由农民还是控制机构判断"安全"这一术语并不总是很清楚。[①]

（五）SMR 5（禁用特定物质）

除了原来的排序（SMR 10）作了调整之外，内容上未作变更。自从中期审查之后，食品安全和食品质量问题已经成了共同农业政策的主要问题之一。第 1782/2003 号条例在食品安全问题上规定了交叉遵守的义务。要想根据农业生产政策保留接受直接支付的资格，现在农民们必须遵守相关的欧盟食品安全法律。除了前面介绍的《食品与饲料条例》之外，关于禁止在牲畜养殖中使用含有荷尔蒙、甲状腺激素和 β 兴奋剂的特定物质的理事会指令也是重要的食品安全法律之一。第 3、4、5 和 7 条适用于 SMR 5。

第 3 条规定，成员国必须禁止对含有特定物质的动物的管理，禁止对含有此种物质已受到监管动物的持有，禁止出售已接受这些物质的动物或肉，禁止已接受这些物质的肉类加工。第 4 条允许成员国，以治疗为目的而授权兽医对某些物质的管理，但要求已建立兽医使用登记制度。第 5 条允许成员国，为畜牧学治疗目的而授权兽医对某些物质予以管理。第 7 条规定了特定物质处理的动物投放市场的规则及最低撤出期限。[②]

（六）SMR 6（动物的识别和登记）

很有趣，这是法定管理要求中排序仅有二个没有变化的序号之一，但适用的指令已作修订。现在适用的是 2008 年 7 月 15 日关于猪

①　Alliance Environnement：Evaluation of the Application of Cross Compliance as Foreseen under Regulation 1782/2003，Part Ⅰ：Descriptive Report – Statutory Nlanagement Requirements，27/07/2007，p. 18.

②　Alliance Environnement：Evaluation of the Application of Cross Compliance as Foreseen under Regulation 1782/2003，Part Ⅱ：Replies to Evaluation Questions，27/07/2007，p. 10.

的鉴定与登记理事会指令,① 替代了原来第 92/102/EEC 号指令。② 第 92/102/EEC 号指令适用于一般动物, 第 4 (2) 条规定: 按照第 90/ 425/EEC 号指令第 18 条所规定的程序, 必须在 1993 年 1 月 1 日前为水牛和 1994 年 10 月 1 日前为季节性迁移放牧绵羊和山羊以及为所有在地理区域单独饲养的或公共牧场上饲养的所有上述动物建立简化登记程序。③

现行第 2008/71/EEC 号指令仅适用于猪的鉴定与登记程序, 无疑具有欧盟的特色, 也是确保动物得到监管的有效手段。

第 3 条规定, 各成员国应确保: 主管机关应拥有, 为本指令所涵盖的并在其管辖范围内的所有饲养动物的所有设施的最新清单; 这些设施必须保持这些清单, 直到该设施不保持动物已经连续三年及以上。这个清单还必须包括: 根据第 5 (2) 条第 1 段和第 8 条许可鉴定该设施的标记或标志; 欧洲委员会和主管机关可以获得本指令项下的所有信息。④ 成员国可根据第 90/425/EEC 号指令第 18 条所提及的程序获得授权, 允许那些保持单一动物只是为了自己使用或消费或考虑特殊情况的自然人, 倘若该动物受制于本指令之前所设定的控制措施的, 可排除适用本条第 1 (a) 条的清单。⑤

第 4 条规定各成员国应确保: 第 3 (1) (a) 条所规定清单所包含的任何饲养员保持登记, 说明目前设施中所保持动物的数量。登记应包括至少以综合流动为基础的流动最新纪录 (每个与进入和远离经营有关的动物数量), 适当地说明其起点或目的地, 以及这种流动的日期。

不管何种情形, 识别标记都应适用第 5、8 条的规定。在纯种和

---

①　Council Directive 2008/71/EEC, [2008], OJ L 213/31.

②　Council Directive 92/102/EEC, O. J. L 355/32.

③　Alliance Environnement: Evaluation of the Application of Cross Compliance as Foreseen under Regulation 1782/2003, Part II: Replies to Evaluation Questions, 27/07/2007, p. 14.

④　Council Directive 2008/71/EC, OJ L 213/32, Article 3 (1).

⑤　Ibid. , Article 3 (2).

杂种猪情形下，按照 1988 年 12 月 19 日理事会第 88/661/EEC 号指令，即关于适用于猪种繁殖的动物的畜牧学技术标准，予以登记，是一种替代性登记制度，如果主动担保者等同于一项登记的，基于个体识别，允许该已被识别的动物可根据第 90/425/EEC 指令第 18 条所提及的程序进行鉴定。①

第 4 条还规定成员国应确保：（a）任何人应请求，向主管机关提供，如果可行的话，与他所拥有、保存、运输、销售和屠宰动物的来源、识别和最终目的地有关的所有信息。②（b）任何动物饲养员在动物被移入或移出市场或集市时，都必须提供文件，包含拟移的动物的细节，对运营商来说，在市场上或在收集中心，谁是临时的动物看守人。经营者可使用含有与第 1 分段相一致的文件来执行第 1 段第 3 分段所设定的义务。③（c）应请求，得向主管机关提供关于该设施可得的登记与信息，最短期限得由主管机关确定但不得少于 3 年。④

第 5 条规定各成员国应确保尊重以下的一般原则：（a）识别标志必须在动物离开出生设施之前已被应用。（b）未经主管机关许可，任何标记不可被移除或更换。如果某一标记变得难以辨认或已丢失，根据本条适用新的标记。（c）保管人应当记录第 4 条所述登记中的任何新标记，旨在与该动物以前所建立的标记相连接。⑤

在任何情况下，在它们离开该设施之前，动物必须尽可能予以标记有耳标或文身，这样可以确定它们来自何方的设施，作为参考，能使任何附带文件得以参照，附带文件必须提及此等耳标或文身，以及第 3（1）（a）条所提到的清单。⑥

成员国可对其领土内的所有动物的流动适用其国内制度，对第

①　Council Directive 2008/71/EC, OJ L 213/32, Article 4（1）.

②　Ibid., Article 5（1）a.

③　Ibid., Article 5（1）b.

④　Ibid., Article 5（1）c.

⑤　Ibid., Article 5（1）c.

⑥　Ibid., Article 5（2）.

90/425/EEC 号指令第 3（1）（c）条变通适用。这样的制度必须使动物的来往设施与出生地设施得到识别。各成员国应通知为此目的打算引入该制度的委员会。按照第 90/425/EEC 号指令第 18 条所提及的程序，如果它不能满足这一要求，成员国可能会被要求对其制度做出修正。承载临时标记的动物，在其流动中必须伴随委托文件，以便确定来源、所有人、出发地和目的地的等信息。①

（七）SMR 7

第 1760/2000 号条例（SMR 8）建立了牛识别和登记以及关于牛肉和牛肉产品标签制度。第 4 条和第 7 条适用于 SMR 8。第 4 条规定了关于耳标的要求。第 7 条适用于动物的饲养者，随着转运者除外，涉及动物的登记和通行的要求。②

（八）SMR 8

第 21/2004 号理事会条例（SMR 8a）建立了绵羊和山羊动物的识别与登记制度并修订了第 1782/2003 号条例和第 92/102/EEC 号、第 64/432/EEC 号指令。第 3、4、5 条适用于 SMR 8a。第 3 条规定，动物识别和登记制度必须包含某些元素，即：识别每个动物的识别方法；保持每个设施的实时更新的登记簿；转运文件；中央存储器或计算机数据库。第 4 条规定了鉴定的具体要求。第 5 条写明了登记的具体要求。③

如前所述，从 2005 年 1 月 1 日起，农民必须确保遵守动物鉴定与登记方面的措施。有关动物登记的法定要求规定，不仅非常具体，具有很强的可操作性，而且也便于各成员国转换成国内立法并予以实施。

---

① Council Directive 2008/71/EC, OJ L 213/32, Article 5（2）.

② Alliance Environnement：Evaluation of the Application of Cross Compliance as Foreseen under Regulation 1782/2003, Part Ⅰ：Descriptive Report – Statutory Nlanagement Requirements, 27/07/2007, p. 14.

③ Ibid., p. 15.

（九）SMR 9［传染性海绵状脑病（TSEs）的预防和控制］

除了原来的排序（SMR 12）作了调整之外，内容上未作变更。第999/2001 号条例（SMR 9）制定了预防、消灭和控制某些传染性海绵状脑病的规则。第7、11、12、13 和15 条适用于 SMR 9。第7 条建立有关动物饲养的禁止，包括禁止从哺乳动物到反刍动物所衍生蛋白质的摄食饲养。第11 条要求成员国确保被怀疑感染 TSE 的任何动物要通知主管当局，成员国互相通报并向委员会的报告，无延迟地采取第12 条中所规定的措施。第12 条规定特殊措施，对可疑动物必须跟踪，如果 TSE 不能排除嫌疑的动物，应设置流动限制并杀死。第13条规定了 TSE 的存在得到确认时应遵循的措施，如流通控制和摧毁感染的动物。第15 条规定了投放市场的条件或牛、绵羊或山羊动物及其精液、胚胎和卵子的出口/进口条件包括活的动物或胚胎或卵的动物健康证书。TSE 可疑的或确诊动物的第一代胚胎、精液、和卵子的市场投放要受制于上述条件。①

（十）SMR 10（植物保护的产品）

除了原来的排序（SMR 9）作了调整之外，内容上也有重大的变动。为什么要作出重要的调整呢？根据2007 年实施评估报告，SMR 9的农民义务在各成员国存在着高度协调一致。所有成员国均适用的农民义务主要有两个方面：只有授权的植物保护产品必须使用；必须按说明书正确使用植物保护产品。但原指令第3（2）条②规定：成员国不得以植物保护产品在其领土内的使用未经授权为理由，阻碍旨在另一成员国使用该产品的生产、储存或流动。该条还规定：该产品在另一成员国获得了授权，成员国为了确保遵守第1 段所规定的检验要求令人满意。这个 SMR 为什么没有实施的理由是，交叉遵守并没有适用于那些根据给付计划接收款项的农民。如果农民没有直接参与实施

---

① Alliance Environnement：Evaluation of the Application of Cross Compliance as Foreseen under Regulation 1782/2003, Part Ⅰ：Descriptive Report - Statutory Nlanagement Requirements, 27/07/2007, pp. 18-19.

② Council Directive No. 91/414/EEC, article 3（2），［1991］OJ L230/1.

的，本条只能通过成员国的立法进程才能得以实施。因此，它不适合于交叉遵守。同样，原指令第3（4）条①规定：除非活性物质按照第67/548/EEC号指令予以分类、包装和加注标记，成员国应规定活性物质不得投放于市场。

为此，本轮改革，根据保护生物多样性、人类和动物植物的健康等原因，对原有指令作了修改，变指令为条例，即从由各成员国转换实施到各成员国必须实施的转身，保证此法定管理义务能在各成员国得到有效的实现。现在的法律依据是修订后的第1107/2009号条例第55条第1、2句。这2句的内容是："植物产品应得到正确使用，正确的使用应包括适用良好植物保护实践原则，遵守按照第31条和标签上所指定的业已建立的条件。还应当遵守第2009/128/EC号指令，特别是关于害虫综合管理的一般原则，即该指令所指的第14条和附件三，至迟在2014年1月1日起适用。"② 从表面上看，非常简单，但实际上，法条中套有法条规定，却有非常丰富的实体和程序法内容，下面稍详加细究。

本指令第31条是指，授权的内容，具体包括：授权应明确植物或植物产品和非农领域（例如铁路、公共区域、储藏室），以及该植物保护产品可能用于何种目的。③ 授权应列出与植物保护产品投放市场和使用有关的法定要求。这些法定要求作为最低限度的要求，包括遵守该条例核准审批活性物质、安全剂和增效剂所规定的条件和要求所需要的使用条件。④ 本授权书应包括：为第1999/45/EC号指令之目的而对植物保护产品所作的分类。成员国可以规定授权持有人应分类或更新标签，不能无故拖延根据第1999/45/EC号指令的植物保护产品分类和标签的任何改变。在这种情况下，应立即通知主管当局。⑤

---

① Council Directive No. 91/414/EEC, article 3 (4), [1991] OJ L230/1.

② Regulation (EC) No. 1107/2009, OJ L 309/1, article 55.

③ Ibid., article 31 (1).

④ Ibid., article 31 (2).

⑤ Ibid., article 31 (2).

如果适用的话，第 2 段所提及的法定要求还应包括：①

（a）每次施用时每公顷的最大剂量；

（b）每次施用与收获之间的期间；

（c）每年施用的最多次数。

第 2 段中所提及的要求可包括以下内容：

（a）为了保护有关的经销商、用户、路人、居民、消费者或工人或环境健康而对该植物保护产品的分配和用途施以限制时，要考虑由共同体的其他规定；此等限制应在标签上注明；

（b）在产品使用之前，有义务告知可能暴露于喷药飘散的任何人和那些已要求获得通知的邻居；

（c）正确使用的标志应根据第 2009/128/EC 号指令第 14 条所述的害虫综合管理原则和附件三的规定；

（d）专业和非专业用户类别的指定；

（e）经批准的标签；

（f）施用之间的时间间隔；

（g）如果适用的话，最后的施用与该植物产品的消费之间的期间；

（h）返回的时间间隔；

（i）包装尺寸和材料。②

由上可知，此类规定非常具体，可操作性较强，也便于农民的遵守。当然，本条中所提及的第 2009/128/EC 号指令第 14 条所述的害虫综合管理原则和附件三的规定，也同样作了非常具体的规定。分述如下：

第 14 条 综合的虫害管理共有五款，要求成员国应采取一切必要措施，促进低农药投入的害虫管理，将非化学方法置于尽可能的优先级地位，让那些可参与同样虫害问题的杀虫剂专业用户，转向那些对

---

① Regulation （EC） No. 1107/2009, OJ L 309/1, article 31 （3）.

② Ibid., article 31 （4）.

人类健康和环境具有最低风险的实际做法和产品。低农药投入的害虫治理包括：2007 年 6 月 28 日通过的第 834/2007（EC）号《有机生产和有机产品标签条例》中关于综合害虫管理以及有机农业的规定。①

各成员国应建立或支持为害虫综合管理的实施所必要的设施条件。特别是，它们应确保专业用户拥有其病虫害监测和决策的信息和工具，以及获得综合虫害管理咨询服务。②

到 2013 年 6 月 30 日，成员国应向委员会报告第 1 段和第 2 段的实施情况，特别是，害虫综合管理实施的必要条件是否在应有的位置上。③

各成员国应在其国家行动规划中描述，它们将如何确保附件Ⅲ所设定的综合虫害管理一般原则，到 2014 年 1 月 1 日起均由所有专业用户来实施。旨在修改本指令的非实质性要素且与正在修订的附件Ⅲ相关的考虑科技进步的各项措施，应根据本指令第 21（2）条所规定的监管审查程序予以采用。④

各成员国应建立适当的激励机制，鼓励专业用户在自愿的基础上，实施有害生物综合治理的作物或特定部门的具体指导准则。公共部门和/或组织代表特定专业用户可制定这样的准则。各成员国应参照已考虑了相关和适当的国家行动规划的这些准则。⑤

附件Ⅲ关于害虫综合管理的一般原则，指令作出了非常具体的规定。

1）有害生物的预防和/或抑制应通过特别是以下其他选项来实现或获得支持：

轮作

使用适当的栽培技术（如不新鲜的苗床技术，播期与密度，套

---

① Council Directive No. 2009/128/EC, OJ L 309/79, article 14 (1).

② Ibid., article 14 (2).

③ Ibid., article 14 (3).

④ Ibid., article 14 (4).

⑤ Ibid., article 14 (5).

种，保育耕作，修剪和直播）；

在适当情况下，使用抗/耐性品种和标准/认证的种子与种植材料；

使用平衡施肥，使用石灰和灌溉/排水；

防止有害生物传播的卫生措施（如机械设备的定期清洗）；

保护和改善重要的有益生物，例如通过适当的植物保护措施或利用生产场地内外部的生态基础设施。

2）如果可行，须通过适当的方法和工具监控有害生物。这些适当工具应包括实地观察以及科学合理的预警、预测和早期诊断系统，以及在可行的情况下，使用合格专业顾问的建议。

3）基于监测的结果，专业用户不得不决定：是否以及何时适用植物保护措施。对于决策而言，健康的和科学合理的阈值是关键成分。如果可行，对于区域、特定领域和特定的气候条件界定有害生物的阈值水平时，必须在处理之前予以考虑。

4）如果可持续的生物、物理等非化学方法能提供满意的病虫害防治的，必须比用化学方法得到优先考虑。

5）农药应尽可能地定向使用，将对人体健康、非目标生物和环境所产生的副作用最小化。

6）专业用户，例如通过减少剂量、减少应用频率或局部应用、考虑植被水平可接受的风险程度，应使农药的使用和其他干预形式保持在必要的程度之内；不增加有害生物种群的对抗性发展的风险。

7）如果对抗植物保护措施的风险是已知的，如果有害生物的水平需要反复对该作物使用农药，应适用的阻抗策略应保持产品的有效性。这可能包括不同操作模式下的多种农药的使用。

8）基于农药使用记录和有害生物的监测，专业用户应该检查所应用的植物保护措施的成功程度。①

---

① Directive 2009/128/EC, Annex III, OJ L 309/71.

（十一）SMR 11（保护犊牛的最低标准）

现代农业发展面临保障食品安全、保护生物多样性、应对气候变化等挑战，过去 20 年，环境问题已成为欧盟政治议程大厦中的主角，共同农业政策作为欧盟政策的标志之一，已发生了深刻变革，越来越趋向粮食生产与环境保护、动物福利并重。欧盟自 2003 年以来多次对其共同农业政策进行了改革，尤其是在农业可持续发展及农业生态补偿、动物福利、生物多样性保护等政策方面制定了一系列条例和指令，积累了丰富的经验。其中将动物福利与交叉遵守相链接，可以说欧盟农业环境给付制度的亮点之一。在新一轮的改革中，原来被实践证明行之有效的动物福利相关立法，不仅被继承下来，而且还在某些方面予以进一步的完善。下面将对保护犊牛的相关规定作一梳理。

除了原来的排序（SMR 16）作了调整之外，内容上虽然还是第 3 条和第 4 条，适用的法律依据已作了修订。原来适用的是关于保护犊牛保护的最低标准指令，① 现行的法律依据是 2008 年 12 月 18 日第 2008/119/EC 号理事会指令。②

第 3 条规定，从 1998 年 1 月 1 日起，下列规定将适用于所有新建或改建的设施和在该日期之后投入使用的所有设施：

（a）八周龄后的犊牛不得局限在单圈之内，除非兽医证明其健康或行为需要被隔离，以接受治疗。对于小牛的任何单圈的宽度至少应等于小牛的肩高，在站立的位置测量，长度至少应等于小牛的体长，从鼻子的顶端到坐骨结节的尾缘（销骨）处予以测量，乘以 1.1。

犊牛单圈（除了隔离患病动物）不能有实体墙壁，但穿孔墙能使小牛有直接的视觉和触觉的接触。③

（b）为了让小牛保持群居，提供给每头体重小于 150 公斤的犊牛的通畅空间至少应等于 1 平方米；每头犊牛体重 150 公斤或以上但小

---

① Council Directive 91/629/EEC，［1991］OJ L340/28，article 3.

② Council Directive 2008/119/EC，［2008］OJ L 10，article 3，p. 7.

③ Ibid.，article 3（1）（a）.

于 220 公斤的,至少相当于 1.7 平方米;每头犊牛体重 220 公斤以上的,至少应等于 1.8 平方米。

当然,本条也作了例外的规定,如:在第 1 分段条款不适用于:(a)少于六头的设施;(b)为了哺乳保持与其母亲在一起的犊牛。但从 2006 年 12 月 31 日起,第 1 段的规定应适用于所有设施。①

第 4 条条文本身非常短:"成员国应确保遵守附件一所设定的饲养犊牛条件的相关条款。"可是在仔细审阅附件之后会发现,不仅其内容与原先指令规定相比已作了修订,如下文中的第 7 点和第 8 点等,而且还增加了全新的内容,如下文中的第 15 点。具体内容如下。

1)用于建筑犊牛宿舍的材料,特别是犊牛可能接触的箱和设备,不能对犊牛有害,必须能够被彻底清洗和消毒。

2)在共同体设定物质规则之前,电气线路和设备必须根据国家现行规则规定予以安装,以避免电击。

3)建筑的绝缘、加热和通风必须保证空气流通,粉尘浓度、温度、相对湿度和气体的浓度保持在不会对小牛有害的限制范围之内。

4)对于犊牛的健康和福祉必不可少的自动化或机械设备必须每天至少检查一次。发现缺陷时,应立即纠正,如果这是不可能的,必须采取相应的措施来保障牛犊的健康和幸福,直到缺陷已经修复,特别是通过使用替代性喂养方法且保持令人满意的环境。

如果使用人工通风系统的,必须提供一个适当的备份系统,当系统发生故障时,能保证足够的空气更新保护小牛的健康和福祉,必须提供报警系统能给存栏饲养员以及时的故障预警。报警系统必须定期测试。

5)小牛不能保持在永久的黑暗之中。为了满足其行为和生理需求,允许成员国根据不同的气候条件,必须作出规定:适宜的自然或人工照明;如果是后者,它必须运行一段时间,至少相当于通常可用的 9 点和 5 点之间的自然光,合适的照明(固定或便携式)足以让犊

① Council Directive 2008/119/EC,[2008]OJ L 10, article 3(1)(b)and(2).

牛可随时接受可得的检查。

6）所有室内饲养犊牛必须接受所有人或对动物负责的自然人每天至少两次检查，如果小牛是在室外的，必须至少每天检查一次。任何犊牛看似生病或受伤的，必须妥善处理，不得无故延迟；在存栏饲养员不能及时作出回应的情形下，必须尽快获得兽医给任何小牛的建议。在必要时，生病或受伤的牛必须隔离在带有干燥、舒适的床位的充足空间里。

7）犊牛住宿必须以这样一种方式建设：让每一个小牛能躺下来、休息、站起来、刷洗本身没有困难。

8）小牛不能拴绳，群聚犊牛除外，它们可能在拴期喂牛奶或牛奶替代品，但不超过一个小时。如果使用系绳的，它们不能伤害到犊牛，必须经常检查和调整，以确保舒适。每个系绳的设计必须避免窒息或受伤的危险并让小牛根据上文中的第 7 点可以活动。

9）犊牛所用的住房、圈、设备和器具必须妥善清洁和消毒，防止交叉感染和携带疾病的微生物积聚。粪便、尿液和未吃的或溢出的食物必须经常移除，以使气味最小化，避免吸引苍蝇或老鼠。

10）地面必须平整而不滑，防止犊牛受伤，所以设计不造成站在或躺在它们之上的小牛受到伤害或痛苦。它们必须与犊牛的重量和大小相匹配，形成刚性、均匀和稳定的表面。躺卧区域必须舒适、清洁且能充分排出废物，对小牛不会产生不利影响。必须为所有小牛提供合适的床位不少于两周。

11）小牛必须提供适当的，适合其年龄、体重、行为和生理需求的饮食，促进良好的健康和福利。为此，其食品必须包含足够的铁来保证平均血红蛋白水平至少 5 毫摩尔/升，必须为每头小牛提供为期两周的日均最低的纤维食品，为 8—20 周龄的犊牛提高每天 50—250克的数量。小牛不得戴口套。

12）小牛必须至少一天要喂养两次。如果室养的成群小牛，或不能随意喂食，或采用自动送料系统的，每头小牛必须与群中的其他牛一样获得食物。

13）两周龄犊牛必须获得足够数量的淡水或能通过饮用其他液体来满足其液体摄入需求。然而，在炎热的天气条件下或犊牛生病，新鲜的饮用水必须随时可用。

14）喂养和水设施必须设计、建造、放置和保持，这样犊牛的饲料和水的污染才能最小化。

15）每头小牛在其出生后，必须尽快接受牛的初乳，在任何情况下，应在生命的最初六小时内接受。

（十二）SMR 12

和SMR 11相似的是，除了原来的排序（SMR 17）作了调整之外，内容上虽然还是第3条和第4（1）条，适用的法律依据一样也作了修订。原来适用的是第91/630号理事会指令规定的保护猪的最低标准，[①] 现行的法律依据是2008年12月18日第2008/120/EC号理事会指令设定的猪保护的最低标准。[②]

1. 第3条规定，成员国应确保所有设施遵守以下要求：（a）除母猪和产后母猪之外，提供给群猪中的每头断奶或饲养猪的畅通无阻的地板面积必须至少如表3-5所示：

表3-5　　　养猪设施中无障碍地板面积与体重间的法定要求

体重（kg）	平方米
不超过10	0.15
超过10但不超过20	0.20
超过20但不超过30	0.30
超过30但不超过50	0.40
超过50但不超过85	0.55
超过85但不超过110	0.65
110以上的	1.00

（b）当后备母猪和每头母猪成群结队时，产后小母猪和每头母猪

---

① Council Directive 91/630, article 3, ［1991］ OJ L340/28.

② Council Directive 2008/120/EC, article 3, ［2008］ OJ L 47, p. 5.

的无障碍的地板总面积，必须分别至少得提供 1. 64 平方米和 2. 25 平方米。当这些动物保持成群少于六头时，无障碍的面积必须增加 10%。当这些动物保持在 40 头或以上的个体数量时，无障碍的占地面积可减少 10%。①

2. 各成员国应确保地板表面符合下列要求：（a）产后小母猪和怀孕母猪：第 1（b）段所要求的面积的一部分，相当于至少每头产后小母猪 0. 95 平方米和每头母猪至少 1. 3 平方米，必须是连续性固态地板，其中最多 15% 的面积预留给排水口。（b）当混凝土地板用于猪群时：

（1）排水口的最大宽度必须：

仔猪为 11 毫米；

断奶仔猪为 14 毫米；

饲养猪为 18 毫米；

产后小母猪和母猪 20 毫米。

（2）最小的板条的宽度必须：

仔猪和断奶仔猪为 50 毫米；

饲养猪、母猪、产后小母猪为 80 毫米。

3. 各成员国应确保各种设施施工或转换期间禁止母猪拴绳。从 2006 年 1 月 1 日起，不得使用母猪系绳。

4. 各成员国应确保：母猪和产后小母猪在预产期前一周至产后的四周开始的一段期间要处于群养状态。群养的围栏其边长应超过 2. 8 米。当群养个体成员少于六头时该围栏的边长在长度上必须大于 2. 4 米。

作为第 1 段的变通，在设施中饲养的母猪和产后小母猪少于 10 头的，可根据上段规定所述期间单独关养，只要它们可以在其圈内容易转身即可。

5. 成员国应保证，在附录 I 所设定的要求不受影响的情形下，母

---

① Council Directive 2008/120/EC, article 3 (1), [2008] OJ L 47, p. 5.

猪和产后母猪拥有永久获得可操作自如的用料，至少遵守附件的相关要求。

6. 各成员国应确保：成群母猪和产后小母猪应使用某一系统喂养，以确保每一个体，即使食物存在竞争对手，都能够获得足够的食物。

7. 成员国应确保：所有口渴的怀孕母猪，为了消除其饥饿感和满足其咀嚼的需要，得提供充足分量或高纤维的食品以及高能量的食物。

8. 各成员国应确保：不得不群养的猪，特别好斗的猪，被其他猪攻击或是生病或受伤的猪可暂时保存在单圈里。在这种情况下，如果不与特定的兽医建议相矛盾，所用单独围栏要允许动物易于转身。

9. 第 1（b）、2、4、5 段所设定的条款和第 8 段最后一句话适用于所有新建或改建或 2003 年 1 月 1 日后投入使用的设施。从 2013 年 1 月 1 日起这些规定适用于所有设施。

第 4 段的第 1 分段所设定的条款不适用于少于 10 头母猪的设施。①

第 4 条规定"各成员国应确保养猪条件需遵守附件 I 所设定的一般条款"。这里所指的附录 I 里的"一般条件"包括相当丰富的内容，除了第 98/58/EC 号指令附件的有关规定之外，适用以下法定要求：

1. 应避免猪舍连续的噪音水平高于 85 分贝。应避免恒定的或突然的噪声。

2. 每天得为猪保持最低 8 小时以上至少 40 勒克斯的强度的光照时间。

3. 猪舍必须以这样一种方式建立以让动物：

——有一个物理上和热力上舒适的卧躺区域，充分干净，让所有的动物都能在同一时间里躺着；

<hr>

① Council Directive 2008/120/EC, ［2008］OJ L 47, article 3（2）-（9）, p. 5.

——正常休息；

——看到其他的猪；然而，在预产期前的一周和产仔期间，母猪和产后小母猪可以不暴露于同种个体的光线之下。

4. 虽然第 3（5）条规定，猪必须不变地获得足够的物料以便开展适当的探查和操作活动，如稻草、干草、木材、木屑、堆肥、泥炭或混合物等，不能危害动物的健康。

5. 地面必须平整但不光滑，防止猪受伤，这样设计、构造和维持不会造成猪的伤害或痛苦。如果没有提供杂物的，它们必须与猪的大小和重量相适合，形成一个刚性、均衡和稳定的表面。

6. 所有的猪每天至少得喂食一次。如果猪分组喂养，不是随意或通过自动化系统单独饲养动物，每头猪必须和其他组中的其他动物一样在同一时间里获得食物。

7. 超过两周的所有的成年猪必须能永久获得足够数量的淡水。

8. 除了诊断和治疗之目的或者按照相关立法对这些猪进行鉴别之外的，以及导致身体敏感部位的损害或损失或者骨骼结构的改变而实施的作为预防性的所有措施均应禁止，下列情况除外。

——对于留下完整光滑外观的仔猪，应在不迟于存活后的第七天，对仔猪的角齿通过碾磨或切边予以统一削剪。为防止伤害其他动物或出于安全原因公猪獠牙均匀减少；

——剥除尾巴部分；

——通过组织撕裂以外的其他方式阉割公猪；

——只有当动物在室外饲养并遵守国家法律的规定才可装鼻环。

既未断尾也未削剪磨齿的那些猪，仅当有证据表明已发生伤害母猪乳头或其他猪的耳朵或尾巴的，必须按常规处理。执行这些程序之前，应采取其他措施以防止咬尾和其他恶习，考虑环境和放养密度。为此，必须改变不充分的环境条件或管理制度。

上述任何程序，只能通过兽医或第 6 条所规定的受过训练和在履行中应用适当工具技术有经验的自然人，并在一定的卫生条件下才能执行。如果阉割或割尾巴的，须存活第七天后方可，由兽医在麻醉和附加的持久无痛条件下进行。①

（十三）SMR 13 为耕作目的保护饲养动物

根据该指令第 4 条规定，"各成员国应根据业已获得的经验和科学知识，遵守附件中所设定的相关条款，顾及动物的特种与动物的发育、适应和驯化程度，以及顾及动物的生理和行为需求等各种条件下饲养动物（鱼类、爬行动物和两栖动物除外）"②。该条所指的附件条款，共有 10 个方面的 21 条规定，它们分别对员工配置、检查、纪录保持、动物的行动自如、建筑物和禽舍、不宜关在建筑物内的动物、自动或机械设备、饲料、水和其他物质、残缺、饲养程序作出了详细的规定。

总之，交叉遵守机制包括两方面的内容。一方面是规定农民要接受农业环境行政上的给付时，必须履行一系列环境法定管理要求，包括：环境，食品安全，动植物健康，动物福利。这些法定管理要求陆续在 2005—2007 年开始正式实施。这对于改变农民传统的农耕方式提供了明晰的法律根据，并与环境给付相挂钩。另一方面是要求农民将土地维持在良好的农业与环境条件之下，实施可持续的发展。这将在下一节予以探究。

第三节　良好农业与环境条件（GAEC）

一　引言

如前所述，第 1782/2003 号条例除了规定法定管理要求之外，还采用了另一个条件，即为了保留接受直接支付的资格，农民们有义务将其农场维持在"良好农业与环境条件"之下。该义务从 2005 年 1 月 1 日起生效，该义务要求农民遵守其国内或地区农业部门确定的最低限度的要求。该条例规定了一个包含有许多问题的框架，该框架要求各成员国政府解决其有关良好的农业耕作方式的守则问题。③ 该条

① Council Directive 2008/120/EC, ［2008］OJ L 47, article 3（2）-（9）, pp. 10-11.

② Council Directive 98/58/EC, ［1998］OJ L 221/28, article 4, p. 24.

③ Council Regulation 1782/2003, Article 5 and Annex IV.

例第 5 条规定，成员国用附录 IV 作为指导制订 GAEC 要求的框架。附件四为良好的农业与环境框架设定了四个问题（Issue），包括土壤腐蚀（通过适当措施保护土壤），土壤有机质（通过适当的耕作保持土壤有机质等级），土壤结构（通过适当措施保持土壤结构）以及最低程度的维持（确保最低程度的维持并避免栖息地退化）①。对于每个问题，列出了许多标准。如"水土流失"，列出了三个标准：最小的土壤覆盖率；反映特定场址条件的最低土地管理要求；保留梯田。这些标准已被成员国用作制订更具体和详细农民义务的基础。成员国通过诸如手册或网站等手段，向农民提供与农民义务相关的信息，但成员国并不总是很清楚何种 GAEC 的问题与特定农民义务所涉及标准相关。因此在一定程度上的解释似有必要。②

第 1782/2003 号条例还要求成员国规定良好的农业与环境条件，解决条例中所设定的特定问题和标准。农民必须遵守作为其交叉遵守义务组成部分的这些标准。2008 年正常检查对这些标准和问题进行了修改。这次正常检查特别规定了良好农业与环境条件的国家标准，应解决水管理问题，并且还拓展了土地管理要求。欧洲委员会将关于水管理问题要求的规定视为废除这种生产控制工具之后维持休耕计划所产生的环境惠益的一种手段。③

二　GAEC 农民义务的确定

2008 年正常检查保留了第 1782/2003 号理事会条例所采纳的法定交叉遵守要求的结构，但简化了农民必须遵守的共同体法律的清单。④ 第

---

① See Council Regulation（EC）No. 1782/2003, Article 5 and Annex IV.

② Alliance Environnement：Evaluation of the Application of Cross Compliance as Foreseen under Regulation 1782/2003, Part II：Replies to Evaluation Questions, 27/07/2007, http：//ec. europa. eu/agriculture/eval/reports/cross_ compliance/part2. pdf, p. 25.

③ European Commission, Proposal for a Council Regulation Establishing Common Rules for Direct Support Schemes for Farmers under the Common Agricultural Policy and Establishing Certain Support Schemes for Farmers, COM（2008）306 final 5.

④ See Council Regulation 73/2009,［2009］OJ L30/ 16, Article 4 and Annex II.

73/2009 号理事会条例对这四个问题全部予以保留，并未对此做较大改动，不过却增加了一条水的保护与管理规定（保护水免受污染与溢流，并对用水进行管理)①。欧盟委员会将要求解决水管理问题的规定视为废除生产控制工具之后维持休耕计划所产生的环境效益的手段。另外，第1782/2003 号理事会条例并未对这些问题的标准作区分，而第 73/2009 号理事会条例则将这些问题的标准分为强制性标准和选择性标准。②

良好的农业与环境条件由两部分组成。一是为了确保所有的农业用地，特别是那些不再用于生产目的的土地维持良好的农业与环境条件，成员国应该根据第 73/2009 号理事会条例附件三的 5 个问题和 15 条标准（其中 8 项是强制性的，7 项是可选择性的）确定国家层面或地区层面的最低限度的要求。成员国应该为所有的"强制性标准"确定最低限度的良好的农业与环境条件，而且在确定最低限度的良好的农业与环境条件时要考虑到所涉及地区的具体特性，包括土壤和气候条件、现有的耕作系统、土地利用、轮作、耕作方式和农场结构。该最低限度要求可以是国家层面的，也可以是地区层面的。而"选择性标准"的最低限度的良好的农业与环境条件的确定则不是强制性的，除非成员国在2009 年 1 月 1 日之前就为这些"选择性标准"确定了最低限度要求，或者/并在成员国实施了应对该标准的国家规则。除此之外，成员国不得在良好的农业与环境条件框架之外再确定最低限度要求。③ 二是成员国应该确保那些 2003 年作为永久牧场而接受耕地补贴的土地仍然保持在永久牧场的状态。这些标准大部分已分别于 2009 年和 2010 年 1月 1 日实行了，但水的保护与管理中的一条强制性标准，即沿水源地设立缓冲带这一标准最迟可以推迟到 2012 年 1 月 1 日实行。

表 3-6 是第 73/2009 号条例项下的"良好农业与环境条件"要求。④

① See Council Regulation（EC）No. 73/2009, Article 6 and Annex III.

② Ibid.

③ Ibid. , Article 6（1）.

④ ［英］布莱恩·杰克：《农业与欧盟环境法》，姜双林译，中国政法大学出版社2012 年版，第 93 页。

表 3-6　　第 73/2009 号条例项下的"良好农业与环境条件"要求

问题（Issue）	强制标准	选择性标准
土壤腐蚀：通过适当措施保护土壤	最低程度的土壤覆盖；反映当地特定条件的最低程度土地管理	梯田保护
土壤有机物：通过适当措施保持土壤有机质物	耕地上作物收割后遗留在地里的残茎的管理	轮种标准
土壤结构：通过适当措施保持土壤结构		适当机械的使用
最低程度的保持：保证最低程度的保持水平并避免栖息地退化	保持景观特征，包括在恰当的地方保持篱笆、池塘、沟渠、成排或成片或单独的树木以及田埂；避免种植农业中不受欢迎的植物；保护永久牧场	最低限度的牲口饲养率或/和合适的制度；建立和/或保护栖息地；禁止砍伐油橄榄树；维持油橄榄树和藤本植物的良好生长条件
水的保护与管理：保护水免受污染和流失，并对用水进行管理	沿水源地建立缓冲带；当用水灌溉须经批准时，遵守批准程序	

　　显然，在新一轮的共同农业政策改革中，"良好农业与环境条件"是否应继续保留，也是一个人们关注的热点问题，根据新条例序文第58 段①的说明，"第 1782/2003 号条例建立了成员国内的土地农业和环境条件的标准框架，各成员国可采取考虑特殊特征的国家标准，包括土壤、气候条件和现有的农业制度（土地利用、作物轮作、耕作方式）和农业结构。让土地处于良好农业和环境条件的那些标准有助于防止土壤侵蚀、保持土壤有机质和土壤结构、确保最低限度的养护、避免栖息地的恶化、保护和管理水资源。因此，本条例所设定的交叉

---

① "Member States shall ensure that all agricultural land, especially land which is no longer used for production purposes, is maintained in good agricultural and environmental condition. Member States shall define, at national or regional level, minimum requirements for good agricultural and environmental condition on the basis of the framework set up in Annex IV, taking into account the specific characteristics of the areas concerned, including soil and climatic condition, existing fanning systems, land use, crop rotation, farming practices, and farm structures." Council Regulation 1782/2003, art. 5, 2003 OJ.（L 270）8（EC）. 最新情况还可参照 Regulation（EU）No. 1306/2013, OJ L 347/556, art 93, Annex II, pp. 602-603。

遵守制度更广泛的范围应包括各成员国所采用的良好农业和环境条件国家标准的框架。欧盟框架还应包括更好地解决水、土壤、碳储量、生物多样性和景观问题，以及土地最低养护水平的规则"①。由此可知，"良好农业与环境条件"作为交叉遵守的条件依然得以保留，但在内容上有了一些新的变化。原来的"强制性标准"和"选择性标准"的区分不见了；原来两项标准加以一起有 15 个选项，现有保留了 7 项；以前没有领域之说，新条例识别出了新领域，而且增加了"气候变化"的内容，在主要问题中明显增加了农业在应对气候变化中的作用，列出了"土壤和碳储存"；在"景观和养护的最低水准"方面增添了新内容等。这里需要特别提醒的是，良好农业和环境条件，留给各成员国并由其制定一个一般框架，直到现在共同体层面还是未作规定。

表 3-7 是第 1306/2013 号条例项下的土地良好农业和环境条件标准。

表 3-7　第 1306/2013 号条例项下的土地良好农业和环境条件标准

领域	主要问题		要求与标准
环境、气候变化、土地的良好农业条件	水	GAEC 1	建立沿水道的缓冲带
		GAEC 2	如果灌溉用水需经批准的，则遵守批准程序
		GAEC 3	保护地下水免受污染：禁止向地下水直接排放污染物和防止地面排放和通过土壤渗透危险物质而间接污染地下水的措施，列于第 80/68/EEC 号指令的附件中，自该指令颁布生效以来，与农业活动相关的措施
	土壤和碳存储	GAEC 4	最低限度的土壤植被覆盖
		GAEC 5	从反映场址特定条件的最低限度土地管理要求到限制水土流失
		GAEC 6	采取适当措施维持土壤有机物质水平，包括禁止燃烧适于耕种的残株，为植物健康原因的除外
	景观和养护的最低水准	GAEC 7	保持景观特征，包括在恰当的地方，树篱、池塘、沟渠、成排或成片或单独的树木以及田埂和梯田，包括在鸟类繁殖或饲育季节关于砍树篱和树木的禁令，作为一种选项，避免入侵的植物物种

①　Regulation（EU）No. 1306/2013, OJ L 347/556, preamble（58）.

三 GAEC 农民义务的具体内容

这部分内容仅限于新条例的规定，对相关的"良好农业与环境条件"予以考察。

（一）GAEC 1 建立沿水道的缓冲带

对交叉遵守的关注涉及这样一个事实，即共同体委员会的建议扩大了成员国应该适用的良好农业与环境条件要求，从而要求农民沿水源地建立缓冲带。尽管共同体第 73/2009 号理事会条例最终采纳了这一建议，但是环保团体认为，虽然沿水源地的缓冲带可能会防止水体的硝酸盐污染，但对增加生物多样性无所助益。[①] 这是欧盟加强水管理的一项重要举措，在新条例中把它作为第一项 GAEC 单列，突显其在水管理中的重要性。这也是与原来的水土流失或土壤侵蚀密切相关的。事实上各成员国已推出了各种各样的 GAEC 农民义务，旨在最大限度地减少水土流失和土壤侵蚀。[②]

（二）GAEC 2 灌溉用水需遵守批准程序

扩大灌溉农业的区域正带来缺水问题。因灌溉而过度抽水，尤其是在南欧，已是公认的问题，在过去几十年里，灌溉农业增加了。虽然灌溉取水在 20 世纪 90 年代早期与从 1998—2007 年的十年之间略有下降，尽管通过越来越广泛地使用滴灌，提高了灌溉效率，但水资源在某些地区仍然面临着沉重的压力，导致地下水位下降、盐水入侵和湿地干化。[③]

与 SMR 相比，GAEC 标准常常用于促进良好农业实践，欧盟层面

---

① ［英］布莱恩·杰克：《农业与欧盟环境法》，姜双林译，中国政法大学出版社 2012 年版，第 103 页。

② Alliance Environnement：Evaluation of the Application of Cross Compliance as Foreseen under Regulation 1782/2003, Part II: Replies to Evaluation Questions, 27/07/2007, http://ec. europa. eu/agriculture/eval/reports/cross_ compliance/part2. pdf, p. 30.

③ European Court of Auditors, *Integration of EU Water Policy Objectives with the CAP: a Partial Success*, Luxembourg: Publications Office of the European Union, 2014, p. 29.

并不存在相应的环境立法以引入新的农民义务。然而，委员会没有界定 GAEC 中关于灌溉的授权程序，以这样一种方式来促进良好的耕作实践。关于灌溉的 GAEC，指的是现有的国家或地区的立法，但并没有引入新的义务。它没有引入建立授权程序要素的义务，如取水许可证，水表和关于水用途的报告——而这些要素并没有已经存在。如果一国内存在很弱的或根本就没有授权程序，那么，这种 GAEC 就不会有任何影响，这可能是在遭受缺水的地区显得特别重要的原因之所在。[1]

（三）GAEC 3 保护地下水免受污染

禁止向地下水直接排放污染物和防止向地面排放和通过土壤渗透危险物质而间接污染地下水的措施，列于第 80/68/EEC 号指令的附件中，自该指令颁布生效以来，与农业活动相关的措施。

关于保护地下水免受由特定危险物质引起污染指令第 4 条，为了遵守防止将清单 I 中的物质排入地下水，规定各成员国：应当禁止清单 I 中所列物质的所有直接排放行为；须事先调查任何废物处理装置或处理这些物质可能导致间接排放的意图。根据该项调查，各成员国应禁止此类活动，或授权提供所有必要的技术防范措施以防止这种排放的出现。应采取它们认为必要的一切适当的措施以防止列于清单 I 物质的任何间接排放。成员国应将这些措施通知欧盟委员会，欧盟委员会可根据这种资料，向理事会提出修订本指令的建议。[2] 但是，如果事先调查表明，清单 I 物质排放已致地下水被认为是永久地不适合其他用途，尤其是家庭或农业，如果它们的存在并不妨碍地面资源开发的，该成员国可以授权这些物质的排放。只有当已采取所有的技术性预防措施以确保这些物质不能达到其他水生生态系统或损害其他生态系统时，这些授权才可授予。[3] 成员

---

[1]　European Court of Auditors, *Integration of EU Water Policy Objectives with the CAP: a Partial Success*, Luxembourg: Publications Office of the European Union, 2014, p. 28.

[2]　See Council Directive 80/68/EEC, Article 4 (1).

[3]　Ibid., Article 4 (2).

国可在事先调查后授权用于地热目的的水重新注入同一含水层，以及矿场和采石场抽出水和土木工程抽出水的排放。① 对于列在清单Ⅱ中物质的处置，该指令第5条作了类似第4条那样的规定，只是程度上的要求有别。

（四）GAEC 4 最低限度的土壤植被覆盖

目前，包括英国在内的17个成员国规定了农民义务最低限度的覆土义务。一些成员国为农民建立了对不在农业生产期间或预留的耕地建立植被覆盖的义务，如德国、芬兰等。在一些成员国，农民有义务为草地或草带建立植被覆盖，如法国等，以及农民有义务为容易被侵蚀的所有土壤类型建立最低限度的植被覆盖，如荷兰等。在卢森堡，农民必须选择一项与土壤覆盖相关的管理选项以防止侵蚀沟渠。在爱尔兰，土地可粗耕，作为建立绿色覆盖的替代方式。在芬兰，在 NVZs 的农民存在几项与最低限度植被覆盖相关的义务。②

（五）GAEC 5 限制水土流失

内容包括从反映场址特定条件的最低限度土地管理要求到限制水土流失。

（六）GAEC 6 维持土壤有机质

采取适当措施维持土壤有机物质水平，包括禁止燃烧适于耕种的残株，为植物健康原因的除外。

（七）GAEC 7 保持景观特征

包括在恰当的地方，树篱、池塘、沟渠，成排或成片或单独的树木以及田埂和梯田，包括在鸟类繁殖或饲育季节关于砍树篱和树木的禁令，作为一种选项，避免入侵植物物种。

---

① See Council Directive 80/68/EEC, Article 4 (3).

② Alliance Environnement: Evaluation of the Application of Cross Compliance as Foreseen under Regulation 1782/2003, Part Ⅱ: Replies to Evaluation Questions, 27/07/2007, http://ec. europa. eu/agriculture/eval/reports/cross_ compliance/part2. pdf, pp. 30-31.

四　良好农业与环境条件的等效措施

这里需要特别说明的是，新条例不仅用四个条文（第43—46条）详细规定了良好农业与环境条件的具体内容，同时还以附件九的形式对等效措施作了更为详尽的规定，此外，还授权各成员国可根据本国或本地区的特殊情况作出更具针对性的等效措施，但需报委员会核准。

附件九对第43（3）条所指的等效习惯做法[①]，从作物多样化、维护永久性草地和生态重点区域三方面作出了规定。具体内容如下：

（一）作物多样化等效习惯做法

1. 作物多样化

要求：至少有三种作物，主要作物覆盖的最大值为75%，适用下列任何一种或多种：

——至少有四种作物；

——应用更低的最大临界值；

——存在更合适的作物选择，例如，豆科的、蛋白质作物，如果合适，不需要灌溉、农药处理的作物；

——至少在5%的轮作面积种植老的、传统的地方品种或濒临灭绝的作物类型。

2. 作物轮作

要求：至少三种作物，主要作物覆盖的最大值为75%，应用下列任何的一种或两种：

——更环保的多年生序列的庄稼和/或休耕；

——存在至少四种作物。

3. 冬季土壤覆盖[②]

4. 填闲作物

----

① Regulation（EU）No. 1307/2013 of the European Parliament and of the Council, OJ L 347/662, Annex IX.

② 从属于第43（12）（c）条所指的计算做法。

（二）维护永久性草地的等效习惯做法

1. 草地或牧场管理

要求：永久性草地维护和下列任何以下一项或多项措施：

——切割机制或适当的修剪（日期、方法、限制）；

——对永久性草地上景观维护和控制灌丛；

——指定的草品种和/或根据草地类型的更新种植制度，不破坏高自然价值；

——饲料或干草的转移；

——陡坡的适当管理；

——化肥管理体制；

——农药的限制。

2. 粗放式的放牧制度

要求：永久性草地维护和任何下列中的一项或多项：

——粗放式的放牧（定时、最大的放养密度）；

——看管或山区游牧；

——利用当地的或传统的养育方式在永久性草地放牧。

（三）关于生态重点区域的等效习惯做法

要求：根据第 46（1）条所设定的可耕地的百分比之上适用下列习惯做法：

1. 生态休耕。

2. 为高自然价值区域、自然生态 2000 区域或其他生物多样性保护场址创设"缓冲区"，包括沿道树篱和水道。

3. 未开垦的缓冲带和田野边缘的管理（切割机制，当地的或指定的草品种和/或播种机制，关于地方品种的再播种，不用农药，不施粪便和/或矿物肥料，没有灌溉，无覆土）。

4. 管理野生动物或特定动物的边界，入场带和补丁（植物边界，保护巢穴，野花带，当地种子的混合，不收割的作物）。

5. 景观特征［树木，灌木，河岸木本植被，石头墙（梯田）、沟渠，池塘］的管理（剪枝，切割，日期，方法，修复）。

6. 保持草地下的耕地泥炭或潮湿的土壤（不用化肥和不用植物保护产品）。

7. 不用化肥（化肥和有机肥）和/或植物保护产品的可耕地生产，不连续两年在一个固定的地方种植同样的作物。

8. 将可耕地转换为广泛应用的永久性草地。

条例第 43 条规定了一般规则，主要包括：有资格农民遵守有利于气候和环境的农业习惯做法，或等效习惯做法；等效习惯做法应当包括能对气候和环境产生等效或更高惠益水平的类似做法；等效习惯做法不能获得双重资助；成员国可决定在地区层面限制农民选择使用类似的等效习惯做法；成员国可决定在地区层面，要求农民应履行与国家或地区环境认证方案相一致的相关所有义务；等效习惯做法的特殊承诺或认证计划须通知委员会；遵守有机农业规定要求的农民，应根据事实本身，享有本章所指的给付；授权委员会采取实施行动，为通知建立程序规则等内容。①

第 44 条对作物多样化的有关内容作出了规定。首先是对可耕地上种植作物的各类和所占比例作出限定："如果农民可耕地在 10—30 公顷之间，在该年度中的重要时段或该种植周期的重要时段未完全耕种水下作物，该耕地上至少得存在两种不同作物。主要作物不应超过该可耕地面积的 75%。如果农民可耕地超过 30 公顷的，在该年度中的重要时段或该种植周期的重要时段未完全耕种水下作物，在该耕地上至少得存在三种不同作物。主要作物不应超过该可耕地面积的 75%，两种主要作物的面积之和不得超过该耕地的 95%。"② 随后对四种例外情形（即前面所指的限定不适用于这几种例外）作了列举：如果该可耕地面积不为这些用途所覆盖的且不超过 30 公顷的，75% 以上的用于草本作物和其他草本牧草生产的可耕地，休耕土地，或从属

① Regulation（EU）No. 1307/2013 of the European Parliament and of the Council, OJ L 347/638-639, Article 43（1）-（13）.

② Ibid., Article 44（1）.

于这些用途组合的土地;① 如果 75%以上的合格农业区域是永久性草地,用于草本作物或其他草本牧草的生产或在年度的重要时段或该种植周期的重要时段里种植水下作物,或是从属于这些用途的组合,如果该可耕地面积不为这些用途所覆盖的,且不超过 30 公顷;② 所申报的可耕地面积有 50%以上是该农场主在其前一日历年的援助申请中没有申报的,如果是基于地理空间援助申请的一项比较,所有可耕地可用于栽培与以前日历年种植情况相比照的不同作物;③ 位于北纬第 62度平行线以北或某些邻近的区域,如果此等设施所覆盖的可耕地面积超过 10 公顷的,可耕地上至少存在种植两种作物,这些作物的覆盖不应超过可耕地的 75%,除非主要作物是草本作物和其他草本牧草或土地休耕。④

此外,为了更精准地确定作物多样化,条例还对"作物"作了进一步的限定:

(a) 栽培由作物植物学分类所界定的任何不同种属;

(b) 栽培十字花科、茄科和葫芦科情形下的任何物种;

(c) 休耕土地上的;

(d) 草本作物和其他草本牧草。

即使它们属于同一属,冬季作物和春播作物应认定为不同的作物。⑤

考虑到欧盟农业条件的多样化,担心现有法律规定过于狭窄,特授权欧盟委员会可根据第 70 条采取行动:(a) 承认本条第 4 段所指的那些之外的其他属或物种类型;(b) 制定关于不同作物的份额精确

---

① Ibid. , Article 44(3)(a).

② Regulation(EU) No. 1307/2013 of the European Parliament and of the Council, OJ L 347/638-639, Article 44(3)(b).

③ Ibid. , Article 44(3)(c).

④ Ibid. , Article 44(4)(d).

⑤ Regulation(EU) No. 1307/2013 of the European Parliament and of the Council, OJ L 347/640, Article 44(4).

计算的应用规则。

第四节 主管控制机构指定

一 主管控制机构的监管性要求

2004 年 4 月 24 日第 796/2004 号委员会条例制定了关于建立交叉遵守控制制度的详细规则。第 42 条规定国家专门的控制机构应承担执行关于考虑中的法定要求和标准的控制责任,[1] 给付机构应当承担在个别情况下依据本条例第四编第二章的固定削减或排除给付的责任。[2] 允许成员国变通指定给付机构作为控制机构,如果它能保证控制的有效性等同于由专门控制机构执行控制的效果。[3]

欧盟在 2008 年的正常检查后,第 73 /2009 号条例废除并取代了第 1782/2003 号理事会条例,前者建立了共同农业政策项下直接支持方案的共同规则,建立了给农民的特定支持方案,修改了一系列相关的条例,[4] 对单一给付计划以及某些其他直接给付计划作了一系列修改。同时废除了从 2010 年开始的一些直接给付计划。此外,它对该制度作出了一些调整,对那些接受直接给付但又不符合约定情形的农民,即不符公共、动物和植物卫生、环境和动物福利领域的特定条件(交叉遵守)的农民予以削减或排除。[5]

直接给付计划于 1992 年首次引入并作为共同农业政策改革的成

---

[1] Commission Regulation（EC）No. 796/2004, OJ L 141/40, Article 41（1）.

[2] Ibid., Article 41（1）.

[3] Alliance Environnement：Evaluation of the Application of Cross Compliance as Foreseen under Regulation 1782/2003, Part II：Replies to Evaluation Questions, 27/07/2007, http：// ec. europa. eu/agriculture/eval/reports/cross_ compliance/part2. pdf, p. 77.

[4] 第 2019/93 号（EEC）,第 1452 2001 号（EC）,第 1453/2001 号（EC）,第 1454/ 2001 号（EC）,第 1868/94 号（EC）,第 1251/1999 号（EC）,第 1254/1999 号（EC）, 第 1673/2000 号（EC）,第 2358/71 号（EEC）和第 2529 /2001 号（EC）条例。

[5] Commission Regulation（EC）No. 1122/2009, preamble（1）[2009] OJ L 316/65.

果，在随后的一系列改革中得到了进一步发展。这些计划现已受制于综合行政和控制制度。这一制度已被证明是实施直接给付方案的有效和高效手段，它规定在 2004 年 4 月 24 日第 796/2004 号委员会条例之中，不仅通过第 1782/2003 号、第 73/2009 （EC） 号理事会条例所规定的交叉遵守、调制和综合行政和控制制度予以实施，而且也为第 479/2008 号理事会条例所规定的交叉遵守的实施设定了实施细则。第 73/2009 号条例就是以此综合制度为基础的。现在第 1122/2009 号委员会条例撤销并替代了第 796/2004 号委员会条例。①

　　简言之，现行的主管控制机构监管性要求体现在改革后的第 1122/2009 号委员会条例第 48 （1） 条中："专门控制机构应承担对拟议的法定要求和标准执行控制与检查的责任；给付机构应当根据第四篇第三章承担在个别案件中确定削减或排除的责任。"② 与原有规定相比，可以发现，除了相同的内容之外，后者给专门控制机构赋以新的"检查"责任；适用的篇章也略有改动。

　　第 48 （2） 条规定："倘若该成员国保证 （给付机构） 控制与检查的实效性至少等同于由控制与检查由特殊控制机构实施时所实现的结果，那么，作为对第 1 段所规定内容的变通，成员可决定：与交叉遵守所有或特定的要求、标准、法令或区域有关的控制与检查事项由可给付机构来执行。"③

二　成员国确定主管控制机构的做法④

　　2007 年评估总结了当时 25 个成员国各自指定主管控制当局的情况。很显然，许多成员国都使用了变通规定，允许给付机构作为称职

---

①　Commission Regulation （EC） No. 1122/2009, preamble （3）, L 316/65.

②　Commission Regulation （EC） No. 1122/2009, Article 48 （1）, OJ L 316/91.

③　Commission Regulation （EC） No. 1122/2009, Article 48 （2）, OJ L 316/91.

④　Alliance Environnement：Evaluation of the Application of Cross Compliance as Foreseen under Regulation 1782/2003, Part II：Replies to Evaluation Questions, 27/07/2007, http：// ec. europa. eu/agriculture/eval/reports/cross_ compliance/part2. pdf, p. 77.

的控制机构。在一些成员国，由给付机构负责所有交叉遵守的控制
［塞浦路斯、捷克、爱沙尼亚、西班牙（部分地区）、立陶宛和波
兰］。值得注意的是，这些主要是新成员国，它们需要控制 GAEC 以
实施 SAPS。

一些成员国使用给付机构和专门控制机构两者相结合的方法来控
制交叉遵守（奥地利、丹麦、芬兰、爱尔兰、意大利、马耳他、葡萄
牙、斯洛伐克、斯洛文尼亚、英国）。这些代表着 15 个老欧盟成员国
和新成员国的一种混合。给付机构和专门机构分别控制 SMR 和
GAEC，往往因成员国不同而有所差别。例如，在奥地利，给付机构
控制所有与环境、动物识别和登记有关的 SMR 和 GAEC，饲料和食品
安全与动物疾病的 SMRS 是联邦省的责任，兽医行政管理部门负责控
制责任。

最后，一些成员国，只有专门控制机构负责实施控制［比利时
（F，W）、德国、西班牙（某些地区）、法国、匈牙利、卢森堡、拉
脱维亚、荷兰、瑞典］。负责控制机构的数量和类型在成员国有差别，
但最常涉及的是农业、环境、兽医和食品安全当局。

成员国所采用的制度似乎在很大程度上反映的是先于交叉遵守就
已存在的制度。在许多情况下，交叉遵守提出了在现有控制机构与由
担负着确保该制度运行的整体协调机构之间需要更好协调工作的
问题。

三　小结

许多成员国都使用了这种变通，允许给付机构充当主管控制机构
（CCA）。在一些成员国，给付机构就是唯一的 CCA。这些主要是新成
员国，仅由于实施 SAPS 而需要控制 GAEC。有 9 个成员国使用给付
机构和专门的控制机构两者相结合的方法来控制交叉遵守。这代表着
15 欧盟和新成员国的一种混合。有 11 个成员国已指定唯一的专门控
制机构作为 CCA。当然，2013 年后改革的新发展情况还有待进一步
的观察。

第五节　交叉遵守控制程序

一　控制的管理制度

（一）控制管理制度的法律依据

如前所述，与交叉遵守相关的综合控制制度在新条例①里已作了修订，根据第67（1）、（4）条规定，每一成员国应建立和运行综合行政与控制制度（以下简称"综合制度"），综合控制制度必然地也适用于本条例第六篇所规定的交叉遵守控制。第六篇实含两章内容：一是范围；二是与交叉遵守相关的控制制度和行政处罚。最具实质内容的是第96条行政检查。该条规定，各成员国，在适当的情况下，应充分利用第五篇第二章，特别是第68（1）（a）、（b）、（d）、（e）和（f）条所设定的综合控制制度。成员国可以利用其现有的管理和控制制度来确保遵守交叉遵守规则。特别是根据第2008/71号理事会指令、第1760/2000号条例所建立的牛识别和登记以及关于牛肉和牛肉产品标签制度和第21/2004号条例所建立的关于动物识别和登记制度，应与本条例第五篇第二章中所述及的制度相兼容。②

这里需要补充说明的是，第68（1）（a）、（b）、（d）、（e）和（f）条所指的内容分别是：（a）计算机化的数据库；（b）农业宗地识别制度；（d）援助申请和给付请求；（e）综合控制制度；（f）第67（2）条中提及的那些提出援助申请或给付请求的每个支持受益人的身份单一记录制度。③

第96条还规定，根据交叉遵守所考虑的法定要求、标准、行为或区域，成员国可以决定实施行政检查，特别是那些控制制度中已作

---

①　Regulation（EU）No. 1306/2013, Article 67-68, OJ L 347/583.

②　Regulation（EU）No. 1306/2013, Article 96（1）, OJ L 347/593.

③　Regulation（EU）No. 1306/2013, Article 68（1）, OJ L 347/583.

规定，可适用于交叉遵守的各自法定要求、标准、行为或区域。① 各成员国负有实地检查以核实受益人是否遵守本篇所规定的义务。委员会应采取执行行动，制定检查规则，以核查本篇所指义务的遵守情况，包括允许风险分析考虑以下因素的规则：

（a）农民参与本条例第三篇所规定的农业咨询制度；

（b）如果认证制度涵盖了相关要求和标准的，农民参与认证制度的情况。

根据116（3）条所提及的检查程序采取那些实施行动。

（二）控制的管理制度在各成员国的实施

鉴于前面所述的最新规定，在各成员国的实施情况到底怎样，目前尚无法获取最新的资料，换言之，欧盟还未公布最新进展情况。因此，本书所指的控制管理制度在各成员国的实施情况，主要是指根据2007年的评估报告所反映的情形。综合控制制度在成员国间有所变化。有些成员国中实行最简单的管理制度：给付机构也就是控制机构［塞浦路斯、捷克、爱沙尼亚、西班牙（部分地区）、立陶宛和波兰］。一般来说，这些成员国，给付机构识别了控制和检查的样本，通常从事接收在地区或当地层面关于该样本的信息。进行检查，完成控制报告，并将该报告返回给给付机构，由后者负责计算给付削减。有些成员国，既由给付机构也由专门控制机构共同负责控制（奥地利、丹麦、芬兰、爱尔兰、意大利、马耳他、葡萄牙、斯洛伐克、斯洛文尼亚、英国）。在所有情况下负责控制各机构之间的管理制度的确切性质尚不清楚，但许多国家都建立了某种形式的中央协调机构或委员会，确保活动的协调和信息的有效交换。给付机构或农业部门通常在这一进程中发挥主导作用。给付机构和专门机构的检查人员均提交控制报告到中央给付机构以便给付削减的计算。②

---

① Regulation （EU） No. 1306/2013, Article 96 （2）, OJ L 347/594.

② Alliance Environnement: Evaluation of the Application of Cross Compliance as Foreseen under Regulation 1782/2003, Part II: Replies to Evaluation Questions, 27/07/2007, http://ec. europa. eu/agriculture/eval/reports/cross_ compliance/part2. pdf, pp. 82-84.

二　抽样检查

（一）抽样检查的法律依据分析

根据委员会第 1122/2009 号条例序文，监测奉行不同交叉遵守的义务要求建立控制制度和适当削减。为此，各成员国内不同当局需要沟通援助申请、控制样本、实地检查等信息。应对该制度的基本要素作出规定。[①] 第 73/2009 号条例已建立如下规则：在某些情况下，农民采取了补救行动的，主管机关需要后续的跟踪。为了避免对该控制制度，特别是对交叉遵守现场检查的采样的任何削弱，应该明确的是，在建立最低控制样本时，这样的跟踪情况不应予以考虑。[②] 对交叉遵守的控制样本既可以资格标准的现场抽查所选定的农民样本为基础，也可从提交了直接给付的援助申请的农民总人口中选取。后者，应允许特定的子选项。[③] 交叉遵守实地检查抽样可通过允许考虑农民参与第 73/2009 号条例第 12 条所规定的农业咨询制度和农民参与有关认证制度的风险分析而获得改进。无论如何，应证明何时考虑该种参与即参与到那些方案中的农民所遇到的风险要比不参与到那些方案的农民所遇到的要更小些。[④]

从上述的序文中可以知道，既要求建立相关的制度，也强调了抽样的方法，还对农民参与作出规定，考虑还是比较全面的。当然更专业的控制样本选择程序则规定第 51 条之中。

"在不损害作为不遵守的跟踪执行检查情形下，可以任何其他方式提请主管控制机构注意，被检查的每个农场样本的选取应与第 50 条相一致，如果适当的话，应以适用立法的风险分析或者适合于那些法定管理要求或标准的风险分析为基础。风险分析可基于个体农场层面或基于农场的类别层面或基于地理区域，若在本条第 5 段的第 2 分

---

①　Commission Regulation （EC） No. 1122/2009, preamble （9）, OJ L 316/65.

②　Commission Regulation （EC） No. 1122/2009, preamble （67）, OJ L 316/65.

③　Commission Regulation （EC） No. 1122/2009, preamble （68）, OJ L 316/65.

④　Commission Regulation （EC） No. 1122/2009, preamble （67）-（69）, OJ L 316/70.

段（B）点情形下，风险分析可基于事业层面。

风险分析可以考虑以下的一项或两项：

（a）农民参与第 73/2009 号条例第 12 条所规定的农场咨询制度；

（b）如果拟议计划与法定要求和标准相关的农民参与认证制度。

不使第 50（1）条受损的情形下，成员国可基于相同的风险分析决定选择接收直接给付的农民和从属于第 1234/2007 号条例第 85t 条和第 103z 条项下交叉遵守义务的农民。"①

为提高代表性，受第 50（1）条第 1 分段所规定的现场抽查约束的农民，得提供 20%—25% 之间的最低数量供随机选择。然而，如果受现场抽查约束的农民数量超过受第 50（1）条第 1 分段所约束的现场抽查最低农民数量的，额外样本中的随机抽取农民比例不得超过 25%。②

如果可行的话，控制样本的部分选择，可在拟议的适用期结束之前，以可得信息为基础选定。在所有相关申请可得的情形下，临时样本应予完成。③

（二）抽样检查的实施情况

从实际实施的情况来看，所有成员国都遵守了这一要求，即每个主管控制机构至少对向其提交援助申请所有农民的 1% 执行控制检查，从已选的 5% 样本中选出作为实地抽查的样本。牛科动物的鉴定和登记适用更高的比率（5%）。许多成员国选择控制样本时使用随机的和基于风险的方法。例外的是希腊、西班牙（某些地区）、法国、瑞典、葡萄牙、瑞典和斯洛文尼亚，它们只使用基于风险的方法。样本的部分是随机选取的，比例从 16%—25% 不等。这些成员国有专门控制机构执行控制，看来它们负责选择与该区域的专门机构相匹配的需检查的农民样本。

---

① Commission Regulation（EC）No. 1122/2009，Article 51（1），OJ L 316/92.

② Commission Regulation（EC）No. 1122/2009，Article 51（2），OJ L 316/92.

③ Commission Regulation（EC）No. 1122/2009，Article 51（3），OJ L 316/92.

人们已注意到多样化的方法与风险基准以及各成员国是否权衡这些基准有关。例如，在比利时（佛兰德），考虑了十个风险因子；关于特定的 SMR 农民义务重点因子有五个，关于 GAEC 农民义务的有五个。所有十个风险因子赋予不同的权重。在西班牙，在采样中使用了一系列的风险因子，如接收给付超过一定水平的设施、自然生态 2000 区域内的农场等。地方政府也可以考虑来自其他来源的信息。在芬兰，2006 年，先前的违约行为，位于自然区域或地下水区域或污水污泥的使用均被视为风险因子。风险评估，与 GAEC 相比，更侧重于 SMR 农民的义务，先前违反绝对地成为一个风险因子。在一些成员国中，先前违反在评估中作为一项高风险因子的方法特别引人注目。一些成员国似乎权衡了风险标准［比利时（佛兰德斯）、捷克、德国、匈牙利、爱尔兰、意大利、卢森堡、荷兰和波兰］。[1]

三　报告制度

（一）法律依据

根据第 796/2004 号条例第 48 条规定：农民要被告知任何已发现的未遵守情况。第 1122/2009 号条例序文中陈述："如果具体立法所适用的行为和标准确定最低控制率的，成员国应尊重这些比率。然而，成员国应允许对交叉遵守现场检查适用一个单一的控制率。如果成员国作此选择的，对交叉遵守项下的部门立法关于现场抽查中所发现的任何不符合约定情形实例应予报告和跟踪。"[2] "得为交叉遵守建立详细、具体的控制报告规则。在该领域的这些特殊的控制者应标明任何调查结果和此等调查结果的严重性，以便给付机构能确定相应的削减或者，可以视情况，决定排除已接受的直接给付。"[3]

---

①　Alliance Environnement：Evaluation of the Application of Cross Compliance as Foreseen under Regulation 1782/2003, Part II：Replies to Evaluation Questions, 27/07/2007, http：//ec. europa. eu/agriculture/eval/reports/cross_ compliance/part2. pdf, p. 87.

②　Commission Regulation （EC） No. 1122/2009, preamble （66） OJ L 316/70.

③　Commission Regulation （EC） No. 1122/2009, preamble （66） OJ L 316/71.

该条例第 8 条的综合控制制度中对报告及其控制部门如何使用也作出了规定：有效控制制度"包括尤其是已检测到任何不符合约定情形行为的控制报告及对其严重性、程度、永久性和重复性的评估"和"如果主管控制机构不是给付机构的，来自特殊控制机构的控制报告转让给给付机构或第 73/2009 号条例第 20（3）条所指的协调机构"①。

事实上，该条例第 54 条对控制报告作了非常详细的规定。

无论拟议中的农民是否被选中作为第 51 条的现场检查，或者作为以任何其他方式向主管控制部门提请注意的不遵守跟踪，本章项下的每项现场检查，都应受由主管控制机构业已建立的控制报告的约束。

1. 该报告应分为以下几个部分：

（a）一般包含，特别是，以下信息：

（i）入选现场检查的农民；

（ii）在场的自然人；

（iii）访问通知是否已给农民，若是，提前通知的期限。

（b）部分分别反映关于行为和标准的每一个方面的检查情况且含有，特别是，以下信息：

（i）受现场检查约束的要求和标准；

（ii）执行检查的性质和程度；

（iii）发现的结果；

（iv）发现未被遵守的相关行为和标准。

（c）评价部分给出评估意见，根据第 73/2009 号条例第 24（1）条的"严重性""范围""持久性"和"重复性"基准和对不遵守的重要性作出评估，提出应予适用的导致削减增加或减少的任何因素。

如果与拟议的要求或标准的有关规定留有空隙不能进一步发现未

---

① Commission Regulation（EC）No. 1122/2009, Article 8（1）（d）（e）, OJ L 316/77.

遵守情况的，报告应作出相应的提示。同样适用于该情形：成员国根据第 1698/2005 号条例第 26（1）条所提及的新引入共同体标准所授权的遵守期间或青年农民关于现行共同体标准的遵守期间。①

2. 农民应在现场检查日期后的三个月内被告知任何确定的未遵守结果。

除非农民已立即采取补救行动，结束了第 73/2009 号条例第 24（2）条意义上被发现的不遵守行为，应当告知农民根据第 1 分段所设定的时间期限规定所应采取的补救措施。

当成员国利用这种可能性，即不适用第 73/2009 号条例第 23（2）条所规定的削减或排除的，至迟在不适用削减或排除的决定作出后一个月内，应当告知农民应采取补救的行动。②

3. 在不损害适用条件和标准的立法所包含的特别规定情形下，控制报告应在实地检查后一个月内完成。然而，这一期间在有正当理由，特别是需要物理或化学分析的情况下，可以延长至三个月。

如果主管控制权不是给付机构的，报告应在完成后一个月内送交给付机构或协调机构。③

（二）实施情况

各成员国在报告制度方面存在一定程度的协调性。一般来说，检查员制作控制报告并将其直接提交给中央给付机构或有些国家的专门控制机构，反过来，这些专门机构要向给付机构提交报告。以下是报告制度的一个典型的例子。在比利时（瓦隆尼亚），专门控制机构在检查后的一个月内写好控制报告。未遵守情况要尽快通知农民。对未遵守的数据（未遵守报告日期，报告陈述的数量，关于违规行为相应的守则）要传送到给付机构。给付机构负责采集来自所有专用控制机构的结果。这些结果通过电子文件合并到一个数据库之中。在给定年

① Commission Regulation（EC）No. 1122/2009, Article54（1）, OJ L 316/94.
② Commission Regulation（EC）No. 1122/2009, Article54（2）, OJ L 316/94.
③ Commission Regulation（EC）No. 1122/2009, Article54（3）, OJ L 316/94.

份发生援助计算之前，每个农民可基于数据库结果计算出适合的削减结果。有些成员国报告了在检查中所拍摄的未遵守照片证据（意大利、马耳他、英国）。几个成员国确认农民都获得了通知［奥地利、比利时（佛兰德斯，瓦隆尼亚）、捷克、德国、丹麦、希腊、芬兰、法国、爱尔兰、拉脱维亚、荷兰］，在许多情况下，收到的是一份控制报告。在德国、丹麦、希腊、拉脱维亚和荷兰，农民有机会对控制报告发表评论。[1]

四　小结

成员国所采用的制度，似乎在很大程度上，反映的是先于交叉遵守就已存在的制度。在许多情况下，交叉遵守导致了现有控制机构与担负着确保该制度运行的整体协调机构之间需要更好地协调工作的问题。

有些成员国实行最简单的管理制度：给付机构也就是控制机构。如果给付机构与专门控制机构共同负责控制的，制度会更为复杂。在所有情况下，负责控制各机构之间的管理制度的确切性质尚不清楚，但许多国家都建立了某种形式的中央协调机构或委员会，确保活动协调和信息的有效交换。给付机构或农业部通常在这一进程中发挥主导作用。给付机构和专门机构的检查人员均提交控制报告到中央给付机构以便给付削减的计算。还有些成员国，由专门控制机构实施所有控制，向给付机构报告其调查结果。

所有成员国遵守了至少要对1%的提交援助申请的农民进行控制的要求。许多成员国选择控制样本时，使用了随机的和基于风险的方法。随机选择的比例在16%—25%之间。一些成员国完全依赖基于风险的方法。涉及所用的风险标准，成员国是否权衡这些标准，并不存

---

① Alliance Environnement：Evaluation of the Application of Cross Compliance as Foreseen under Regulation 1782/2003，Part II：Replies to Evaluation Questions，27/07/2007，http：//ec. europa. eu/agriculture/eval/reports/cross_ compliance/part2. pdf，pp. 84-85.

在一致的方法。一般来说，检查员作出控制报告并将此直接提交给中央给付机构，在使用专门控制机构的国家，就提交给这些机构，然后，依次由其计算给付削减。[①]

第六节 违反交叉遵守与给付的削减

一 法律依据

对于违反交叉遵守与给付的削减，欧盟相关立法已作出了一系列规定，并且根据实践的成效，不断地作出调整完善。限于篇幅，本书仅就晚近的改革作一探究。根据 2008 年正常检查情况及其之前欧盟审计院所提出的建议，欧盟在第 73/2009 号条例中对交叉遵守未遵守行为的处罚作出了详细的规定。[②] 2013 年根据新的情况，在第 1306/2013 号条例中作了重申和新的规定。

第 73/2009 号条例第 21 条对不遵守资格规则所致的削减和排除作了如下规定："在不损害第 23 条所规定的任何削减或排除情形下，如果发现农民没有遵守本条例所规定的关于授予援助资格条件的，符合资格条件的给付或部分的授权给付已被授予的，要受据第 141（2）条所指程序所设定的削减和排除的约束。削减的百分比应当根据所发现不遵守的严重性、范围、持久性和重复性予以累进，直至完全排除来自一个或多个日历年里一项或多项援助方案的给付。"[③]

第 23 条对未遵守交叉遵守规则的给付削减或排除作了如下规定："如果法定管理要求或良好农业和环境条件在给定的日历年中的任何时间（以下简称"有关日历年"）没有得到遵守，拟议的不遵守是

---

① Alliance Environnement: Evaluation of the Application of Cross Compliance as Foreseen under Regulation 1782/2003, Part II: Replies to Evaluation Questions, 27/07/2007, http://ec. europa. eu/agriculture/eval/reports/cross_ compliance/part2. pdf, pp. 87-88.

② 第 21、23、24 条分别规定了资格、适用条件和适用细则。

③ Council Regulation 73/2009, [2009] OJ L30/ 28, Article 21.

可直接归因于相关日历年里提交了援助申请的农民的某个行为或疏忽的结果，对于该农民第 7、10 和 11 条的后续申请，已授予或将要授予的直接给付总额，要根据第 24 条所设定的详细规则予以削减和排除。"第一分段也适用于：如果拟议的未遵守是直接可归因于该自然人所转让的人或者农业土地的转让人的行为或疏忽的结果。……当成员国决定使用第一分段所规定的选项，在次年里，主管机关可采取行动要求确保该农民对有关未遵守调查结果采取矫正行动。采取补救措施的义务和调查结果应通知该农民。①

　　第 24 条则对未遵守交叉遵守规则事件中如何削减和排除的细则予以明确。分别对故意和过失违反的不同情形作出相应的处罚规定。第 1 款说明制定细则立法的程序性依据：第 23 条所指的削减和排除细则应按照第 141（2）条所指的程序予以制订。在此情形下，应考虑已发现的未遵守行为的严重性、范围、持久性和重复性以及本条第 2、3 和 4 段所设定的标准。第 2 款对过失情形如何削减及其例外情形作了规定。如：若过失的，则削减比例不得超过 5%，在反复未遵守情形下，削减比例为 15%。在具有正当合理情形下，鉴于其严重性、范围和持久性，未遵守被认为是轻微的，成员国可决定不适用削减。然而，未遵守对公众或动物健康构成直接风险的，不应视为是轻微的。除非该农民已采取立即补救行动停止了已发现的未遵守行为，主管当局应采取必要行动，在适当的情况下，限于行政控制以确保农民矫正有关未遵守的调查结果。轻微未遵守的调查结果和采取补救措施的义务，应通知该农民。② 第 3 款规定，故意未遵守的，削减比例原则上不得少于 20%，可能完全排除来自一项或几项援助方案的援助和一个或多个日历年的申请。在任何情况下，一个日历年的削减和排除总金额不得超过第 23（1）条所指的总金额。③

---

① Council Regulation 73/2009,［2009］OJ L30/ 28-29, Article 23.

② Council Regulation 73/2009,［2009］OJ L30/ 29, Article 24（2）.

③ Ibid., Article 24（3）（4）.

2013年的新条例第99条关于行政处罚计算，延续了原第73/2009号条例第24条的大部分内容，但第2款中新增规定："成员国可建立早期预警制度，适用于不符合约定情形，如果其出于轻微的严重程度、范围和持续时间，属于适当合理情形的，则不应导致削减或排除。当成员国决定使用这一选项时，主管机关应向受益人发出预警，通知受益人采取补救措施的事实和相关义务。随后的检查表明不符合约定情形行为没有采取补救措施的，应追溯适用于依照第一段的削减。然而，不符合约定情形行为对公众或动物健康构成直接风险的情形将常常导致削减或排除。成员国对首次接受预警的受益者可优先让其获得农场咨询制度的服务。"建立早期预警制度，无疑是一项制度创新，这种监管方式，体现了更加人性化的理念，也与晚近欧盟积极倡导的多元合作式管理相切合。

二　计算给付削减的基准与方法

大多数成员国已经开发了一个评价矩阵或评分制度，凭借每种未遵守或违约的类型，由控制机构确定，分派一个积分或等级。表3-10分别从个案和面上两个方面提供了计算给付削减主要制度和方法的总结。在一般情况下，因立法的要求，这样的评分制度似乎要考虑未遵守的严重程度、范围和持久性。此外，未遵守要根据人们是否因过失、反复的疏忽或是故意的行为而作出判断。然后用这些分数或等级用来计算给付削减的比例。①

关于未遵守基准的指导与给付削减之间的关系，下面给出两个案例②：

一是爱尔兰，未遵守评分制度会导致如表3-8所列给付削减的情形：

---

① Alliance Environnement：Evaluation of the Application of Cross Compliance as Foreseen under Regulation 1782/2003, Part II：Replies to Evaluation Questions, 27/07/2007, http：//ec. europa. eu/agriculture/eval/reports/cross_ compliance/part2. pdf, p. 89.

② Ibid. , p. 90.

表 3-8　　　　　　　　　　未遵守评分制度导致的给付削减情形

可得积分点	已适用的制裁
<11	轻微但没有过失
11—30	过失削减1%
31—50	过失削减3%
> 51	过失削减5%
范围（E）、严重程度（S）、持久性（P）	+ 10 点
重复	首次检查乘以3的处罚
有意检查：E，S，P	削减15%，20%和100%
有意重复	排除超过一年的给付

二是卢森堡，运用权重制度为每个控制点固定预设的积分点数量。根据每个农场的积分总数，适用不同的制裁。低于10分的结果只是给农民一个警告。

表 3-9　　　　　　　　不同数量的积分导致的不同制裁

积分量	类别	制裁削减比例（%）
$0 \leqslant P < 10$	警告	0
$10 \leqslant P < 30$	弱的	1
$30 \leqslant P < 100$	平均	3
$P \geqslant 100$	严重的	5

如果说上面所给的例子是个案，不足以反映欧盟面上的实施情况的话，那么大部分成员国给付削减和排除制度的汇总，对我们增进理解会有所助益。①

---

① Alliance Environnement：Evaluation of the Application of Cross Compliance as Foreseen under Regulation 1782/2003，Part Ⅰ：Descriptive Report-Gross Compliance Infringements and Redactions of Payments，27/07/2007，http：//ec. europa. eu/agriculture/eval/reports/cross_ compliance/part2. pdf，pp. 91-94.

表 3-10 　　　　　　　　　　　各国计算削减的主要制度和方法

成员国	制度概要
奥地利	每种未遵守类型，根据其严重程度、范围和持久性而分配其分值（矩阵不可用的，但可能改变为更复杂的）。不同领域（四个领域：环境、卫生、动物福利和 GAEC 连同永久牧场的要求）的过失通常导致 3% 的削减。但可以减少到 1% 或增加到 5%，这取决于评级。在三年内重复违反的情况下，这些百分比可以是三倍，增至最高为 15% 的削减。如果达到了 15%，农民也被通知了，任何进一步的违反行为都被视为是故意的。在此情况下，给付削减 20% 的结果，可降低到 15% 或提高到 100%，取决于评估的结果。在极端的或重复的故意违反的情形下，农民在次年可被排除在接受直接给付之外
比利时（F）	评价矩阵包括所有的 SMR 和 GAEC 义务以评估每个未遵守的严重程度、范围、持久性和主观故意的特点。已发现的未遵守项可分为每个 SMR 或 GAEC 组合用于计算的每组最高给付削减比例。在不同的 SMR 和 GAECs 之间的累积计算是可能的，但最多不超过 5%。在随后两年里重复未遵守情形，个人的削减百分比将与因子 3 相乘。故意不遵守的，削减百分比适用 15%、20% 和 100%
比利时（W）	根据严重程度、范围、持久性和主观故意的特点而确定处罚守则。因疏忽未遵守导致最高为 5% 的削减。过失重复的，限于 15%，除非几个未遵守的总额超过 15%，在这种情况下，被判定为故意。每个故意不遵守的给付削减总计在一起，然后加上疏忽未遵守给付削减总计，合计达到 20% 的削减，最大的可达到 100%
捷克	在非故意违反的情形下，在 2005 年，统一为 5% 的制裁。在 2006 年，根据违反行为的严重性，制裁被区分为 3%、4%、5%。这个百分比取决于已被确定的违反行为所在农业区域的大小。后续几年，转换考虑的范围为 1%、3%、5%。2006 年重复违反的导致制裁被乘以 3% 至 15% 的最大值。到目前为止，所有违反 GAEC 都被认为是无意的未遵守，故意违反的制度没有被适用过
德国	用矩阵来确定未遵守的给付削减。根据不同的标准和违约行为的范围、严重程度和持续时间，建议给付削减 1% 到 5%。在一年内在一个区域内多次未遵守的被视作一次未遵守，被推荐的给付削减的最高比例与实际检测到的违反情况相结合。在过失违反情形下，如果一个以上的区域发生多次未遵守行为的，得到的削减百分比仅增至 5% 的最大值。在三年内基于同一法定要求重复违反的，以前的削减百分比每次乘以 3，但在过失情形下，最多不超过 15%。如果这样的 15% 达到了，农民将收到警告，任何进一步的违约行为将被视为故意的，将导致直接给付削减 20% 或更高
丹麦	用矩阵来确定未遵守的给付削减。积分 6—7 的导致削减 1%，积分 8—10 导致削减 3%，积分 11—12，削减 5%。进一步重复未遵守可能导致最多 15% 的削减，故意不遵守可能导致 15%—100% 的削减，取决于具体情况。所有的 SMR 和 GAECs 在上述制度中同等对待
希腊	已经制定了处罚削减制度。非故意违反：当 SMR 或 GAEC 违约被认为非永久性的、不重要的、没有区域外影响的，则 1% 扣除；当 SMR 或 GAEC 违约被认为非永久性的、次要的、没有区域外影响的，最多削减 5%；当 SMR 或 GAEC 违约被认为永久性的、严重的、影响波及区域外的，最多削减 5%；所有其他违反行为其严重性和范围界于两者限制之间（1% 和 3%），削减 3%；被认为多次违约的（多次违约导致三倍的削减并且是附加的），最多削减 15%。故意违反：每个 SMR 或 GAEC，削减 20%；如果重复故意违反报告的，当前和下一财政年削减 100%

续表

成员国	制度概要
西班牙	用于计算削减的标准高度复杂，根据不同的交叉遵守复杂多样。在环境 SMRs 方面，该制度相对简单，削减百分比基于农民义务未遵守行为的数量：1-2 积分点 = 1% 削减；3-4 积分点 = 3% 削减；5 积分点或更多点 = 5% 削减。在 SMR 其他领域和 GAEC，每个控制点未遵守的严重程度、范围和持久性使用由给付机构已开发的公式予以评估并通报给地方当局。这些公式产生积分分数依次对应于 1%—5% 之间的削减百分比。一旦给定的情况下积分点被计算出来，削减百分比将取决于具体个体违反 SMR 和 GAEC 的农民义务
芬兰	由每个区域 T& E 中心分析确定该违反行为对应于固定的制裁比率。所有的农民义务的制裁都是一样的
法国	为了将每个 SMR 和 GAEC 确定于某一网格之中，为所有 GAEC 和 SMR 设置单个阈值被分别用于计算 1%—3% 之间的给付削减。此外，未遵守情况分为 4 类："轻微"，"中等"，"主要的"和"故意"，从而最终导致 5% 的削减，而累犯（recidivism）的比率更高。故意不遵守，削减可增至 15%。在重复未遵守的情况下，援助削减的百分比乘以 3。重复的异常情况被记录且重复的，援助削减比率可相加，但比例不能高于 15%。一旦这一比率达到 15%，可被认为是故意的。如果一个农民拒绝检查，援助的削减可达 100%
匈牙利	用于计算的 GAEC 的处罚削减方面没有特别的标准化的方法。由于任何 GAEC 农民义务的那些陈述，削减应统一适用，但可因故意或过失的事实而有所不同。过失的导致 3% 的削减，故意不遵守为 20%（虽然这尚未被适用过）
爱尔兰	对于每个违反行为，农民都会被评定一个积分点。这些积分点越高，意味着未遵守的程度、范围和持久性更为严重。该农民所得积分可以累加，并被添加至"准备计算文件"之中，并取决于根据欧盟立法所固定的制裁所实现的数据
意大利	检查员发现未遵守的每个 GAEC 和 SMR 标准的行为都给定的一个评分（低 = 1，中 = 3，高 = 5），为"交叉遵守领域"计算出算术平均得分。交叉遵守单个领域的积分分数可以相加，然后得出与对应于给付削减类别的总得分。部分或完全撤回给付取决于这一积分的最后总量。不同类别的确定与交叉遵守的领域相关，取决于农民义务的类型和包括在交叉遵守领域内的数量
立陶宛	非故意违反的情形，制裁适用范围从 3%—5%。当同一违法行为在同一地区重复的，处罚时乘以 3，但不能超过 15%。如果违约是重复三次的，被认为是故意的。故意不遵守，给付削减可增至 20%—100%，取决于未遵守的程度和相容性。当海滩的面积超过所申报面积 50% 的，当年或后续年份将不给予给付
卢森堡	使用权重制度，让每个控制点拥有一个预设的固定的积分数目。根据每个农场的总积分分数，违反的程度被认为是不同的。在某一农场里，如果不到 10 点，要给予警告。其他类别是弱的未遵守，平均未遵守或严重的未遵守。在个类别中的每个类别都有自己的制裁或给付削减比例

续表

成员国	制度概要
马耳他	处罚将取决于违反是否是故意或者过失。另外，在决定施加何种处罚时要考虑违反的严重水平，违反的持久性，在农场内或农场外的影响。矩阵用来决定适用何种处罚。在轻微过失伴以严重程度低、持久性低等特点的情形下，第一次处罚将是一封警告信。如果第二次检查时发生违反行为，那么该农民将削减其 1% 直接给付。如果再次发生这种情况的，将削减 3%，等等。如果故意违反 SMR 农民义务的，要削减最少 15% 的给付。当发现违反 GAEC 的，除了扣除给付外，宗地发生违反行为的也将被告强制执行。如果宗地上发生违反行为的，所有的 AES 和 LFA 给付都被扣留，但不适用于整个设施。在违反行为被认为是过失造成（意外）和在性质上相对较轻，农民将接到一封警告信，如果发生重复的违反行为的，直接给付将被扣留
荷兰	荷兰已对每个 SMR/GAEC 的范围、严重性和持久性基准选择了事前的标准化，根据确定未遵守的数字积分点对应于一个标准化的削减百分比
波兰	对于 GAEC 违反，按下列方法计算直接给付削减：第一年，如果面积小于 0.1 公顷就没有制裁，但农民会收到一封警告信；如果非遵守行为发生面积等于或超过 0.1 公顷的，在所用的给定标准框架内为每个违法行为的给付削减为 1%，但该年度的所有削减总额不能超过直接给付的 5%；第二年，如果发生相同的违约，签发 3% 的给付削减，但所有削减总额不能高于直接给付的 15%。第三年反复未遵守的，导致直接给付 9% 的削减但不超过 15%。故意不遵守，给付削减 20%
葡萄牙	每个违反行为将根据未遵守的程度、规模和时间予以评估，并产生一个积分。因疏忽给付削减可在 1%—5% 之间，但通常是 3%。当农民有义务遵守多项 SMR 领域和 GAEC 的，其削减将依据不同的领域来确定；已建立削减百分比的（环境、动物卫生和 GAEC）可相加。然而总的削减不能超过总数的 5%。重复未遵守的，过失削减增至 5%。故意不遵守的可导致削减 100%
瑞典	违约的重要性由检查员在评估其严重性、范围和持久性后给出，所有这三项给出的评价值为 1，2 或 3（1%，3%，5%）。计算出严重性、范围和持久性的平均值，计算最终的削减百分比
斯洛文尼亚	未遵守的评分制度已付诸实施。以下规则适用于给付削减：如果通过检查在一个标准内所得标记分数总和小于或等于 99 分的，削减总量的 1%；如果通过检查在一个标准内所得标记分数总和小于或等于 100 分的，削减总量为 3%；如果没有故意违约，违约不重复的，所有农民的义务总削减额不得超过 5%；如果违约是重复的或是故意的，正常削减乘以 3 的系数，削减总额不能超过 15%
英国	已开发出矩阵来帮助确定：当交叉遵守农民义务和/或要求被违反时，处以合适的和适当的处罚。过失违反的，通常会导致削减 3%（最低 1%，最大 5%）。不同 SMR/GAECs 有一项以上违反的，被视为一项违反。3 年内重复违反的导致该削减乘以 3 最大达至 15% 的削减。一旦达到了 15%，在同一地区的未遵守行为被视为故意违反。故意不遵守通常导致 20% 的削减（最少 15%，最多 100%），并可能导致被排除参与后续日历年的给付方案

三　小结

大多数成员国已经制定了一个评价矩阵或评分制度，凭借每种未遵守或违反的类型，由控制机构确定，分派一个积分或等级。这些矩阵或评分制度从相对简单到非常复杂而各不相同。这样的评分制度似乎要考虑未遵守的严重程度、范围和持久性。此外，未遵守要根据它们是因过失、反复的疏忽或是故意的而作出判断。然后用这些分数或等级计算给付削减的比例。

当适用援助削减时，有 10 个成员国针对轻微的、疏忽未遵守行为发出警告信，如果适用制裁，将削减适用于可允许水平的较低端（1%—3%）。多数成员国针对过失未遵守的，适用给付削减一般在3%—5%之间。对故意未遵守的，给付削减一般为 20%，虽然在某些情况下，最高上升到 100%。有两个成员国，要是故意未遵守的或者检查被拒绝的，立即适用更严重的给付削减（100%）。①

第七节　农民交叉遵守信息与咨询的供给

一　关于交叉遵守信息的供给

成员国已用各种方法给农民提供关于交叉遵守的信息。在大多数成员国，农业或其等效部门负责这种信息的传递，但德国除外，它由地方当局负责。奥地利和西班牙也有区域机构参与提供信息。在西班牙和法国，农业工会也为农民产生交叉遵守信息。

每个成员国都采用了一系列的机制来提供交叉遵守信息，不同的成员国之间的不同方法还作了互相整合。绝大多数给农民分发关于交叉遵守农民义务的印刷品信息［比利时（瓦隆尼亚）、立陶宛、斯洛

---

① Alliance Environnement：Evaluation of the Application of Cross Compliance as Foreseen under Regulation 1782/2003, Part Ⅱ：Replies to Evaluation Questions, 27/07/2007, http：//ec. europa. eu/agriculture/eval/reports/cross_ compliance/part2. pdf, p. 104.

文尼亚和斯洛伐克除外]，在网站上提供关于农民义务的信息（通常是农业部或其等效部门）（塞浦路斯和立陶宛除外）以及为农民提供诸如讲习班、会议、展示会和专题研讨会等事件信息（法国、匈牙利、瑞典、斯洛文尼亚和斯洛伐克除外）。

大多数成员国［奥地利、比利时（佛兰德斯，瓦隆尼亚）、塞浦路斯、德国、丹麦、芬兰、爱尔兰、意大利、拉脱维亚、马耳他、波兰、斯洛文尼亚和英国］也使用了农业和全国新闻出版发布关于交叉遵守信息，例如在农业杂志、全国性报纸、国家和地方的广播与电视节目上发布。

少数成员国还用一些更新颖方法来提供交叉遵守信息。在比利时（佛兰德斯），德国、西班牙、匈牙利、爱尔兰、卢森堡、马耳他、荷兰、葡萄牙和英国（英格兰）的农民可通过电话和/或电子邮件帮助平台来获得关于交叉遵守的信息和建议。在比利时（佛兰德斯，瓦隆尼亚）、匈牙利和意大利的农民从单一给付申请表里获悉关于交叉遵守农民义务。塞浦路斯、爱沙尼亚、匈牙利、立陶宛、拉脱维亚、荷兰、葡萄牙和英国（北爱尔兰）为农民举行关于交叉遵守义务的农民培训活动。在数量较少的成员国［比利时（佛兰德斯）、爱尔兰、卢森堡和英国（北爱尔兰，威尔士）］以年度农业博览会为契机，通过关于交叉遵守建议和信息分发来传递关于交叉遵守信息。在塞浦路斯、意大利和马耳他的农民可以参观当地农业部门以获得交叉遵守建议。北爱尔兰和丹麦采取革新性的方法给农民提供防水的清单，农民可以将其张贴在仓库里供他们检查，是否遵守了交叉遵守农民义务。①

二　交叉遵守信息供给的行政和财政工作分配

在大多数成员国并不能获得在交叉遵守信息供应的不同方法上所

---

① Alliance Environnement：Evaluation of the Application of Cross Compliance as Foreseen under Regulation 1782/2003, Part Ⅱ: Replies to Evaluation Questions, 27/07/2007, http：// ec. europa. eu/agriculture/eval/reports/cross_ compliance/part2. pdf, p. 107.

投入的努力和成本比例的相关信息。成员国已经开始做了相当大的努力，但正因为这样，要对成员国间的这些数据进行比较是不可能的。

希腊、西班牙、芬兰和英国（苏格兰）所制作的交叉遵守手册的努力涉及了最多的资源。相比之下，塞浦路斯建立农民信息事项最努力。在斯洛文尼亚，50%的努力去生产书面信息，20%提供个人的咨询意见和30%的事件信息。在爱尔兰，资源在书面出版物、会议和新闻发布之间均匀分布。

从交付建议的频率看，成员国利用网站、服务台和区域办公场所为农民提供连续的信息源和交叉遵守的信息。大多数成员国至少每年一次提供书面的交叉遵守信息（以手册和传单的形式）。比利时（佛兰德斯）、爱尔兰和英国（北爱尔兰、苏格兰、威尔士）每次引入一个新的标准时便会更新信息。其他成员国，会更新以年度为基础的信息。在某些情况下，有更频繁的信息供应，例如斯洛文尼亚和威尔士，在月报上发表关于交叉遵守论文，英格兰出版季刊版的交叉遵守通讯。

斯洛伐克是唯一不存在交叉遵守信息定期供应制度的成员国。

大多数成员国，关于交叉遵守信息都传递给了所有接受直接给付的农民〔塞浦路斯、丹麦、希腊、爱沙尼亚、芬兰、爱尔兰、波兰、葡萄牙、斯洛文尼亚、英国（英格兰、苏格兰、威尔士）〕。①

三　农场咨询制度

2003 年 CAP 改革引入了交叉遵守机制，它将要求农民遵守有关环境、食品安全、动物和植物健康与动物福利标准以及将土地维持在良好农业和环境条件与直接支付建立链接。伴随着这一机制的引入，成员国有义务建立一项农场咨询制度（FAS），旨在帮助农民更好地

---

① Alliance Environnement：Evaluation of the Application of Cross Compliance as Foreseen under Regulation 1782/2003，Part Ⅱ：Replies to Evaluation Questions，27/07/2007，http：// ec. europa. eu/agriculture/eval/reports/cross_ compliance/part2. pdf，p. 112.

了解和满足欧盟关于环境、公众和动物健康、动物福利以及良好农业与环境条件的相关规则。在这方面，国家有关部门有义务从 2007 年起根据 FAS 主动向农民提供咨询意见，如果需要的话（根据第 73/2009 号理事会条例），适用特定的优先标准。农村发展政策支持农民利用咨询服务和支持成员国根据需要建立新的农业咨询服务。

农场咨询制度涵盖了在每个成员国内能给农民提供农场咨询服务的全部组织与各种公共和/或私人运营商。

国家的 FAS 的存在，保证每个农民可以接受至少包括环境、公众健康、动物和植物健康、动物福利和 GAEC 在内的基本交叉遵守要求的咨询意见。农场咨询服务评估农民的具体情况，给出适当的建议。①

（一）法律依据

第 73/2009 号理事会条例第 12、13 条对农场咨询制度作了规定。要求成员国应运行一项由一家或多家指定机构或私人机构经营的给农民提供土地和农场管理咨询服务的制度（以下简称"农场咨询制度"）；农场咨询制度应至少包括第 4—6 所指的法定管理要求和良好农业和环境条件；农民可在自愿基础上参与农场咨询制度；成员国可以根据客观的标准，确定可利用农场咨询制度的农民优先类别；到 2010 年 12 月 31 日，委员会应向理事会提交一份关于农场咨询制度应用的报告，如果必要的话，附随适当的建议。②

据此，成员国有义务给农民建立国家农场咨询制度。咨询的领域不限于交叉遵守标准：成员国可决定包括其他的问题。

农民使用这一农场咨询制度以自愿为基础，对他们接受咨询后的行动后果负责。从这方面看，FAS 对于农民满足法律要求的义务的责任方面没有任何影响。欧盟法律框架承认：那些接受咨询的农民更有可能意识到如何履行这些法律要求。提高农民的欧盟法律要求的意识

---

① European Commission, *What is the Farm Advisory System*? http：//ec. europa. eu/agriculture/direct-support/cross-compliance/farm-advisory-system/index_ en. htm.

② Council Regulation 73/2009, ［2009］OJ L30/26-27, Article 12.

是 FAS 的主要目标。① 咨询必须与在交叉遵守框架下的执行检查明显地区分，以确保遵守部门立法。为此规定："指定当局和私人机构不得透露它们对自然人的咨询活动中获取的除该农民管理有关设施之外的关于自然人的或个体的信息和数据"。当然这一规则的例外是：在向某公共机构通告中，共同体或国家法律所设定的义务所涵盖的其活动中所发现的任何违法或侵权行为除外，特别是刑事犯罪案件。②

（二）实施情况

在大多数成员国，在 2008 年已开始正式完全运行该项制度。有一半成员国建立农场咨询制度，是作为一种特殊的服务，对现有推广服务的一种补充。

有 24 个成员国，其农场咨询制度接受公共机构的协作和监督。绝大多数成员国已在大学层面为咨询者资格建立了最低资格要求。有 14 个成员国将 FAS 的重点严格限于交叉遵守，同时也提供国家的关于广泛问题的咨询，如：设施的竞争力、农耕实践的环境影响、农村发展措施的实施支持（如农业环境承诺）。

有两种方法得到广泛的采用，一是农场一对一的咨询（所有成员国，英国除外），二是农场小组讨论。后者经常是辅助农民。在各成员国中基于计算机的信息工具和核对用清单有助于提供咨询。在 22 个成员国中，农民首次接触 FAS 是通过热线帮助电话。③

四　农场咨询制度的资金保障

FAS 被置于 CAP 的第一支柱项下，可通过两项措施获得第二支柱

---

① European Commission, Report from the Commission to the European Parliament and the Council on the Application of the Farm Advisory System as Defined in Article 12 and 13 of Council Regulation (EC) No. 73/2009, COM (2010) 665 final, p. 4.

② Council Regulation 73/2009, [2009] OJ L30/27, Article 13.

③ European Commission, Report from the Commission to the European Parliament and the Council on the Application of the Farm Advisory System as Defined in Article 12 and 13 of Council Regulation (EC) No. 73/2009, COM (2010) 665 final, p. 5.

的资助。① 所有成员国的国家农业部，除了马耳他和法国，为农业咨询制度提供资金。奥地利、芬兰、英国（英格兰、北爱尔兰、苏格兰）对 FAS 的资金 100% 将在全国范围内寻求来源。相比之下，有些国家将农村发展（EAFRD）基金中一部分用以资助 FAS。在法国，FAS 的所有费用均由私人咨询机构承担。

所有成员国，如果这些资金（EAFRD）将可用于 FAS，但提供资金的比例不清楚。瑞典将来自 EAFRD 用于 FAS 的资金比例最高（提供将基金 80% 用于 1∶1 咨询和 100% 用于县教育）。德国、丹麦和希腊的 50% 的资助来自 EAFRD，但比利时（佛兰德斯），国家对 EAFRD 配套资金比例将为 70∶30。在斯洛伐克和威尔士，EAFRD €1500 资金将可用于每个农场每年接受农场咨询。

大多数成员国（该信息可用的）的农民，通过 FAS 接受咨询时不得不付费。在比利时（佛兰德斯）、捷克、丹麦、希腊、爱沙尼亚、匈牙利、意大利、拉脱维亚、波兰、西班牙、斯洛伐克、英国（威尔士），农民将给付 20% 的咨询费用，在斯洛文尼亚和卢森堡，他们将给付 30% 咨询费。在卢森堡，第一年后的咨询费付费数目将增至50%。在比利时（佛兰德斯），农民接受咨询超过 1500 欧元将需要给付总成本。在芬兰，农民将付费，但每个农场每年可以报销 300 欧元。希腊农业部认为，一旦农场顾问竞争越来越激烈，将由私人农场顾问给付 20% 的个人费用，将农民吸引到自己的企业之中。荷兰、马耳他和苏格兰的农民将为每次咨询付费，但他们的必须给付比例不清楚。奥地利、塞浦路斯、英格兰和威尔士的农民，将不需要给付费用。②

根据最新评估报告，存在着共同筹资建立农场咨询服务，有助于支付建立此等服务的成本，成员国可提供递减的最多为五年期的赠

---

① Articles 24 and 25 and Recitals 18 and 19 of Council Regulation（EC）No. 1698/2005.

② Alliance Environnement：Evaluation of the Application of Cross Compliance as Foreseen under Regulation 1782/2003, Part Ⅱ：Replies to Evaluation Questions, 27/07/2007, http：//ec. europa. eu/agriculture/eval/reports/cross_ compliance/part2. pdf, p. 124.

款。有 5 个成员国的农民可获得一对一的农场免费咨询，或承担部分的咨询成本（全部成本的 20%—50%）。2007—2013 年的全部预算是 8.705 亿欧元，占农村发展的总开支的 0.6%。①

五　咨询的定位

在大多数成员国，对于每年收到直接给付超过 15000 欧元的农民来说，来自 FAS 的咨询建议将置于优先地位［捷克、丹麦、希腊、西班牙、芬兰、匈牙利、爱尔兰、意大利、卢森堡、拉脱维亚、荷兰、葡萄牙、瑞典、斯洛伐克、英国（NI，S，W）］。相比之下，奥地利、比利时（F）、德国等没有将针对这些特定农民的 FAS 咨询意见予以优先考虑。

大多数成员国，似乎没有将来自 FAS 的咨询意见定位到针对特定的交叉遵守中农民的那些义务。值得注意的例外情况是，包括奥地利、英国和苏格兰、马耳他（可能），将咨询建议的目标锁定在违约率最高的那些农民义务上。在苏格兰，将最经常发生未遵守的特定区域作为提供咨询的基础。在波兰，FAS 将集中于新农民的义务；在芬兰，农民可以选择农民义务的组合性咨询意见，在斯洛文尼亚和北爱尔兰，FAS 将强调关于硝酸盐的 SMR 标准的信息。②

所有成员国都为农民提供了关于必须满足的交叉遵守农民义务信息。用来传达这样的信息媒体的范围是多样的，如手册、网站、培训活动、新闻稿等。利用某些形式的媒体如网站或电话热线，一些成员国确保不断提供信息给农民，可以随时更新。对于农民来说，信息的

---

①　European Commission，Report from the Commission to the European Parliament and the Council on the Application of the Farm Advisory System as Defined in Article 12 and 13 of Council Regulation（EC）No. 73/2009，COM（2010）665 final，pp. 5-6.

②　Alliance Environnement：Evaluation of the Application of Cross Compliance as Foreseen under Regulation 1782/2003，Part II：Replies to Evaluation Questions，27/07/2007，http：// ec. europa. eu/agriculture/eval/reports/cross_ compliance/part2. pdf，p. 126.

适用性也在变化之中。①

根据目前最新的 FAS 的评估报告：总体而言，FAS 帮助增进了农民关于环境、食品安全和动物健康与福利有关的物流和农场工艺意识。使用清单式的一对一的建议被认为是特别有效的，因为它提供建议时非常个性化的和结构化。在有些成员国，FAS 的建立，对于农业部门而言，代表着反思和改善更广泛的咨询和知识信息系统的好机会。

FAS 帮助农民满足交叉遵守的要求，这是农民利用该制度的主要动机。FAS 的支持也增加了农民的金融管理技能（会计）和提高他们关于交叉遵守义务的记账能力。

总的来说，FAS 的效果仍然有限，因为主动寻求提供咨询的农民不多。②

六　本章小结

交叉遵守机制，是 CAP 的关键性要素，自 2005 年施行以来，就将 CAP 绝大多数的给付与环境、健康和动物福利领域的特定规则相链接。交叉遵守机制既取得了一定的成效，也因特殊原因而面临着不小的挑战。

交叉遵守机制的溯源与变迁，让我们能感受到欧盟农业给付政策理念的变化：与给付有关的接受者（农民）有义务遵守一些明确的环境条件"法定管理要求"，而且遵守这些条件是强制性的，明确"农民有义务根据良好农业规范和环境立法进行生产，从而有助于减少生产的负面影响"。其范围从原来的环境关注扩展到更为广泛的为公众

---

① Alliance Environnement: Evaluation of the Application of Cross Compliance as Foreseen under Regulation 1782/2003, Part II: Replies to Evaluation Questions, 27/07/2007, http: // ec. europa. eu/agriculture/eval/reports/cross_ compliance/part2. pdf, p. 129.

② European Commission, Report from the Commission to the European Parliament and the Council on the Application of the Farm Advisory System as Defined in Article 12 and 13 of Council Regulation (EC) No. 73/2009, COM (2010) 665 final, p. 6.

所关注的领域：公共与动物健康以及动物鉴定与登记，公共、动物与植物健康，疾病通知和动物福利等方面。2008 年 CAP 正常检查承认农业在保护和加强生物多样性、管理和保护水资源和应对气候变化方面发挥了中心作用。2013 年后 CAP 的主要挑战将是确保欧洲和全球层面的粮食安全，但粮食产量增加的目的将必须与应对气候变化挑战保持平衡。欧盟关于农业环境给付的交叉遵守机制也是处于不断完善之中。

　　交叉遵守包括两个独立的要素，也就是交叉遵守的标准，即法定管理要求（SMR）和良好农业与环境条件（GAEC）。为了确保交叉遵守制度的一致性和更为突出，对交叉遵守的标准清单范围作了精简，在梳理这些要求和标准并根据领域和问题予以分组的基础上，以单一列表的方式列出。这样确实有利于监管部门、给付机构和相关农民了解和实施交叉遵守机制。这里需要特别指出的是，原来法定管理要求共有 18 项，因有的法定管理要求的实施效果并不理想，新条例作了精简，保留了 13 项，且部分内容作了微调。这些内容包括：硝酸盐的限制；野鸟保育；栖息地保护；食品安全；特定物质的禁用；动物的识别和登记；传染性海绵状脑病（TSEs）的预防和控制；植物保护产品的使用；保护犊牛的最低标准；保护猪的最低标准；为耕作目的保护饲养动物等。其中也分析了有些义务为什么予以保留，有些内容为什么要予以调整或废除，哪些内容上发生了深刻的变化等。

　　良好的农业与环境条件由两部分组成。一是为了确保所有的农业用地，特别是那些不再用于生产目的的土地维持良好的农业与环境条件。二是成员国应该确保那些 2003 年作为永久牧场而接受耕地补贴的土地仍然保持在永久牧场的状态。"良好农业与环境条件"作为交叉遵守的条件依然得以保留，但在内容上有了一些新的变化。原来的"强制性标准"和"选择性标准"的区分不见了；原来两项标准加以一起有 15 个选项，现有保留了 7 项；以前没有领域之说，新条例识别出了新领域，而且增加了"气候变化"的内容，在主要问题中明显增加了农业在应对气候变化中的作用，列出了"土壤和碳储存"；在

"景观和养护的最低水准"方面增添了新内容等。这里需要特别提醒的是，良好农业和环境条件，留给各成员国并由其制定一个一般框架，直到现在共同体层面还是未作规定。

交叉遵守机制要落到实处，除了上述的实体规定之外，欧盟立法机构也在程序控制方面作了努力和探索。在主管控制机构指定中明确了监管性要求，要求每一成员国应建立和运行综合行政和控制制度，并对抽样检查和报告的具体程序也作了完善性规定，尤其是对违反交叉遵守应如何制裁的适用程序予以细化规定，明确了计算给付削减的基准与方法，增强了相关法律的可操作性。

为了提高农民自觉遵守交叉遵守机制的意识和能力，要求各成员国采用一系列的机制来提供交叉遵守信息，不同的成员国之间的不同方法还作了互相整合，不仅从财政经费上予以保证，还规定各成员国有义务建立一项农场咨询制度（FAS），旨在帮助农民更好地了解和满足欧盟关于环境、公众和动物健康、动物福利以及良好农业和环境条件的相关规则。

根据 2008 年欧盟审计院的推断，① 当前交叉遵守机制的实施也面临着一些挑战，其主要原因有：交叉遵守的目标和范围还有待作更好的界定，在设计交叉遵守需实现的目标时要更加清晰；法律框架提出了巨大的难题，最突出的原因是其太过复杂；交叉遵守与农村发展政策彼此没能很好地相互适应；各成员国没有很好地负起实施有效的控制和制裁制度的责任；现有控制制度对农民的遵守行为未能提供充分的保证；各成员国所提供的关于检查和违反的数据并不可靠，欧盟委员会的业绩监测不够分量。

如果交叉遵守要实现其长远的潜在的积极作用，原有的政策须作出必要的改善，特别是通过实施以下建议：需简化法律框架，特别是

① European Court of Auditors, *Is cross compliance an effective policy*? http: //www. eurosaiw-gea. org/Environmental% 20audits/Governance/Documents/2008 - ECA - Is% 20Cross% 20Compliance%20an%20Effective%20Policy. pdf.

根据寻求改进的农事活动组织其主要要素，具体说明其预期的结果，优先其法定要求和标准；要实现的结果要基于必要的评估和研究；各成员国所确定的法定要求和标准需评估其质量；要求设定已有立法所衍生的精准的法律义务，并适当地考虑区域和农耕实践的具体特点。

第四章

自然约束区域给付机制

在世界经济发展过程中，区域发展不平衡是常见的现象，而对落后区域实施发展援助政策，已成为各国政府的普遍做法。欧盟的共同农业政策作为欧盟对内对外关系中具有重要地位的法律制度，尤其是晚近作了多次改革①，从 2010 年开始经全民讨论后，于 2013 年 6 月欧洲委员会、议会和理事会就共同农业政策改革达成了政治协议并提出了立法建议，2014—2020 年的政策措施业已确定，欧盟不利区域

---

① 共同农业政策的历史发展

生产力————————————————————————→

竞争力——————————————————————→

可持续发展能力——————————→

早期岁月	危机时期	1992 年改革	2000 年议程	2003 年改革	2008 年正常检查	2013 年后的改革
食品安全 改善生产力 市场稳定 生产支持	过度生产 开支激增 国际摩擦 结构措施	减少过剩 环境保护 稳定收入 预算稳定	深化改革 进程 竞争力 农村发展	市场导向 消费者 关切 农村发展 环境保护 简化程序 与 WTO 兼 容性	再次强化 2003 年 改革 新的挑战 风险管理	更加绿化 更加精准 定位 重新分配 结束产品 限制 食品连锁 研究与 革新

参见欧盟官方网站：European Commission. The history of the CAP（http://ec. europa. eu/agriculture/cap-history/index_ en. htm）。

（Less Favored Areas，LFA）计划依然保留其中，① 它的最新发展值得探讨。

　　欧盟自然约束区域给付机制（ANCs）② 的前身是欧盟不利区域计划，晚近作了变革。它是共同农业政策中使用时间最长的措施之一，不仅涉及欧盟农业补贴的法律制度，而且它的目标定位、客观共同的分类标准、与其他农业环境措施的衔接与协同等问题与欧盟体系内的共同农业政策直接关联。欧盟 LFA 计划现行机制中有哪些主要法律规范？该计划先后主要作出了哪些变革？该计划措施与其他农业环境措施之间的关系如何？如何正确评价这些改革成果？欧盟 ANCs 机制的改革对我们力图完善地区间生态补偿和生态给付制度③又有何启示？下面拟就上述问题作一初步探究。

第一节　欧盟自然约束区域（ANCs）给付机制变革的正当理由

　　欧盟在共同农业政策中所提到的 LFA，是指农业生产或活动由于受到自然障碍如恶劣的气候状况、山区的陡坡或者土壤的肥力低下等

---

　　① European Commission，Proposal for a Regulation of the European Parliament and of the Councilestablishing rules for direct payments to farmers under support schemes within theframework of the common agricultural policy，COM（2011）625/2 Final.

　　② ANCs 是"Areas with Natural or Other Specific Constraints"的缩略词，其意是指：那些农业耕作受自然或其他特定约束而存有缺陷的区域。该区域不得不交由成员国根据八项生物物理基准（如陡坡）来划定其边界，成员国对高达10%的农业区域具有使用其他基准予以划定的某些灵活性。在共同农业政策的 2013 年基础改革之前，这些区域被称为"不利区域"（LFAs），定义基础相当模糊——因此受到欧洲审计院的批评。See Glossary of Terms Related to the Common Agricultural Policy，http：//ec. europa. eu/agriculture/glossary/pdf/index_ en. pdf。

　　③ 彭大伟：《"383 方案"勾勒新一轮改革路线图包括 8 重点改革领域》，http：// news. xinhuanet. com/fortune/2013-10/27/c_ 125604315. htm。

而变得更加困难的区域。[①] 欧盟为维持因自然障碍而变得更为困难的农业生产或活动的农村区域，对自然约束区域的农民提供了援助机制。自 1975 年以来，欧盟 LFA 给付是欧共体共同农业政策一直坚持的一项长期措施。经过 2013 年的改革，LFA 已改为 ANCs。根据欧盟 2015 年共同农业政策的词汇表，ANCs 具体是指，在这些区域，农民面临着更高的生产成本，有资格获得补偿性给付，这种给付的计算以收入损失和所发生的额外费用为基础。这样的区域主要有三种不同的类型：山区，即受纬度、困难的气候条件和生长季节短而存有障碍的区域；除山区外，面临重大自然约束的区域；面临特定约束的其他区域，这里的土地需要管理以保育或改善环境，维持农村、保存旅游的潜力或保护海岸线。[②] 其改革的理由主要有二：为了改善欧盟援助资金的精准定位和使用效率，以及未来平等对待欧盟农民。

一　为了改善欧盟援助资金的精准定位和使用效率

这是本次 ANCs 调整的第一个理由。2003 年欧盟审计院在一份特别报告[③]中指出，由于缺乏对列入不利区域清单的决定进行客观评估的能力，可能对该计划的有效性产生了巨大的影响。以卢森堡为例，该国于 1975 年 4 月建立不利区域（其所用的标准是农场收入低于共同体平均水平的 80%）。当时，占可利用农业面积（UAA）96% 之多的农业用地因抛荒的威胁被归类为不利区域，还有 2.45 % 被归类为拥有特定的障碍区域。自那时起，这一分类至今没有更改。然而，欧盟统计局的最近数据表明，某些宏观和社会经济指标有了很大的变化，大部分区域将不再满足此资格基准（到 2000 年，有些农场收入

---

① European Council, On mountain and hill farming and farming in certain less-favoured areas (75/268/EEC) [DB/OL], Official Journal of the European Communities, No. L 128/1, 1975.

② See Glossary of Terms Related to the Common Agricultural Policy, http：//ec. europa. eu/agriculture/glossary/pdf/index _ en. pdf.

③ Court of Auditors, Concerning Rural Development：Support for Less-favoured Areas, together with the Commission's Replies, Special Report No. 4/2003 - OJ C 151/9, 27. 6. 2003.

已高出共同体平均水平的20%）。

该计划的定位问题依然突出。经过2003年的中期改革，虽然强调了以市场为导向、环境保护为重点，但欧洲环境政策研究所在2006年11月所提交的《欧盟25国不利区域措施评价》中指出："欧盟条例为定向补偿给付的有效制度提供了灵活框架。然而，在成员国层面，分类标准、资格规则和给付结构的现行组合，没有导致各项资源充分显著地导向那些公共产品属性最为明显、被遗弃风险最大的区域（主要是土地资源，笔者注）。在欧洲层面，（预算资金）支出偏向数量有限的成员国，针对障碍严重程度的给付比率难以调和。"为此建议：为了提高资金的使用效率，可减少此类措施所适用的宽广范围，更多地集中在风险最大和持续性农业土地利用效益最为明显的区域。此外，所面临的障碍强度与给付水平之间的关系可以寻求更高的透明度，与此同时制定出更为透明的给付计算公式。[1]

其实，在2013年改革之前的欧盟，57%[2]的农业用地被划为LFA，但各成员国之间，落后区域占的比例大不相同，或低至丹麦的1%，或高达卢森堡的98%。[3]为什么会出现如此悬殊的结果？这与第1257/1999号条例和第1698/2005号条例关于欧盟层面和农场层面的分类标准的规定有关。

（一）欧盟层面的分类标准

着眼于欧盟的区域特征和尽可能的统一标准，第1257/1999号条例用四个条款设立了四类标准，符合其中任一标准的某区域均可划为LFA。每个类别都具有特定自然障碍的集群特征，常见于遍及欧洲农业用地的某些区域，这些障碍威胁着农业土地的持续利用。下列规定

---

① Institute for European Environmental Policy, *An Evaluationofthe Less Favoured Area Measureinthe 25 Member Statesofthe European Union*, Final report, November 2006, http://ec. europa. eu/agriculture/eval/reports/lfa/full_ text_ en. pdf.

② 这是2013年最新的数据，请参见欧盟官方网站：http://ec. europa. eu/agriculture/rurdev/lfa/index_ en. htm。

③ Council Regulation 1257/1999.

可看出各成员国 LFA 所占比例差异之端倪：

1. 山区。第 1257/1999 号条例第 18 条第 1 款对此作了较为明确的界定，是指那些使用土地时具有极大限制可能性和增加可观的耕作成本的区域。具体是指，由于高海拔、非常不利的气候条件而致生长季节受到实质性缩短的区域；或是海拔较低且过于陡峭的坡地，不便于机械的使用或得用非常昂贵的特殊设备；或兼具上述两者劣势结合因素的区域。第 2 款规定，与北纬 62 度平行线以北的区域和相毗连的区域可视为山区。①

2. 其他 LFA。指那些存在着农业土地利用被抛弃的危险和具有乡村保护必要性的区域，并呈现出以下自然障碍：生产力低下的土地；因自然环境低产出率所致的生产区域；主要依赖于农业生产活动的人口过少或正在不断减少的区域。② 此类区域所占的土地面积最大，但各成员国根据共同体的授权，在实践中据此作出了多样化的具体划定资格规则，因而该标准成为最具争议的焦点，也成了后续改革的重点。

3. 受其他特定障碍影响的区域。即受其他"特定障碍"影响的非山区也有资格被选择定为 LFA，这表明农业的持续性对于"保育或改善环境，维持农村和保存这些区域的旅游潜力，或为了保护海岸线"而言，是重要的。③ 根据本条例规定，大约 4% 的农业用地可确定为属于本类型的 LFA。此类比例实际情况是从 1975 年最初的 2% 升至第 1257/1999 号条例规定的 4%，现在则提高至第 1698/2005 号条例规定的 10%。

4. 受到环境限制的区域。即农耕活动受到欧盟环保规则实施限制的区域。④

---

① Council Regulation 1257/1999, Article 18.

② Council Regulation 1257/1999, Article 19.

③ Council Regulation 1257/1999, Article 20.

④ Council Regulation 1257/1999, Article 16.

表 4-1　　　　欧盟 LFA 类别和所占不利区域土地的百分比①

LFA 类别	特征	所占不利区域土地的百分比
山区（第 18 条）	由于高纬度或低纬度区域的陡坡而生长期较短	28
其他 LFA（第 19 条）	生产力低下，自然环境恶劣，农业就业人口低或者正在萎缩	66
遭受特定障碍的区域（第 20 条）	为了保护或提高环境，维持农村和旅游潜力，或保护海岸线，农业活动需要持续下去	5
受到环境限制的区域（第 16 条）	农耕活动受到欧盟环保规则实施时的限制	0.8

第 1257/1999 号条例进一步扩展了 LFA 计划的范围，尤其是在环境方面。它授权成员国拥有自由裁量权，一部分农民由于共同体环境保护立法，而使其土地的农业用途面临着限制，成员国可决定是否向这些农民提供 LFA 支付。农民因该项立法而产生额外费用或收入损失的，成员国可对其进行补偿。这些支付，主要与 1979 年野生鸟类指令和 1992 年栖息地指令有关，因为划定为特别保护区或特殊保育区的耕地，农民在使用时受到限制。②

（二）农场层面的标准

作为第 1257/1999 号条例创新性的成果，将环境受限区域的支持包括在 LFA 之内——第 13 条的措辞是，"确保环境的法定要求，保障农耕"。此外，第 14（2）条要求"农民运用良好的与保护环境和维持农村，特别是可持续农业的需要相兼容的耕作习惯"。根据第 445/2002 号条例第 29 条，良好农耕习惯被界定为"理性农民在相关区域内会遵照的农耕标准"和各成员国在其农村发展规划中要求建立的可

---

① Institute for European Environmental Policy, *An Evaluation of the Less Favoured Area Measure in the 25 Member States of the European Union*, Final report, November 2006, http：//ec. europa. eu/agriculture/ eval/reports/lfa/full_ text_ en. pdf.

② ［英］布莱恩·杰克：《农业与欧盟环境法》，姜双林译，中国政法大学出版社 2012 年版，第 130 页。

核查标准，以确保遵守一般强制性的环境要求。①

　　当然，第 1257/1999 号条例对 LFA 的确定标准并非是完美无缺的。事实上，2003 年欧盟审计院的审计报告对此提出了严厉的批评。② 对此，2005 年欧盟理事会第 1698/2005 号条例作了改革。该条例在其法律文件序言部分第 33 段指出："山区的自然障碍支付与其他受障碍影响的区域支付，应通过农业用地的持续性利用，以致力于维持农村（maintaining the countryside）以及维持和促进可持续的农耕制度；应规定固定支付水平的客观指标，以确保该项支持计划的效率，并确保其目标得以实现。第 1257/1999 号条例关于支持 LFA 的若干规定将在一段时间内继续保持有效。"第 44 段又规定："为了确保本条例项下土地管理支持的目标定位和有效利用，各成员国应划定本国若干措施项下可予干预的区域。应以客观的共同标准为基础划定山区和其他具有障碍的区域。"第 1698/2005 号条例更关注在非山区存在的自然障碍。如果这些区域受到重大自然障碍的影响，现在就拥有了被列入的资格，主要是土壤肥力低下或气候条件恶劣，也可以证明"土地的管理对于保持广泛的农业活动来说非常重要"③。但是，成员国以受特定障碍影响为由只能确定其领土的 10% 为 LFA。据此，欧盟委员会试图建立若干客观通用的标准来界定符合条件的区域。委员会相关部门成立了土壤、气候及土地评估的高水准专家组并确定了八种土壤气候标准，一旦达到这些标准的某一临界值则表明欧洲农业最不利的条件。此协议的技术附件列举了这些标准，同样包含关于它们的定义

---

① Josepha and McMahon, *EU Agricultural Law*, Oxford: Oxford University Press, 2007, p. 240. also seeSuzanne Kingston［ed.］, *European Perspectives on Environmental Law and Governance*, London and New York: Routledge, 2013, p. 107.

② 欧盟审计院从四个方面提出批评意见：众多指标导致差异；不利区域的确定没有统一标准；各种不同的指标导致待遇上的差异；支持措施存在着过度补贴的风险。更具体的内容请参见 Special Report No. 4/2003 concerning Rural Development: Support for Less-favoured Areas, together with the Commission's Replies（2003/C 151/01）。

③ Council Regulation 1698/2005, Article 50（3）.

及其理由。这为后续的改革奠定了重要的基础。

经过 2008 年正常查检之后，援助资金的精准定位问题依然突显。时隔三年之后，欧盟委员会于 2009 年 4 月公布了《将援助的目标更精准地导向自然障碍区域的农民》最终版的通讯。除了区域划界之外，内部服务指导小组（ISSG）的系列听证会和公众咨询表明：农场层面所适用的资格规则和给付水平构成了某项障碍，影响了该计划的有效性，该援助的范围并未对准最突出的土地撂荒风险的那些情形。LFA 受益人的收入状况及其对 LFA 给付依存度的差异也可表明缺乏针对性。①

二 平等对待欧盟农民

如何有效解决 LFA 区域农民的不平等待遇成为 ANCs 变革的第二个理由。过去约有 31% 的欧盟农业用地划为其他的 LFA 区域，因欧洲审计院的报告而受到瞩目的是，这种遍及整个欧洲的广泛的多样性标准，却可能成为不平等待遇的源头。②

为了评估 LFA 给付在农业收入中所发挥的作用，采用的是所选定欧盟国家的标准农场会计网委员会（FADN）的数据。在欧盟层面上可用的只有 2004 年的结果。对所选定欧盟国家的 LFA 措施适用制度的深入研究表明：尤其在农场层面的资格基准变化极其多样。农业总司《农村发展报告》（2006）中的数据证明，这种变异对给付水平的比较带来负面影响，在给定国家中的区域资格基准、农场资格和农场

---

① European Commission, Communication from the Commission to the European Parliament, the Council, the European Economic and Social Committee and the and the Committee of the Regions Towards a better targeting of the aid to farmers in areas with natural handicaps, http：//eur - lex. europa. eu/LexUriServ/LexUriServ. do? uri＝COM：2009：0161：FIN：EN：PDF.

② European Court of Auditors（2003），*Special Report* No. 4/2003-OJ C 151, 27. 6. 2003. 正是因为其他类型不利区域的划分标准的多样化，导致了该类型的区域面积不断地扩大，现在已占到了不利区域总面积的 58% 以上，若不修改标准，将来还有可能呈进一步扩大的趋势，这也说明了审计院的提出批评是非常中肯的。

规模结构起着关键性的作用。①

　　尤其是"其他"不利区域的分类标准可谓五花八门，实践中可能会带来不公平的结果。一些国家使用部分土地用途数据、产量、地形特征、不同指数或积分制度（土地质量）、牲畜密度、每个农场或员工的人均收入数字、农业总产值、标准毛利润的不同组合，许多划定LFA 的其他指标基于低产的土壤测定与随之而来的不能令人满意的农业经济效益，人口的低密度或减少，或农民的参与。界定"其他"LFA 的指标清单（多样性）详见表 4-2。②

表 4-2　　欧盟成员国的土地质量和农业收入的测量指标清单

指标	EU 各成员国
永久草场率（或饲料作物面积）	比利时、法国、意大利、希腊、卢森堡、英国、斯洛伐克、德国、奥地利、芬兰、瑞典
每公顷产量	比利时、希腊、法国、立陶宛、卢森堡、意大利、匈牙利，斯洛文尼亚，斯洛伐克
质量测量指数/土壤肥力 土壤地图	德国、爱沙尼亚、塞浦路斯、拉脱维亚、捷克共和国、斯洛伐克、波兰、斯洛文尼亚、芬兰、匈牙利、奥地利、瑞典
犁耕	西班牙、爱尔兰
高度	比利时
饲养密度	爱尔兰、法国、意大利、葡萄牙、斯洛伐克、英国、卢森堡
灌溉地区和垃圾区域	西班牙
温度在冰点以下的天数	比利时
农场的每人收入	比利时、法国、爱尔兰、希腊、塞浦路斯、英国
总产量	匈牙利、拉脱维亚
地籍收益	斯洛文尼亚
给付贡献，净增加值	西班牙、卢森堡
区域人口的所得税	拉脱维亚
每位农业雇工的社会税	爱沙尼亚

---

　　① M. Štolbova, "Eligibility Criteria for Less-favoured Areas Payments in the EU Countries and the Position of the Czech Republic", *Agric. Econ. -Czech*, 54, 2008（4）, p. 167.

　　② Ibid. , p. 168.

续表

指标	EU 各成员国
区域人口的所得税	拉脱维亚
土地税	爱沙尼亚

资料来源：欧盟 25 个成员国的不利区域措施评估；IEEP，2006。

第 1305/2013 号规则在"序言"部分提到：为了确保联盟经费的有效利用，平等地对待联盟内的农民，山区和面临自然的或其他特定约束的区域应该按照客观标准界定。在面临自然约束区域的情形下，那些标准应是生物物理学的，并有坚实科学证据的支撑。所采取的过渡安排应有助于逐步淘汰这些区域的给付，作为适用这些标准的结果，将不再被认为是正面临着自然约束的区域。[1]

第二节 欧盟自然约束区域（ANCs）给付机制的立法变革

抚今追昔，欧盟 ANCs 的前身是 LFA 计划，可追溯至第二次世界大战后的英国农业政策。该政策规定，给丘陵和山区的农民提供辅助性的给付，为他们在那儿所承受的贫乏农业条件给予补偿。当英国加入欧洲共同体后，就议定将类似的计划作为共同农业政策的一部分。这些内容为共同体第 75/268 号关于农业 LFA 的山区和丘陵地农耕的指令所采纳。[2] 下面从四个不同的历史阶段予以详述。

一 防止人口的减少，引入 LFA 计划：第 75/268 号指令

1975 年共同体开始引入 LFA 计划，确立了法律框架，允许各成员国通过欧洲农业指导和保证基金（EAGGF）款项，对那些自然和结

---

① Regulation（EU）No. 1305/2013，O J L 347/492，Preamble（26）.

② Brian Jack，*Agriculture and EU Environmental Law*，London：Ashgate Publishing，2009，p. 99.

构条件处于不利地位的区域提供援助。该指令第 1 条规定，其目标是"保持农业，从而维持最低限度的人口，或维持农村"①。

第 75/268 号指令对 LFA 的农民给出了界定，根据该指令最初规定，对协助农事活动的，每年可给付补偿性津贴。受益人必须至少拥有三公顷土地（部分区域要求降低到两公顷）且必须承诺在其接受第一笔付款后的至少五年内要继续从事农耕活动。各成员国也可以对这些区域内的、在农业设施上的旅游和手工艺项目进行投资的人，提供援助。②

法律规定，各成员国在给 LFA 定界时要与欧洲委员会沟通，包括农耕是保护乡村所必要的山区，以生长期短、陡坡为特征的区域或是由前两者的结合所造成劣势的区域。它们也包括贫瘠土地、生产效率低、农村人口在减少的区域。欧洲农业指导和担保基金的指导部分对各成员国在该计划项下的适格开支补偿 25%。爱尔兰和意大利除外，补偿率为 50%。③

到了 1985 年，第 75/268 号指令关于援助的条款被第 797/85 号关于改善农业结构效率的条例所取代。根据该条例，对那些以农业为主业的农民，其收入水平低于该区域非农业工人的平均水平的和那些提交了诸如涉及降低成本投资计划的农民提供投资援助。该条例继续实施第 75/268 号指令，规定允许对继续从事耕种的农民每年提供补偿性津贴。④

第 75/268 号指令建立在这样的认识基础之上，即丘陵和山区的贫瘠的农业用地限制了当地以此为根基的农民的收益能力，增加了他们可能放弃自己土地的风险，从而威胁到农村社区的可持续性及无人

---

① Council Directive 75/268 [1975] OJ L 128/1.

② J. A. USHER, *Legal Aspects of Agriculture in the European Community*, Oxford: Oxford University Press, 1988, p. 136.

③ Francis G. Snyder, Law of the Common Agricultural Policy, London: Sweet & Maxwell, 1985, p. 171.

④ Joseph A. McMahon, *Law of the Common Agricultural Policy*, Longman, 2000, p. 123.

照料土地上的环境退化。该指令要求各成员国在其可适用的范围内提出候选区域，然后将这些提名报经部长理事会批准。① 此时的 LFA 政策基本上是一项社会措施，旨在防止农村人口减少。在这点上它是成功的。从农业中的就业水平来看，自第二次世界大战结束以来，所有成员国农场数量都在逐步减少。但是，LFA 政策有效地减缓了下降的速度。从环境保护角度而言，该指令是共同体法律中的第一部，突出强调了农业在环境中的作用。在实践中，该指令的环保信任度非常有限。它运作的基础在于，保持农场耕作景观会确保乡村的保育，防止闲弃的农田上灌木丛生而摧毁其他栖息地和自然景观。为实现这一目标，LFA 计划所采用的一个主要机制是基于农民的牲畜数量给予其额外的给付。但过度放牧会导致环境损害。②

二　认识土地的环境价值，重塑 LFA 计划：第 1257/1999 号条例

各成员国对农业生态、环境的不断重视，以及对农业多功能性的不断强化，使人们意识到，最初欧洲共同体政策在农业 LFA 内还忽略了一个重要的因素：位于 LFA 的农田区域的环境价值。研究表明，自然价值高的农业用地往往位于农业的 LFAs。③ 由于不利的农业条件，限制了农业的集约化发展，农民们在耕作或放牧区（例如，草原和半天然草地）和在诸如树篱、池塘和树木等之间维持着重要的栖息地。高自然价值农地保留了半自然栖息地，维持着广泛的野生动物，这对欧共体内的自然保育特别重要。该条例除了对前述的第 75/268 号指令的许多内容作了重申之外（详见指令第 18—20 条内容），还规定了

---

① ［英］布莱恩·杰克：《农业与欧盟环境法》，姜双林译，中国政法大学出版社 2012 年版，第 121 页。

② 同上书，第 122—123 页。

③ Institute for European Environmental Policy, *An Evaluation of the Less Favoured Area Measure in the* 25 *Member States of the European Union*, http://ec. europa. eu/agriculture/eval/reports/lfa/full_ text_ en. pdf.

许多与环境保护相关的内容。

　　该条例规定，可以对农业环境的承诺予以支持，即承诺使用旨在保护环境和维持农村的农业生产方法；条文也对改善农产品加工和销售的投资作出支持规定；对林业的支持，是因为它有助于农村区域森林的经济、生态和社会功能的维持和发展；还有其他一些促进农村区域适应和发展的措施。总之，第 1257/1999 号条例试图为在特定区域适用农村发展支持措施建构一体化的规划。应在最合适的地域层面上拟定这些规划，2000 年 1 月 1 日后的七年内有效。①对 LFA 自然障碍的援助补偿也要满足该条例所设定的条件，否则应予禁止。②

　　除了上述新的内容之外，还对农民在保护环境方面提出了更高的要求，即要求农民采用交叉遵守措施（该措施与欧盟 LFA 计划之间的关系，后有专门论述）。该条例授权成员国在采用交叉遵守措施方面拥有自由裁量权，要求农民"使用通常良好的与环境保护和维持农村的需求相兼容的农耕做法，特别是可持续农业"。然而，这种方法遭到审计院的批评。审计院指出，该条例没有规定"良好农业习惯做法"可核查的、明确的或一致的定义，成员国是否遵守很难证实。③

　　第 1257/1999 号条例规定，共同体通过对那些由于共同体的环境保护法律而面临着其土地的农业用途受到限制的农民提供资助，从而扩大了共同体 LFA 计划的范围。④这使得成员国可以自行决定采取国内措施以补偿农民所开支的费用以及在管理自然生态 2000 的场所中所损失的利润。该条例反映出《欧共体条约》第 6 条关于环境保护的渗透性，其声明的目的是要建立共同体支持"农村可持续

---

① J. A. Usher, *EC Agricultural Law*, New York: Oxford University Press, 2001, p. 39.

② Council Regulation 1257/99, Art 51.

③ Court of Auditors, *Special Report No. 4/2003 concerning Rural Development: Support for Less Favoured Areas*.

④ Council Regulation 1257/99, Art 13 (b).

发展”的框架。①

约有 31%的欧盟农业用地划为其他的 LFA 区域，因欧洲审计院的报告而受到瞩目的是，这种遍及整个欧洲的广泛的多样性标准，却可能成为不平等待遇的源头。② 在这些区域中，仅有比例有限的农场，相当于欧盟农场总数的 7%，接受某种 LFA 的给付，所接受津贴的平均额度在各成员国之间存在着显著差别，从在西班牙的每公顷 16 欧元至比利时的每公顷 215 欧元。正是对这种广泛的多样化标准所导致不平等待遇的担忧，催生了第 1698/2005 号条例。

三　归类为环境措施，促进 LFA 计划转型为 NHP：第 1698/2005 号条例

如前所述，审计院在 2003 年的审计报告中已对一些成员国的划分“不利”区域的程度表达了关切。③ 在制定第 1698/2005 号条例的过程中，人们对这些区域支持（补贴）的性质争议很大，要及时地实现协定目标已无可能。④

LFA 计划，在 2007—2013 年的农村发展政策（RDP）和共同农业政策的现代化和合理化的大背景下，于 2005 年发生了重要的演化，采用了新的战略性方法。LFA 给付 [此后被称为山区及其他有障碍区域的自然障碍给付⑤（NHP）] 成为 RDP 第 2 基轴的一部分，旨在通

---

① J. A. Usher, *EC Agricultural Law*, New York: Oxford University Press, 2001, pp. 160-161.

② European Court of Auditors, *Special Report* No. 4/2003-OJ C 151, 27. 6. 2003. 正是因为其他类型不利区域的划分标准的多样化，导致了该类型的区域面积不断地扩大，现在已占到了不利区域总面积的 58%以上，若不修改标准，将来还有可能呈进一步扩大的趋势，这也说明了审计院提出的批评是非常中肯的。

③ “Special Report No. 4/2003 concerning Rural Development: Support for Less-favoured Areas, together with the Commission's replies”, *Official Journal C* 151, 2003.

④ Council Regulation (EC) 1698/2005, art. 50, O. J. L 277/1, at 22-23 (2005).

⑤ NHP 是 “Natural Handicap Payments” 的缩略语。

过支持土地的可持续管理来改善环境和乡村。①

第 1698/2005 号条例第 50.3（a）条对自然障碍区域的定义作了新的规定，不同于多山特色的区域和那些受特定障碍影响的区域，如"受重大自然障碍的区域，特别是低土壤生产力或不良（Poor）的气候条件，以及维持粗放的农耕活动，对于土地管理具有重要意义的区域"②。该条例专注于在非山区存在的自然障碍，重新定义之后的 LFA 分类都有一个共同的特点：农业生产遭受到了自然障碍，也因此，LFA 给付也被称为"自然障碍给付"（Natural Handicap Payment, NHP）。然而，2005 年理事会未能与新定义及政策目标相一致的、对欧共体这些区域试行可能的广泛的分类制度达成一致。因而决定在一段期间内保持原有制度的效力，要求欧洲委员会对 LEA 计划进行审查，以便对 2010 年后适用的未来给付和分类定界制度提出建议。现存的 LFA 名单原设想于 2010 年 1 月 1 日撤销。③

原有条例中的环境理念在现行第 1698/2005 号条例中得以延续，该条例申明，自然障碍给付应当，通过农业用地的持续使用，有助于维持农村以及维持和促进可持续的农耕制度。2010—2013 年对 LFA 提供持续支持，为了实现第二基轴：改善环境和维持农村的目标，第 36 条措施是："（a）措施目标在于农业土地的可持续利用，通过：（i）向山区农民提供自然障碍给付，（ii）向除山区外其他自然障碍区域的农民提供给付。"④ 显然，该条例下的 LFA 支持被归类为一项环境措施。

---

① European Commission, Communication from the Commission to the European Parliament, the Council, theEuropean Economic and Social Committee and the and the Committee of the Regions Towards a better targeting of the aid to farmers in areas with natural handicaps, http://eur-lex. europa. eu/LexUriServ/LexUriServ. do? uri = COM: 2009: 0161: FIN: EN: PDF.

② Council Regulation（EC）No. 1698/2005 of 20. 9. 2005 on Support for Rural Development by the European Agricultural Fund for Rural Development（EAFRD）, OJ L 277, 21. 10. 2005, p. 1.

③ Id. , art. 93（2）, O. J. L 277/1, at 36（2005）.

④ Council Regulation 1698/2005.

　　值得注意的是，该条例强调，持续性的土地使用是为了环境的目的，而不是社会的目的。第 1698/2005 号条例取代了第 1257/1999 号条例规定的交叉遵守措施，要求获得 LFA 给付的农民，与享受单一农场给付一类的直接给付的农民一样，遵守相同的交叉遵守义务。因此，这些农民现在必须通过国内法律来执行欧洲共同体的特别立法，同时还要遵守国内关于良好农业和环境条件的守则（详见表 4-3 所示的框架性标准）。这些守则现在必须解决那些具体的农业和环境问题或标准。不遵守这些义务将导致 LFA 给付水平的削减，而屡次违反可能导致农民的资格被完全排除。①

表 4-3　　　　　　　　　"良好农业与环境条件" 要求②

问题	强制标准	选择性标准
土壤侵蚀： 通过适当措施保护土壤	最低程度的土壤覆盖； 反映当地特定条件的最低程度土地管理	梯田保护
土壤有机物： 通过适当措施保持土壤有机物	耕地上作物收割后遗留在地里的残茎的管理	轮种的标准
土壤结构： 通过适当措施保持土壤结构		适当的机械使用
最低的保持水平： 保证最低的保持水平并避免栖息地退化	保持景观特征，包括：如果恰当的话，树篱、池塘、沟渠，成排或成片或单独的树木以及田埂。避免种植农业中不受欢迎的植物。保护永久牧场	最低限度的牲口饲养率或/和合适的制度。建立和/或保护栖息地。禁止砍伐油橄榄树。维持油橄榄树和藤本植物的良好生长条件
水体保护与管理	沿水源地建立缓冲带。当用水灌溉须经批准时，遵守批准程序	

2006 年 12 月，欧盟委员会公布了 2007—2013 年农林业部门国家

---

① Brian Jack, *Agriculture and EU Environmental Law*, London：Ashgate Publishing, 2009, p. 104.

② Ibid., p. 76.

援助新指导准则（理事会第 2006/144 号决议）。该准则反映了转向单一农场给付的共同农业政策性质上的变化和第 1698/2005 号条例为农村发展所建立的新框架。该准则为了与 WTO 条约相兼容，要求所有的此类援助必须包含一定的激励因素或要求对受益人具有与激励因素相当的内容和未来所有的通知必须包括一份受援助活动的环境影响评估，以有助于委员会评估该援助是否会导致违反共同体的环保立法或以其他方式造成环境破坏。总体而言，该准则力图协调国家援助与共同体在 WTO 农业协议项下的义务之间的关系。根据 WTO 农业协议附件 2①（即所谓的绿箱措施），它对可能超出协议项下国内支持减让承诺而授予不同形式的各类援助规定了标准。② 准则还对农村发展条例识别出了四个基轴③，其中要求 "为了保护和提高欧盟农村区域自然资源和景观的价值，致力于第二基轴的资源应该有助于欧盟层面的三个优先领域：生物多样性与高自然价值农耕和林业系统和传统农业景观的保存和发展；水；气候变化"④。

四　精准定位，ANCs 扬弃 LFAs：第 1305/2013 和 1307/2013 号条例

自 2005 年以来，尽管在这一进程中，欧盟委员会与各成员国当局和利益相关者紧密合作并举行科学磋商，但所获得的泛欧规模数据非常有限，委员会难以提出以可能出现的新划界制度的透彻分析为支撑的立法建议。详细地评估新划界方法的结果的必要信息，目前只能在国家层面获取或收集。为了在确保公平对待受益人的连贯和透明方

---

① 国内支持：免除削减承诺的基础。

② Josepha and McMahon, *EU Agricultural Law*, Oxford：Oxford University Press, 2007, p. 240. also see Suzanne Kingston [ed.], *European Perspectives on Environmental Law and Governance*, London and New York：Routledge, 2013, pp. 17-18.

③ 即基轴一：提高农林业部门的竞争力；基轴二：改善环境和乡村；基轴三：农村地区的生活质量和农村经济的多样化；基轴四：领导者。

④ 准则继续参考自然生态 2000 中关于 "扭转生物多样性下降、水框架指令以及应对气候变化《京都议定书》目标的承诺"。

法与适当地考虑地区特性之间打造平衡，就需要欧盟委员会与各成员国之间的深度合作。①

为了给 2010 年后适用的未来给付和分类定界制度提出建议，理事会授权对以下三个问题进行评估：一是现行划界制度与经修订后的 NHP 计划目标之间的不一致性；二是成员国划定中间 LFAs 所用基准的极端多样性，意味着缺乏透明度，可能导致受益人的不平等待遇；三是未能充分地根据本措施的目标来精准定位援助。2009 年，委员会在科学专家的帮助下，通过了第（2009）161 号关于上述三个问题评估的通讯，确定了 8 项土壤和气候标准作为客观、清晰地划分 LFA 的基础。然而，在提交立法建议之前，委员会需要更多的数据来评估其可行性。因此，要求各成员国采用国家数据来提供模拟结果以显现该标准可能会怎样运行。

简言之，为了给援助以精准定位，需要对给付制度和资格基准予以完善。2013 年改革后的第 1305/2013 号条例第 31、32 条分别对此作出了新的规定。

（一）ANCs 的干预逻辑

自 1975 年通过第 75/268/EEC 号指令以来，LFA 方案的干预逻辑已经历了重大的演变：代之以明确解决农村人口减少问题，对自然不利因素的补偿性给付现已更强烈地侧重于土地管理。他们应该通过农业土地的可持续利用，致力于维持农村，维持和促进可持续的农耕制度。② 这样的理念在新条例里得到了重申："山区或其他面临自然灾害或其他特定约束区域的农民给付，应鼓励继续利用农业土地，有助于维持农村以及维护和促进可持续农作制度。"③

---

① European Commission, Communication from the Commission to the European Parliament, the Council, the European Economic and Social Committee and the and the Committee of the Regions Towards a better targeting of the aid to farmers in areas with natural handicaps, http: //eur - lex. europa. eu/LexUriServ/LexUriServ. do? uri = COM: 2009: 0161: FIN: EN: PDF.

② Ibid.

③ Regulation (EU) No. 1305/2013, O J L 347/492, Preamble (25).

在大多数情况下，自然障碍区域的农业本身的延续，也在处理着许多环境问题：开放性景观的保持、生物多样性的保育、水资源的管理、土壤保护、防火、景观价值的维护。然而，与农业环境给付不同的是，后者涵盖了农民从事具体和良好界定的超越强制基线的环境承诺时所发生的收入损失和费用，自然障碍给付（NHP）并不是有计划地导向实现特定或差别化的环境结果。它们并没有对遵守超越强制性的基线要求的农场管理实践的特殊要求的努力给予报酬，却"仅"补偿天然劣势，即覆盖与自然障碍相关的额外费用和收入损失，对保持活力的适当农业形式提供了基本的支持。NHP 与其他基于土地的给付协同致力于可持续的土地管理。然而，特别是在把这些给付导向那些最致力于可持续土地管理的农场时而适用特定的资格规则时，它们的实施要求特别要注意与农业环境给付的相互影响。① 为此，新条例指出这种给付是一种特别的给付，它是"为了促进那些受特定自然约束区域内的农业可持续发展，成员国应能够利用其直接给付最高限额部分，在基本给付之上，对在那些区域内从事经营的或在那些区域中的某些部分的所有农民授予以年度面积为基础的给付，区域范围由成员国决定"②。

在 2004—2007 年间，随着 12 个新成员的加入，欧盟的农业人口已成倍增长。CAP 有助于所有 27 个欧盟成员国维持适应其气候或地理状况的农业活动。农耕条件的范围包括从生长期短的近北极的北部，到水稀缺的南部热带地区。在干燥、偏远或山区谋生很艰难。CAP 不仅需适应社会变化的需求，而且需适应农村生活面貌的变化，允许所有类型包括在自然约束区域

---

① European Commission, Communication from the Commission to the European Parliament, the Council, the European Economic and Social Committee and the and the Committee of the Regions Towards a better targeting of the aid to farmers in areas with natural handicaps, http：//eur-lex. europa. eu/LexUriServ/LexUriServ. do? uri＝COM（2009）0161：FIN：EN：PDF.

② Regulation（EU）No. 1307/2013 of the European Parliament and of the Council, OJ L 347/615, Preamble 46.

在内的农业繁荣。①

（二）ANCs 的给付资格规则

我们从第 1305/2013 号条例第 31 条的条目"面临自然或其他特定约束的区域给付"可知，本条用了第 5 款的内容规定了农民取得该项给付的资格条件。第 1 款规定："面临自然或其他特定约束的山区和其他区域的农民给付，应按每公顷的农业面积每年授予，以补偿农民因该相关区域的农业生产制约因素所导致的全部或部分的额外费用和收入损失。"同时要求各成员国在"计算额外费用和收入损失时，应与不受自然或其他特定约束条件影响的区域相比较，同时考虑到第 1307/2013 号条例第 3 编第 3 章规定的给付"②。成员国在遇到以下这两种情形③时，可考虑差别化的给付。

第 2 款对农民的主体资格作出了限定。这是欧盟在吸取过去教训的基础上所衍生出来的制度创新，体现了欧洲人的智慧。本款规定："第 1307/2013 号条例第 9 条意义范围内的活跃农民和在第 32 条所指定区域内从事追求其耕作活动的农民应授予给付。"第 9（1）条规定："直接给付不应授予其农业区域中的主要区域，自然处于一个适于放牧或种植状态的，以及那些没有执行在那些区域从事由成员国按照第 4（2）（b）条最低活动要求的自然人或法人，或自然人或法人的团体。"④ 这样的规定旨在使有限的支持经费能精准地导向那些最需要的农民，防止或排除那些实际并不从事家事却又套取补贴的伪农民。⑤

---

① European Union, *The Common Agricultural Policy A Story to Be Continued*, Luxembourg : Publications Office of the European Union, 2012, p. 17.

② 第 3 编第 3 章的给付是指"对气候和环境有益的农业实践"，它包括：给付的一般规则，给付的重点：作物多样化、永久草场和生态重点区域，财政拨款。

③ 一是已确定的永久约束条件影响农业活动的严重程度；二是农作制度。

④ Regulation（EU）No. 1307/2013 of the European Parliament and of the Council, OJ L 347/621, Article 9（1）.

⑤ 第 1307/2013 号条例第 9（2）条给付不授予"那些经营机场、铁路服务、水厂、房地产服务、永久性体育和娱乐场所的自然人或法人，或自然人或法人团体"。

第 3 款则对给付的金额作出了规定，即"应固定在附件二①所规定的最低与最高金额之间，考虑到具体情况，在农村发展方案中有正当理由地考虑特殊情况，在已被证实的情况下可增加这些给付"。另外，还要求各成员国在方案中，"对每个设施的区域门槛水准之上的给付渐减作出规定，除非该授予涵盖的只是附件二中所设定的每年每公顷的最低限额"。根据第五款规定，对于那些根据新条例已不再属于 ANCs 的，对其补偿性给付规定了最长期限为四年的过渡期，最迟到在 2020 年结束时，给付不超过第 1698/2005 号条例第 36（a）（ii）条所规定的 2007—2013 年规划期间固定的平均给付率的 20%。

如果说，第 1305/2013 号条例是对自然约束区域给付的资格条件从其依据的面积、给付的限度和农民的主体资格等方面作出更有针对性的规定，那么，第 1307/2013 号条例第 4 章第 48 条则是对自然约束区域给付的一般规则作出了更具可操作性的规定。如果农民有资格获得第 1 章所指的基本给付方案或单一面积给付项下的给付，农民的设施全部或部分位于成员国依照第 1305/2013 号条例第 32（1）条由成员国所指定的关于面临自然约束区域之内的，可得到成员国的授权给付（"关于自然约束区域给付"）。② 成员国可决定将自然约束区域给付授予属于第 1 段范围的所有区域，或将该给付限于基于客观的、非歧视性基准的那些区域中的某些区域。③ 该条还对每公顷自然约束区域给付的计算方法④、成员国可在地区层面适用自然约束区域给付、各成员国如何将第 49（1）条所指的国家上限在地区之间进行划分以

---

① 是指本条例第 6 条所提及的各成员国在各财政年度的给付最高限值。

② Regulation（EU）No. 1307/2013 of the European Parliament and of the Council, OJ L 347/643, Article 48（1）.

③ Ibid., Article 48（2）.

④ 即应将依照适用第 49 条导致的总量除以依照第 33（1）条或第 36（2）条所申报的合格公顷数量予以计算，后者位于成员国已依照本条第 2 段决定给予给付的区域之内。成员国可基于客观和非歧视性基准，设置本章项下可给予支持的每设施公顷的最大数值。

及在地区层面的自然约束区域给付的方法①作出规定。②

（三）ANCs 的划界制度

如前所述，过去遍及整个欧洲的 LFA 区域广泛的多样性标准，成为不平等待遇的源头。第 1305/2013 号条例第 32 条对"面临着自然和其他特殊限制区域的确定"，也即划界制度作了详细的规定，确定了成员国接受第 31 条规定的给付的适格区域，主要有三个类别：一是山区；二是除山区之外，面临重大的自然限制的区域；三是受特定限制的其他区域。

其中规定，山区由于下列原因而具有使用土地可能性遭受很大限制，以及导致生产成本的可观增加特征：（a）因为海拔、非常困难的气候条件的存在，其影响极大地缩短生长期；（b）在较低海拔区域，考虑中的斜坡大部分位于该区域之内，对于使用机械的坡度太陡，或需要使用非常昂贵的专用设备或是这两个因素的结合。如果分别采用每个要素所造成的限制不是那么严重，但两者的结合可引起相当大的限制的，均可以取得山区的给付资格。另外，平行于北纬 62 度以北地区及某些邻近地区应视为山区。

关于"面临重大的自然限制的区域"，则规定："除山区之外，如果至少 60% 的农业区域中至少满足表 4-4 的门槛值指示所列的一项基准的，应被视为面临重大的自然限制的区域。遵守地方行政单位层面或明确界定的本地单位层面应确保的那些条件（'LAU 2'级别），其中涵盖有确定经济和行政身份的单一明确连续地理面积。当界定与本段有关的区域时，成员国应基于客观的标准，进行微调，其目的是排除那些具有重大自然限制的区域，即第一分段所述的有据可查的，但由于投资已经克服的或由于经济活动，或由于正常的土地生产力的证

---

① 应将依照本段第 2 分段计算的地区总量除以依照第 33（1）条或第 36（2）条在各自地区所申报的合格公顷数量予以计算，后者位于成员国已依照本条第 2 段决定给予给付的区域之内。

② Regulation（EU）No. 1307/2013 of the European Parliament and of the Council，OJ L 347/643，Article 48（1）-（5）.

据，或因其生产方法或耕作制度已抵消了第 31 条所提及的收入损失或增加的费用。"

关于"受特定限制的其他区域"，第 32 条明确：如果它们受特定限制影响的，如果为了保护或改善环境，维持农村，保持该区域的旅游潜力，或为了保护海岸线而有必要进行土地管理的，有资格获得第 31 条项下给付。但该条对此类的区域范围作了总量控制规定："受特定限制影响的区域应包括自然生产条件相近的农耕区域，其总范围不超过有关成员国的总面积的 10%。"

此外，还对有资格获得给付的特殊情形下的区域予以明确规定："至少 60% 的农业区域满足至少表 4-4 门槛值所列的两项基准，其边缘值不超过门槛值所示的 20%，或至少 60% 的农业区域由下列这样的区域所组成，即满足至少表 4-4 所列的一项基准区域，满足至少表 4-4 门槛值所列的两项基准，其边缘值不超过门槛值所示的 20% 的区域。"

现行新的划界分类制度（详见表 4-4），确定了四类（气候、气候与土壤、土壤和地形）8 项（低温、干度、额外的土壤水分、受限的土壤排水、质地和含石量、浅层生根深度、弱性的化学性质、坡度）生物物理基准，已在 2014 年正式实施，同时以前所确立的分类制度在过渡期里仍然有效。

表 4-4　　　　　　　　划定 AFNCs 的生物物理基准

指标	定义	阈值
气候		
低温	日平均气温（LGPt5）大于 5℃ 的天数所确定的生长期长度（天数）	≤180 天
	累计的日平均气温大于 5℃ 所确定的生长期受热时间之总数（degree-days 度-天数）	≤1500 度-天数
干度（Dryness）	年降水量（P）与年潜在蒸发量（PET）的比率	P/PET≤0.5
气候与土壤		
额外的土壤水分	在田间或之上的持水量的天数	≥230 天

续表

指标	定义	阈值
土壤		
受限的土壤排水	一年中大部分时间积水区域	地表层 80 厘米之内的湿度 6 个月以上，或 40 厘米之内的湿度超过 11 个月或地表 40 厘米之内的湿度低或排水不良的土壤或颜色图样
质地和含石量	黏土，淤泥，沙滩，有机质（重量%）和粗料物质（容积%）的相对丰度	大于或等于 15% 的表土层体积是粗料物质，包括岩石露头土、巨砾
		100 厘米土壤表面的一半或以上（累积性的）的质地类别是沙地、壤砂土，根据下列公式计算确定：泥沙% +（2×黏土%）≤30%
		表层土质地类别为重黏土（黏度> 60%）
		至少 40 厘米的有机土壤（有机质≥30%）
		表层土包含 30% 或以上的粘土，或在土壤表层的 100 厘米之内存在变性土性土壤
浅层生根深度	从土壤表面到坚硬岩石或硬土层的深度（厘米）	≤30 厘米
弱性的化学性质	在表土中存在的盐类、交换性钠和过量酸度	盐度：≥在表层土中的 4 deci-Siemens 每米（DS/M）
		碱度：≥在 100 厘米土壤表层的一半或以上（累积的）的可交换钠 6%（Exchangeable Sodium Percentage，ESP）
		土壤酸度：PH ≤表层土（水）中的 5
地形		
坡度	相对于平面距离的高差变化量（%）	≥ 15%

第三节　欧盟 ANCs 给付机制与其他农业环境措施的关系

ANCs 给付机制只是共同农业政策项下农村发展的一系列可用政策手段之一。它要充分地发挥作用，须与其他农业环境措施并行不悖。因此，我们有必要梳理它与相关农业环境措施的关系。

一　农业环境协议

由于欧盟 20 世纪 90 年代之前的共同农业政策着眼于产量和生产力，农业集约化加速发展，导致农田中大量典型的野生动植物种群数量急剧减少、栖息地退化、水污染、水土流失、土地管理不当导致土壤质量下降等诸多农业环境问题。[①] 从欧共体环境行动规划[②]规定中可以看出欧共体对农业环境问题的认识有一个不断深化、农业环境补贴措施有一个不断改革与完善的过程。这些行动规划描述了对未来环境立法的建议，也规划了欧共体环境政策的未来走向。欧盟农业环境补贴措施作为欧共体环境行动规划中的主要内容之一，反映在欧共体共同农业政策一系列改革进程之中。2002 年，第六个环境行动规划突出强调了农业在保护生物多样性和景观方面的作用。当前的行动规划尤其反映了农业的双重功能。它要求采取进一步措施，实现环境保护措施与农业生产政策一体化，同时也尽量确保更多的财政资源支持有利于保护和加强环境的农耕习惯方式。[③] 今天，欧共体委员所倡导的这一双轨制（交叉遵守与自愿性环境协议并行）方法已构成了共同体

---

① 肖主安、冯建中：《走向绿色的欧洲：欧盟环境保护制度》，江西高校出版社第 2006 年版，第 113—114 页。

② 前五个行动方案的论述，可参见蔡守秋主编《欧盟环境政策法律研究》，武汉大学出版社 2002 年版，第 97—106 页。

③ 姜双林、秦方：《欧盟农业环境补贴措施的改革及其启示》，《山东农业大学学报》（社会科学版）2012 年第 3 期。

农业环境政策的核心。① 将环境关切纳入欧盟共同农业政策的操作的第一阶段始于 1992 年的 CAP 改革，包括引入农业环境条例，② 它要求成员国制定国家计划，以促进减少农业污染影响养殖方法和解决与保护环境和自然资源兼容的土地用途。在这个阶段，环境改革与市场和供应方的管理密切相关，环保要求也引入到 CAP 常见的农产品市场组织之内。例如，耕地补贴的给付作了改革，要求从生产中强制预留土地，进行有利于环境的目的管理。第二阶段是 2000 年议程的改革方案。它于 1999 年 3 月在柏林达成一致，并引领着一段时间里的 CAP 支持制度的根本性变化，标志着财政支持实行远离生产的补贴和导向对生产者的支持。这样做法的目的在于要消除通过生产与补贴的链接所产生的生产更加集约化的激励作用。2008 年的 CAP 中期审查标志着第三个阶段，可以说是将环境关切纳入 CAP 的最重要的调整。欧盟共同农业政策第二基轴项下的农业环境协议（以下简称 AES）在各成员国得到了广泛的落实。③ 以英国的英格兰为例，到 2009 年，英格兰有超过 58000 份 AES 协议，其中 33367 份是入门级环境管护协议，以及 3344 份高级管护协议。这意味着在英格兰已利用的农业土地面积中的 66% 是在 AES 协议项下管理的。④ 同样，引入环境给付的做法给欧共体提供了一个可以"一石二鸟"的机会，同时追求两个社会目标，既支持家庭农场，又鼓励农民继续留守农耕。⑤ 虽然这些因素可能有助于实行环境措施，但也要确保这些措施不会仅仅服务于环境目标。

---

① ［英］布莱恩·杰克：《农业与欧盟环境法》，姜双林译，中国政法大学出版社 2012 年版，序言。

② Council Regulation 2078/92. ［1992］OJ L215/85.

③ Christopher P. Rodgers, *The Law of Nature Conservation Property*, *Environment*, *and the Limits of Law*, Oxford: Oxford University Press, 2013, pp. 122-123.

④ Natural Eangland, *Agri-environment schemes in England* 2009 (*NE194*), http://publications. naturalengland. org. uk/publication/46002? category = 35001, p. 30.

⑤ Brian Jack, *Agriculture and EU Environmental Law*, London: Ashgate Publishing, 2009, p. 45.

LFA 支持计划应该被看成弱势区域农业环境计划的基础：没有 LFA 的资助，持续的土地管理可能受到危害，没有持续的土地管理，当局无法通过农业环境计划向农民提供额外的环境服务补偿。[①]

二　交叉遵守规则

根据欧盟第 1259/1999 号理事会条例、第 1782/2003 号理事会条例以及第 73/2009 号条例的规定，可以将交叉遵守理解为这样一种措施，即获得农业支持的农民必须遵守相应的环境保护、食品安全等方面的条件，并将农业用地保持在良好的农业与环境条件。如果农民没有能够很好地达到相关标准的要求，则将视情况按比例削减发放给该农民的直接补贴额，其目的就在于"向参与特定农业扶持计划的农场主强制推行环境友好型耕作方式和环境性能级别"[②]。

在 LFA 计划中，LFA 的农民要获得给付也必须遵守相关的交叉遵守要求。第 2328/1991 号条例还授权成员国在采用交叉遵守措施方面拥有自由裁量权。他们可以为 LFA 给付附加一些条件，鼓励农民采用与环境保护和农村保护相协调的习惯做法。随着对 LFA 环境价值认识加深和环境保护的加强，第 1257/1999 号条例取代了第 2328/1991 号条例，授予成员国在采用交叉遵守措施方面拥有的自由裁量权，要求农民"使用通常良好的与环境保护和维持农村的需求相兼容的农耕做法，特别是可持续农业"[③]。

在环境方面，与维护土地管理的其他共同体农业政策措施具有协同作用。LFA 措施与农业环境计划之间具有补充而非竞争的关系。集约化所产生的矛盾，特别是 20 世纪 80 年代羊数量的增长，导致一些区域过度放牧。然而，在 2000 年，已转向 LFA 面积给付，连同随后

---

① 姜双林：《欧盟农业环境补贴法律制度的嬗变及其对中国的启示》，《法治研究》2008 年第 6 期。

② 姜双林、徐前兵：《欧盟解决农业环境问题的交叉遵守机制》，载李明华主编《环境法治与社会发展评论》第 3 卷，法律出版社 2012 年版，第 258—269 页。

③ Council Regulation 1257/99, OJ L 160/85, Article 2.

的在第一支柱项下的脱钩给付已经消除该措施对过分存栏（放牧）的激励作用。①

晚近改革后的 CAP，简化和更为精准的交叉遵守，代表着获取充分的 CAP 资金是满足强制性环境要求和义务的基石。在此基础上，从 2015 年起，CAP 在第一支柱中引入了一项新政策工具，即绿色直接支付。它占了国家直接支付的 30%，奖励那些尊重三项强制性农业实践的做法，即维护永久性草地、生态重点区域和作物多样化的那些农民。绿色直接给付是强制性的，它有利于大部分已使用农业区域引入让环境和气候受益的习惯做法。建立在这些强制性要素之上，农村发展将继续在实现 CAP 环境目标和在应对气候变化中发挥举足轻重的作用。第二支柱的重点在于可持续性，显而易见的事实是，至少每个农村发展计划 30% 的预算必须保留给有利于环境和气候变化的自愿性措施。这些包括有利于环境或气候的措施、有机农业、自然约束区域（ANC）、自然生态 2000 区域、林业措施与投资。所有这些措施显著地致力于改善环境和气候变化，因为它们适应当地的需求。②

第四节　小结和几点规律性认识

一　小结

共同体 LFA 政策的晚近改革，在减轻与早期的 LFA 政策措施相关的环境负面影响方面，发挥了重要作用。特别是以面积为基础的给付和强制交叉遵守的采用已发挥了特别重要的作用。不过，这些措施实际上只是确保农民获得 LFA 的给付，避免造成环境破坏，遵守基本的

---

① Institute for European Environmental Policy, *An Evaluation of the Less Favoured Area Measure in the 25 Member States of the European Union*, http：//ec. europa. eu/agriculture/eval/reports/lfa/full_ text_ en. pdf, p. 11.

② European Commission, Overview of CAP Reform 2014－2020, http：//ec. europa. eu/agriculture/policy－perspectives/policy－briefs/05_ en. pdf, pp. 6－7.

环境条件。可以说，这作为共同体农村发展政策的第二基轴——题为"改善环境和维持农村"——组成部分的一项计划，是不够的。过去这种形式的支持措施之所以受到持续性的批评，主要是因为：一是缺乏重点；二是容易推动不适合的区域从事更集约型的农业。①

当然，该计划会通过支持这些区域内的粗放农业（否则这些区域可能会荒漠化）而继续在环境方面做出重要贡献。然而，该计划仍然宣称，需要对那些因其农场受自然限制而面临生产困难的农民提供补偿。第1698号条例在序言中表述得很明白，这些给付应对"相关区域内农民因农业生产障碍而致的额外费用和损失收入提供补偿"②。被划定为LFA的区域大多具有高环境价值。通过农业活动来塑造并支撑大部分的景观和生物多样性。因此，以可持续的方式积极开展农业土地管理，对于未来环境的健康和这些区域的特征至为关键。③

在共同体层面，过去的分类制度没有准确反映农地对环境的影响。共同体农业用地的57%曾被列为农业LFA。修订后的制度，应以选定的具有高自然价值的区域为基础，可为这些区域内管理土地的农民提供强化给付④。在LFA分类的任何未来审查中，诸如高自然价值（HNV）的农田和经估价的传统景观环境优先（environmental priorities）措施，将有纳入基准并予以考虑的机会。因为现行分类为LFA的区域，农业集约化、专业化、渐进的边缘化和撂荒代表着对环

---

① Michael Cardwell, "Rural Developmentin the European, Community: Charting a New Course?" *Drake Journal of Agricultural Law*, 2008 (13).

② Council Regulation 1698/2005, Article 37 (I).

③ Developmentof Agriculture and Rural Development, *Review of Support Arrangements for Less Favoured Areas in Northern Ireland*, March 2009, p.171.

④ European Environment Agency, *High Nature Value Farmland: Characteristics, Trends and Policy Challenges*, Copenhagen: European Environment Agency, 2004, p.16.

境价值的关键性威胁。①

改革后的 CAP 在一个更严格的预算框架内，稀缺资源得以最大限度地实现 CAP 目标的方式予以分配至关重要。通过更好地定位支持的目标，在成员国间和成员国内部更加公平地分配以及使用开支的战略性方法，来增强 CAP 的有效性和效率。将支持有针对性地限于那些积极从事农业活动的农民。在基本给付的顶部（见表 4-5），绿色直接给付和对于 ANC 的可能额外的支持将有助于特定的环境和领土的目标。②

表 4-5　　　　直接支付的新设计（和直接支付信封的份额）

交叉遵守	耦合支持 ** 高达 10% 或 15%	自然约束支持 ** 高达 5%	或	小农民计划 高达 10% 最大 1250 欧元
	再分配给付 ** 高达 30% 平均直接支付最高 65%（1 公顷）			
	青年农民计划 高达 2% +25% 支付（最多 5 年）			
	绿色给付 强制性 30% 绿化实践或等效措施			
	基本支付方案 * 没有固定的百分比 超过 15 万欧元的，递减 5%			

注：* 表示强制性的；** 表示自愿性的。

总之，欧盟 ANCs 支持政策在一个逐步演变的过程中，从一个与产量相联系、有着强烈社会经济基础的 LFA 的支持，转为一个以面积为基础，基于客观的、非歧视性的生物物理基准，基于可持续农业活

① Institute for European Environmental Policy, *An Evaluation of the Less Favoured Area Measure in the 25 Member States of the European Union*, http：//ec. europa. eu/agriculture/eval/reports/lfa/full_ text_ en. pdf, p. 11.

② European Commission, *Overview of CAP Reform 2014-2020*, http：//ec. europa. eu/agriculture/policy-perspectives/policy-briefs/05_ en. pdf, pp. 7-8.

动和传递环境产品的环境理念的一种 ANCs 支持。

二　结论：几点规律性认识

分析至此，我们可以就农业环境补贴视野下的 ANCs 计划问题得出以下几点规律性认识：

（一）更加精准地定位目标

从防止人口减少到专注于可持续的土地管理（环境措施）。虽然在 20 世纪 70 年代中期开始的 LFA 计划就突出强调了农业在环境中的作用，但因其主要机制是基于农民的牲畜数量而给予其额外的给付，因此的过度放牧导致了环境损害。这个教训尤其值得吸取。到了 90 年代，不利区域计划内农田的环境价值才被认识到，农民要维持和遵守"良好农业与环境条件"的要求得以明晰。到了 21 世纪初，明确将 LFA 计划归类为环境类措施，引入环境给付的做法给欧盟提供了一个可以"一石二鸟"的机会，同时追求两个社会目标，既支持家庭农场，又鼓励农民继续留守农耕。随着环境保育理念深入人心，以及人们对 LFA 环境价值的理解和支持，LFA 政策越来越清楚地被表述为一项服务于农村发展的重要环境措施。欧盟政策制定者和公众都深刻认识到，农民不仅仅是粮食的生产者，也是土地的管护者。LFA 的可持续发展和环境的维护离不开土地的持续管理，而最合格的管护者，莫过于世居其上的农民。他们对土地的耕种，不仅维系着粮食的生产，维护着建立于这些土地之上的自然生态系统和生物多样性，还保存着农耕文化等，是农业多功能性的一个集中体现。① 由于农耕的不利条件，存在农业土地撂荒的重大风险，因此存在着生物多样性丧失、荒漠化、森林火灾和有损高价值农村景观的可能性。为了减轻这些风险，ANCs 给付计划，尽管它不是一项强制性的措施，却是一项由各

---

① ［UK］Department of Agriculture and Rural Development, *Review of Support Arrangements for Less Favoured Areas in Northern Ireland*, March 2009, p. 171.

成员国实施的重要工具。①

2011 年 10 月，由欧洲委员会拟议的十点共同农业政策改革计划之九便是更好地确定（addressing）脆弱区域。为防治荒漠化和保存欧洲的土地丰富性，委员会为成员国提供了进一步帮助自然约束区域的农民并为其提供额外支持的机会。这不包括农村发展政策项下已经提供的其他援助。②

（二）分类定界标准的完善

从多样化的自由裁量标准到客观的共同标准。因欧盟立法时就授权各成员国在农场层面上设立 LFA 的标准具有自由裁量权，因而实际上已经产生了广泛的、往往不具有可比性的国家划分标准。这种多样性明显降低了补贴的透明度，其所依据的措施目标可能导致援助的定位不足。③ 因而产生了各成员国之间补贴的不公平待遇，甚至是过度补贴的问题。其间的多次改革，为的是使"其他"类型的 LFA 划界和给付制度能适应 2005 年所确定的土地管理目标，以客观的共同标准为基础，提高遍及欧洲的区域划界制度的透明性、稳健性和连贯性。本次改革时考虑了适用资格标准、给付条件和给付比率，以激励导向环境保护的行为，并把激励更精确地定位给那些最能有助于实现这种目标的接收者，从而通过 ANCs 措施实现环境目标。

（三）多样措施的协同

从社会措施到归类为农业环境措施。土地利用变化本身并不一定是消极的，但它们对景观和环境价值确实具有连锁效应；特定的农耕

---

① European Commission, *Why an Aid to Farmers in Less Favoured Areas?* http：// ec. europa. eu/agriculture/rurdev/lfa/index_ en. htm.

② European Union, *The Common Agricultural Policy A story to be continued*, Luxembourg： Publications Office of the European Union, 2012, p. 19.

③ European Commission, Communication from the Commission to the European Parliament, the Council, the European Economic and Social Committee and the and the Committee of the Regions towards a Better Targeting of the Aid to Farmers in Areas with Natural Handicaps, http：//eur- lex. europa. eu/LexUriServ/LexUriServ. do？ uri＝COM：2009：0161：FIN：EN：PDF.

模式与特定的环境影响紧密相连；LFAs 的农场家庭经常是构成当地人口的基础。因此，为实现该计划所确定的目标，即通过土地的持续利用来维持农村、维护和促进可持续发展的农业制度、维持充满活力的农村社区、确保环境的要求和维护受环境限制的农业区域，作为农村发展政策第二主轴的一项重要的环境保护措施，ANCs 计划须与农业环境计划、交叉遵守机制等一起发挥作用，保护欧盟广大农村的环境，促进农村的可持续发展。

（四）国际条约义务的协调

用足"绿箱措施"走向更为绿化。欧盟在新一轮 WTO 农业协定谈判中需要考虑重新配置其补贴安排。[①] 将 LFA 从一般的社会支持措施归类为环境措施，体现了该制度对 WTO "绿箱措施"的强烈关注。通过采取包括矫正市场失灵和结构调整在内的支持措施（有意称为"直接支付"），使欧盟农民能够获得相对体面的补贴数额[②]的同时，又特别强调农民对持续性管理土地的义务。而且，为了与 WTO 条约相兼容，欧盟要求各成员国在提供援助时要提交环境影响评估报告，以防违反共同体的环保立法或以其他方式造成环境破坏。

---

① C. P. Rodgers, "Environmental Policy and the Reform of European Agriculture Law", *Agriculture and International Trade Law*, *Policy and the WTO* M. N. Cardwell, M. R. Grossman and C. P. Rodgers (eds.), CAB International, 2003, p. 277.

② Masayuki Kashiwagi, "Direct Payment Policies for the Regeneration of Less – favoured Areas: a Comparative Study of the EU and Japan", *Int. J. Agricultural Resources*, *Governance and Ecology*, Vol. 3, 2004, p. 200.

第五章

农业环境措施给付

如果说交叉遵守给付是欧盟农民强制性的义务，不利区域给付是项特殊的制度安排，那么农业环境措施给付则是欧盟另行一类的自愿性措施。它是指那些在自愿的基础上申请加入与环境保护和乡村维护相关的环境承诺的农民提供给付（补贴）。它是将环境关切纳入共同农业政策的关键要素。旨在通过对农民所提供的环境服务予以给付以鼓励农民保护和改善其农地里的环境。农民承诺自己将至少在为期5年的最低期限里，在超越法律义务之外采用环境友好型农耕技术。作为回报，农民可获得（政府的）给付以补偿其因根据农业环境合同规定适用这些环境友好型农耕习惯做法而招致的额外费用和收入损失。[①]

为了更全面深入地考察欧盟农业环境措施，下面将对农业环境措施给付的制度变迁、农业环境措施的规范依据和自愿性农业环境合同等作出深入的分析。

第一节 农业环境措施项下给付的变迁

一 农村发展政策的绿化

欧洲共同体将其农业结构政策转变成为一个有更广泛基础的农村

---

① European Commission, *Agri-environment measures*, http: //ec. europa. eu/agriculture/envir/measures/index_ en. htm.

发展政策。第 1257/99 号条例①最早指出这种转变，旨在支持将农村地区作为一个整体以寻求更广泛的经济和社会发展。第 1698/2005 号条例②的出台，标志着农业结构政策向农村发展政策的正式转变，据此，农村发展政策措施主要体现在以下领域：

1. 增强农业和林业部门的竞争力（基轴 1）。

2. 改善环境及维持乡村（基轴 2）。

3. 提高农村地区整体的生活质量（基轴 3）。

4. 协助以本地化为基础的项目以提升生活品质和促进经济繁荣（基轴 4）。

第 1698/2005 号条例采纳了第 1257/99 号条例先前适用的相似模板。③ 成员国均得为自 2008 年 1 月至 2013 年 12 月期间制定一个多年度的农村发展方案。④ 该条例安排了 22 项潜在的农村发展措施，使成员国可以选择最适合自己农村地区的措施。但农业环境和动物福利措施除外。成员国有义务将促进土地环境管理和动物福利的措施纳入其农村发展计划中。

后来欧盟及其成员国的实践表明，农业环境措施在确保耕作环境，特别是在高自然价值的地区，能以一种保育和加强自然景观的方式进行管理，在帮助欧洲共同体实现与气候变化和可再生能源有关的新政策目标方面发挥重要作用。⑤ 2007 年 3 月欧洲理事会决定，到 2020 年二氧化碳排放量最低减少 20%，同时确保生物燃料的贡献要不低于 10% 的汽油和柴油消费份额。⑥ 2008 年正常检查建议指出其在

---

① Council Regulation 1257/99，［1999］OJ Ll60/80.

② Council Regulation 1698/2005，［2005］OJ L277/1.

③ Ibid.，Article 15.

④ Ibid.，Article 6.

⑤ ［英］布莱恩·杰克：《农业与欧盟环境法》，姜双林译，中国政法大学出版社 2012 年版，第 112 页。

⑥ The European Council Endorsed Proposals Made in the European Commission's report，*Limiting Global Climate Change to Two Degrees Celsius*，COM（2007）02 final. See also European Commission，*20，20，by 2020，Europe's Climate Change Opportunity*，COM（2007）30 final.

帮助成员国遵守水框架指令中的作用，根据水框架指令，成员国必须采取行动，确保到 2013 年实现一定的水质和水量目标。[1] 农业在保护生物多样性方面具有重要作用。由于欧洲共同体发现至 2010 年生物多样性停止减少的目标难以实现，这个问题就显得尤为重要。[2] 委员会正常检查的建议最终实现了立法上的新规定，即从 2010 年 1 月 1 日起，成员国的农村发展计划应提供解决涉及气候变化、可再生能源、水资源管理、生物多样性这些领域创新的共同体重点项目，并支持乳制品行业结构调整的相关措施。[3]

2010 年启动、2013 年正式落地的欧盟农业政策改革，规定成员国将确保从第二支柱转让到第一支柱的可能，并不抑制在其领土内的强有力的农村发展政策。从表 5-1 可以清楚地看到，改革后的欧盟农业政策不仅强化了原有的农业环境措施，而且从内容上作了重要的完善。

表 5-1　　　　　　第一支柱与第二支柱项下定位的行动

第一支柱	定位的行动	第二支柱
绿色支付	环境	农业环境气候 有机农业 自然生态 2000 区域
追加的给付	青年农民	业务发展赠款 较高投资援助
追加的给付	自然限制区域	区域给付
替代性简化计划	小型农民	业务发展赠款
改善了的法律框架	生产者合作	对建立生产者团体和 短缺供应连锁的援助

---

① European Commission, *Proposal for a Council Regulation amending Regulation* 1698/2005 *on Support for Rural Development by the European Agricultural Fund for Rural Development*, COM (2008) 306 final, 10.

② The European Council originally endorsed the European Commission's proposals for a Sustainable Development Strategy as Set out in European Commission, *A Sustainable Europe for a Better World: A European Union Strategy for Sustainable Development*, COM (2001) 264 final, 12. This sets out the objective of halting biodiversity loss by 2010.

③ Council Regulation 1698/2005, [2005] OJ L277/1, Article 16a as Inserted by Council Regulation 74/2009, [2009] OJ L30/100.

二　农业环境措施的历史演进

在 20 世纪 80 年代，少数几个成员国，凭借其自身的主动性，开始实施农业环境措施。欧洲共同体层面是在 1985 年，根据《农业结构条例》第 19 条，开始采用此措施，但各成员国可自愿选择。1992 年引入到所有成员国，作为共同农业政策（CAP）改革的"配套措施"。它成为一部专门条例①的主题，要求成员国在"其领土内"引入农业环境措施。1999 年，《农业环境条例》的条款被纳入到《农村发展条例》，② 成为"2000 议程"CAP 改革的一部分。它们纳入的目的是帮助实现农村发展规划的一致性。③ 这里需要特别指出的是，自 1992 年以来，对于各成员国来说，在其农村发展计划框架中，农业环境计划的应用已是强制性的，然而，对于农民来说，他们仍然是可选择的。

欧盟委员会现行的农业环境计划来源于 20 世纪 80 年代初期诺福克湖区发生的自然环境保育问题。当地农业传统上是畜牧业，保持了湿地和湿地景观。然而，面对畜牧业收益的下降，农民开垦草地，排干积水，种植收益更高的适合耕种的作物。为了保护传统的湿地景观，在 1985 年 9 月制定了湖区牧场沼泽保育计划。④

湖区牧场沼泽保育计划给农民提供了签订一个为期三年的管理合同的机会。在这个合同之下，农民将会收到每年每公顷 125 英镑的补

---

①　1992 年 6 月 30 日第 2078/92 号关于与环境保护与维持乡村的要求相兼容的农业生产方法理事会条例（EEC）OJ L 215/85。

②　Council Regulation（EEC）No. 1257/99 of 17 May 1999 on Support for Rural Development from the European Agricultural Guidance and guarantee fund（EAGGF），OJ L 160, 26. 6. 1999.

③　European Commission Directorate General for Agriculture and Rural Development, Agri-environment Measures Overview on General Principles, Types of Measures, and Application, http：// ec. europa. eu/agriculture/publi/reports/agrienv/rep_ en. pdf.

④　For further details of this scheme see variously Turner, K. , "The Broads Grazing Marshes Conservation Scheme", *Landscape Research*, 1985（10），pp. 28-29.

贴来作为遵守该计划条件的回报。合同要求农民将土地保持为永久草地，并且遵守对草原的畜牧量、化肥和杀虫剂施用量上限和下限。正如波特所说，这个计划具有相当的革命性。

这一计划适用某特定地区的所有农民，并且向参加的农民提供统一比率的给付，不论他们是否有意耕作、排干耕地积水。

湖区牧场沼泽保育计划的最主要目标在于鼓励继续传统畜牧生产方法，保育独特的风景特色，以及要考虑该计划能不能成功运用于其他领域。事实证明该计划非常成功，9500 公顷的合格草地中，有 8000 公顷永久性草地在该计划中登记注册。①

第 797/85 号条例②第 19 条对各成员国推行农业环境措施作出规定，给予各成员国自由裁量权，在国家指定的环境敏感区域推行农业环境计划。这些地方被界定为"具有公认的生态学和风景观光重要性"的区域。在这样的区域内，各成员国可以给那些以保育和改善环境的方式从事耕作的农民提供财政补贴。第 19 条要求，这个工作使农民负有下列义务：避免农业的集约化，并确保其牲畜的密度和一般农业活动的集约化程度与他们土地上的特殊环境需求相匹配。

第 797/85 号条例首次引入 CAP，尽管其重点在于改善农业结构的效率，但提及了保育环境的必要性。③根据该条例所批准的国家措施一开始并不具有获得 EC 资助的资格，这使得成员国不能充分地使用这一项目。最初，只有德国、英国、丹麦和意大利 4 个成员国推行了农业环境计划。④第 1760/87 号条例修改了资格条件，授权共同体可对各个成员国 25% 的合格支出给予报销。⑤即便如此，仅有四个成

---

① ［英］布莱恩·杰克：《农业与欧盟环境法》，姜双林译，中国政法大学出版社 2012 年版，第 137—138 页。

② Council Regulation 797/85，［1985］OJ L95/1.

③ Grossman, Margaret Rosso, "Agro‐Environmental Measures in the Common Agricultural Policy", *U. Mem. L. Rev*, Vol. 25, 1994‐1995, p. 1007.

④ Ibid. , p. 1010.

⑤ Council Regulation 1760/87［1987］OJ L167/1.

员国继续实施该项计划。① 然而，1992 年第 2078/92 号条例要求所有成员国均需强制性地实施农业环境措施，原有的有限适用（农业环境计划）走向了终结。②

2013 年 12 月通过的新条例要求各成员国应保持 2007—2013 年方案期间所作出的努力，要求应将来自 EAFRD 总贡献的至少 30%，用于气候变化缓解和适应以及环境问题的每个农村发展方案。此类支出应通过如下给付或支持而作成，如：农业环境气候和有机耕作给付及面临自然或其他特定的约束条件的区域给付，林业给付，Natura 2000 区域给付，气候和环境相关的投资支持。③

根据以往的实践，农业环境措施更多的是通过工程或项目的方式来予以落实的。那么如何确立工程的选择基准就显得特别重要。为此，新条例序言中对建立选择基准作出了指导性规定："为了确保促进农村发展的财政资源能得到最佳利用，并将农村发展方案措施与联盟关于农村发展的优先事项相协调，保障申请人获得平等待遇，成员国应为工程选择建立基准。本规则的例外情况应只限于与农业环境气候、有机耕作、Natura 2000 和水框架指令、面临自然或其他特殊制约因素的区域、动物福利、森林环境和气候服务与风险管理有关措施的给付。当适用该选择基准时，应根据比例性原则考虑经营的规模。"④

农业环境措施的融资是由欧盟和成员国共同负责的，因此，农业环境措施的实施，在一定程度上也得依靠各成员国。因此，欧盟对成员国如何有效实施农业环境措施作出了一系列的授权，这些赋权应包括："业务计划的最低限度的内容，成员国设立第 19（4）条所述阈

---

① European Commission, *Proposal for a Council Regulation on the Introduction and Maintenance of Agricultural Production Methods Compatible with the Requirements of the Protection of the Environment and the Maintenance of the Countryside*, COM (1990) 366 Final.

② Council Regulation 2078/92〔1992〕OJ L215/1.

③ Regulation (EU) No. 1305/2013, O J L 347/492, Preamble (22).

④ Regulation (EU) No. 1305/2013, O J L 347/494, Preamble (38).

值时所用的基准；造林和林地创立的定义和最低环境要求；农业环境
气候承诺可适用的条件扩展至禽畜业，处于正失去农耕危险之中而饲
养的本地品种，保存遗传侵蚀威胁下的植物遗传资源，以及为了遗传
资源的保育和可持续利用与开发的适格经营的定义。它还应包括：所
用的计算方法，以避免第 1307/2013 号条例第 43 条所指惯例的双重
资助，即对农业环境气候、有机农作、Natura 2000 项下的措施和水框
架指令项下的措施；动物福利承诺的区域定义中应提供生产方法的升
级标准；保育和促进森林遗传资源项下的适格支持的经营类型；符合
合作经营措施支持的试点项目、集群、网络、短期供应链和当地市场
的特点描述，以及该措施项下所列经营类型准予援助的条件。"①

　　根据欧盟法律规定，农业环境措施的设计与实施具有相当大的灵
活性。法律授权可在国家、地区或地方层面设计农业环境措施，这样
它们能更好地适应特定农耕制度和特定的环境条件，使得农业环境措
施成为实现环境目标的定向工具。

　　农业环境措施由各成员国共同出资。欧盟农业环境措施的支出金
额在 2007—2013 年间约为 20 亿欧元或农村发展开支的 22%。从
2015 年起，CAP 在支柱一引入了一项新的政策工具：绿色直接支付。
这占了国家直接支付的 30%，奖励那些尊重三项强制性的农业实践的
农民，即维护永久性草地、生态重点区域和作物多样化。绿色直接给
付是强制性的，它具有在大部分已利用农业的区域引进有利于环境和
气候习惯做法的优点。建立在这些强制性要素之上，农村发展将继续
在实现 CAP 环境目标和在应对气候变化中发挥举足轻重的作用。第二
支柱的重点在于可持续性，显而易见的事实是，至少每个农村发展计
划 30% 的预算必须保留给那些有利于环境和气候变化的自愿性措施。
这些措施包括农业环境气候措施、有机农业、自然限制区域（ANC）、
自然生态 2000 区域、林业措施以及有益于环境或气候的投资。所有

---

① Regulation（EU）No. 1305/2013，O J L 347/497，Preamble（62）.

这些措施显著地致力于改善环境和气候变化,因为它们适应当地的需求。①

三　农业环境措施的一般原理和特点

(一) 一般原理

在 20 世纪 80 年代中期,共同农业政策推行了农业环境合同。从那时起,农业环境合同便成了将环境保护纳入农业政策的欧共体战略的关键组成部分。欧盟委员会对这一战略进行了解释:②

共同农业政策改革在环境方面的指导思想是农民应当无偿地遵守基本的环境标准。然而,无论社会怎样希望农民能提供超出这一基轴线水平的环境服务,这项服务都应当通过农业环境措施予以采购。

这个指导思想的第一部分,通过将交叉遵守要求附加在共同农业政策生产政策的直接给付之中而得到了体现。相比之下,在实施第二部分时,也就是奖励那些提供遵守基本环境标准以外的环境服务的农民,农业环境合同起到了关键性的作用。

欧洲委员会农业和农村发展总司对于农业环境措施的一般原理作了如下较为系统的总结,概括为如下几个方面:一是对于农民,农业环境措施是可选择的。他可选择签订合同以履行旨在提供环境服务的一项或多项措施。这种可选择性质易于促进建设性合作和农民对环境的积极态度,与法定的环境义务相比,在这方面真正尊重它,具有明显的优势。二是农业环境措施不失为一项因地制宜的政策:可根据不同的农事和环境状况而裁制的措施,允许在整个欧盟及其各成员国内的这些参数存在广泛的变化。反映了它们的不同的环境需求,成员国和地区可选择以非常不同的方式执行政策。这种因地制宜的特异性使得农业环境成为环境一体化的非常精致的工具,能够实现其他工具不可能达致的一定环境结果。例如,不利区域

---

① European Commission, *Overview of CAP Reform 2014-2020*, http: //ec. europa. eu/agriculture/policy-perspectives/policy-briefs/05_ en. pdf, pp. 6-7.

② European Commission, *Directions Towards Sustainable Agriculture*, COM (99) 22Final, 28.

（LFA）给付可帮助避免破坏环境的土地抛荒，但它们的要求一般都是界定在更大的地理范围内而不是农业环境计划项下的那些内容，不利区域计划的首要目的不是环境的，所以它们较少地聚焦在环境影响上。同样，通过良好农业实践要求农民遵守肯定有一个积极的环境影响，但根据定义，环境要求不可能走得像农业环境措施那么远。三是措施和环境条件的多样性。对某些环境影响的感知有长期性，监测和评价需要结构化的和长期的方法。四是从经济上讲，农业环境合同与最有利可图的土地利用存在着竞争。所以给付水平必须设定得足够高，以吸引农民加入这些方案，同时避免过度补偿。这就要求成员国计算相应的给付水平。五是农业环境给付只适用于农民。即对从事那些超越了强制性参考水平即目前定义的"良好农业规范"（GFP）的行动提供给付。这确保了尊重污染者付费原则，该原则要求私人行动者必须承担纠正或避免对环境造成损害的成本。六是成员国在如何实现农业环境措施方面拥有很大幅度的自由裁量权。这意味着更广泛的背景和体制问题以及态度都对农业环境措施的吸收和环境效益具有很大的影响。例如，该成员国的农业环境历史水平，对农业环境的态度、基于农业环境的知识，现有的预算（欧盟的贡献和提供联合融资的资金），以及成员国起草这些措施时所选择的对农民的给付水平。这些措施的环境效力受到背景和制度因素的影响，诸如选择这些措施所凭借的科学依据的质量因素，该措施与它们适用于区域的适合程度，农民获得如何应用这些措施的专业咨询，及农民对遵循这个咨询建议的关心程度。七是农业环境措施已通知世界贸易组织（WTO），如果农业环境措施是"限于额外费用或所涉收入损失"，那么乌拉圭农业合同附件2允许农业环境给付。因为农业环境给付以该方式计算，农业环境的"绿箱"现状得以保留，这意味着：农业环境给付没有被认为是扭曲贸易的补贴。[1]

---

[1]　European Commission Directorate General for Agriculture and Rural Development, Agri-environment Measures Overview on General Principles, Types of Measures, and Application, http://ec. europa. eu/agriculture/publi/reports/agrienv/rep_ en. pdf, pp. 9-10.

（二）农业环境措施的主要特点

（1）农业环境措施的灵活性使它能满足其他手段所无法满足的特定环境需求。其实施的多样性表明，它能因地制宜地作出不同的回应。

（2）基于地区的/当地的措施设计（当使用时）时更易于精确地满足环境需求。成员国可在适当的层面上引入农业环境方案，并确保它们对当地的条件作出响应。

（3）农业环境措施的可选择性、契约性使它成为被农民高度接受的一种工具，并在遵守方面具有相应的高度自觉性。

（4）农业环境措施在提高农民环保意识中发挥着教育的作用；它们还可以帮助保持/恢复公众对耕种的接受度。

（5）农业环境的义务性质有助于确保农业环境措施在共同体中的广泛适用。这也对没有农业环境传统的未来新成员国非常重要，限制了对资源的竞争性需求。

（6）农业环境给付与不利区域给付结合可以产生良好的结果，特别是抗击土地抛荒和边缘化，通常是对环境的破坏方面。

（7）农业环境措施并不打算解决通常受强制性标准约束的污染问题。[①]

四　农业环境措施转变为农村发展政策的核心要点

如前所述，早在1999年欧共体掀起共同农业政策第二轮改革浪潮时，欧共体委员会就建议：[②]

共同农业政策改革中有关环境改革的哲学基础是，农民应该遵守基本的环境标准而无须补偿。然而，如果社会希望农民提供超过这一

---

① European Commission Directorate General for Agriculture and Rural Development, Agri-environment Measures Overview on General Principles, Types of Measures, and Application, http: // ec. europa. eu/agriculture/publi/reports/agrienv/rep_ en. pdf, pp. 22-23.

② European Commission, *Directions Towards Sustainable Agriculture*, COM （1999） 22 final, 28.

基线的环境服务时，那么这种服务就需通过农业环境措施进行特殊购买。

欧共体委员所倡导的这一双轨制方法已构成了共同体农业环境政策的核心。因此，很显然环境问题是一个亟须解决的问题，但同时也是一个支持农民在其农场里采取强化环境资格措施的机会。这一方法在近期的环境行动规划和其他共同体环境政策文件中显而易见。1993年，共同体的第五个环境行动规划将农业确定为五个对环境具有重要影响的经济部门之一。① 最近，第六个环境行动规划突出强调了农业在保护生物多样性和景观方面的作用。当前的行动规划尤其反映了农业的双重功能。它要求采取进一步措施，实现环境保护措施与农业生产政策一体化，同时也尽量确保更多的财政资源支持有利于保护和加强环境的农耕习惯方式。② 另外，这一战略在欧共体的其他环境政策文件中也很明确。③ 此外，委员会在共同农业政策 2003 年中期审查和 2008 年正常检查所提出的建议中，继续将这些目标置于改革的中心地位。④

通过制定强制性的农业环境措施，第 2078/92 号条例标志着该项计划的作用取得重要进展。这个条例随后被废除，并为第 1257/99 号条例所取代⑤；而此条例也被废除，并为第 1698/2005 号条例所替代。⑥ 这些后续条例使共同体的农业结构政策发展进入一个更为广泛的农村发展政策阶段。这些条例同样要求各成员国或者其地区管理机

① *Towards Sustainability：A European Community Programme of Policy and Action in Relation to the Environmen t and Sustainable Development*，［1993］OJ C 138/1，28.

② ［2002］OJ L24211，Articles 6（2）（f）and 4（10）Respectively.

③ European Commission，*Halting the Loss of Biodiversity by 2010 – and beyond*，COM（2006）216 final.

④ See European Commission（2002），Mid-term Review of the Common Agricultural Policy，COM（2002）394 and European Commission（2007），Preparing for the "Health Check" of the CAP Reform，COM（2007）722.

⑤ Council Regulation 1257/99 on Support for Rural Development，［1999］OJ L160/80.

⑥ Council Regulation 1698/2005 on Support for Rural Development，［2005］OJ L277/1.

构制定一个跨年度的农村发展规划，晚近的时间区段为 2007—2013年。对于各个成员国而言，将农业环境措施纳入每个农村发展计划的要求同样是强制性的。最近，这些措施要求参加的农民必须签署为期5—7 年的农业环境承诺，尽管可以签订更长时间的合同，但须表明是"必要并且正当的"。①

鉴于共同体各地农业产业丰富多样，农业实践中的景观和气候条件也不同，各成员国在建构其农业环境措施时被授予广泛的自由裁量权，这或许也就不足为奇了。1992 年第 2078/92 号条例解释了委员会的目标在于促进：②

a. 削减农业污染效果的农耕通常做法的应用；

b. 种植业、牛羊畜牧业以环境友好型方式进行粗放经营，包括将可耕地转化为粗放的草原；

c. 与环境、乡村、景观、自然资源、土壤和遗传多样性的保护和改善相协调的利用农业土地的方法；

d. 因环境原因或者由于自然公害和火灾危险而维护废弃农地和林地非常必要，进而避免农业区域人口减少危险的发生；

e. 与环境相关原因所致的农业用地长期休耕；

f. 对公众开放和休闲活动的土地管理；

g. 对农民进行与环境保护和农村维护的要求相协调的农耕类型的教育和培训。

晚近，第 1698/2005 号条例简要地规定："农业环境给付应当授予那些自愿做出农业环境承诺的农民。"③ 其中，唯一的规定就是这些承诺必须超越第 1782/2003 号条例所包含的交叉遵守措施已经采用的

---

① Council Regulation 1698/2005 on Support for Rural Development, [2005] OJ L277/1, Article 39 (4).

② Council Regulation 2078/92, Article 1.

③ Council Regulation 1698/2005, Article 39 (2).

强制性环境义务。①

第七个环境行动规划将欧盟环境政策整合到其他欧盟政策和活动之中已取得了相当大的进展。2003 年以来的共同农业政策的改革（CAP），使直接给付与要求农民将土地保持在良好农业与环境条件和遵守相关环境立法相挂钩。②

欧盟已在动态中将其转换成长期的综合性战略以阻止生物多样性损失，提高资源的效率和加快向安全和可持续的低碳经济转型。委员会已进一步将综合性的环境关切和目标纳入其他关键性政策领域已采取的各项措施之中，包括能源和交通，并试图在迄今所取得的成就基础上，通过农业和农村发展、渔业和一体化联盟政策改革来提高环境效益的交付。交叉遵守在保护诸如水体、土壤和物种的栖息地、脆弱的生态系统，促进农业可持续发展方面，显得特别重要。③

保护、保存、加强和珍惜欧盟的自然资本，因此也要求从源头上解决问题，除其他外，更好地将自然资本的目标整合到其他政策的制定与执行之中，并确保政策是一致的，提供共同的利益。该委员会的改革建议所设定的与环境相关的要素，特别是为了农业、渔业和凝聚力政策，得到了 2014—2020 年多年度财务框架项下的绿化联邦预算的支持。由于农业和林业代表着欧盟所覆盖的 78% 的土地，它们对维持自然资源，尤其是良好质量的水、土壤以及生物多样性和多元文化景观起着重要的作用。该 CAP 的绿化将促进有利于环境的农业和林业的习惯做法，如作物多样化，永久草地和放牧土地的保护，可持续农林业，也将促进具有生态价值的农田和森林区域的建立和维护，包括通过使用粗放和传统的习惯做法。它也会增加土地利用、土地利用的

---

① See Chapter 3 for an Examination of these Cross-compliance Measures. See also the Commission implementing regulation, Commission Regulation 1 97412006 [2006] OJ L368/1.

② European Union, Decision No. 1386/2013/EU of the European Parliament and of the Council of 20 November 2013 on a General Union Environment Action Programme to 2020 "Living well, within the Limits of Our Planet", 0 J L 354/176, Annex (5).

③ Ibid., Annex (12).

变化和林业部门充当碳汇的能力。可持续农业的一个重要因素就是农业要对后代负责，与此同时保持资源的效率和生产力。[①]

五　农业环境措施的适用

显然，欧共体认为其农业环境计划正在走向成功。1993 年，它的第五次环境行动规划设定了一个到 2000 年将欧盟 15% 的农业地区登记注册到该计划项下的目标。[②] 实际上，到 1999 年已有 20% 的此类土地进行了登记。[③] 然而，这并不足以准确衡量该项计划成功与否。尤其是，这个数据隐藏着在不同成员国登记注册中所存在的广泛差距。截至 2002 年，实际上卢森堡和芬兰的所有农业用地均已注册登记该计划项下，与此相反，意大利和西班牙登记注册的农业用地不足 10%，希腊、荷兰则不足 5%。欧盟委员会已经找出了导致这些差别的某些理由——各个成员国农业环境措施的经验程度、各级政府对这些计划的态度、与农业环境农耕方式相关的可用知识基础、可获得的预算以及对参与该计划的农民可得的给付水平等。[④]

对每个农村发展规划中的农业环境计划的重视程度，关键在于国家政策制定者的态度。这在各个成员国也有很大差别。第 2078/92 号条例授予成员国在设计其计划时拥有很大的自由裁量权，可使计划与当地条件相匹配，或将地区事项置于优先地位。这种自由裁量权导致了多样化的措施，拥有各不相同的目标和管理描述，也在不同地理规

①　European Union, Decision No. 1386/2013/EU of the European Parliament and of the Council of 20 November 2013 on a General Union Environment Action Programme to 2020 "Living well, within the Limits of Our Planet", Annex (20), OJ L 354/179.

②　See Council Resolution on a Community action programme of policy and action in relation to the environment and sustainable development, [1993] OJ C 1 38/38.

③　European Commission, *Agriculture*, *Environment*, *Rural Development*: *Facts and Figures-A Challenge for Agriculture*, Luxembourg: Office for Official Publications of the European Communities, 1999, p. 121.

④　European Commission, *Agri-Environment Measures*: *Overview on General Principles*, *Types of Measures and Application*, 2005, pp. 7-9.

模上予以实施——从地方到整个国家。① 西班牙和葡萄牙便拥有许多这样的农地区域。然而，欧盟委员会报告称，在这些国家农业环境计划项下已登记的土地中，不到10%的土地参与了以自然和景观改善为特定目标的计划。② 相反，以集约型农业著称于世的成员国荷兰，参与计划的土地比例高达50%。显然，各个成员国也需要充分开发出许多特定化的农业环境措施才能实现共同体自身关于该项计划的政策目标。2008年正常检查改革或许可以代表朝该方向迈出了第一步。从2010年1月1日起，各个成员国可根据本国的需要，确保在其农村发展行动规划中为那些支持欧共体环境优先事项的运行作出规定，诸如气候变化、可再生能源、水管理、生物多样性、这些领域的技术革新以及乳制品行业的重建。③ 委员会同样拟定了一份农村发展的指导性措施清单，帮助解决这些问题。非常清楚，农业环境合同在帮助共同体实现其诸如气候变化、水管理、生物多样性和乳业重组等政策目标中做出了重要的贡献。另外，共同体农村发展战略指南规定：④

根据基轴2的规定，农业环境措施和林业措施可专用于通过保存富集于植被的物种以及保护和维持草地与多样化的粗放式农业生产方式，增进生物多样性。在基轴2项下的具体行动，如农业环境措施或造林同样有助于从数量上改善可获得水资源，并从质量上保护水质。此外，某些农业环境和森林行动有助于控制氧化亚氮和甲烷的排放、促进碳的储存。

---

① Centre for Rural Economics Research (University of Cambridge), *Economic Evaluation of Agri-Environment Schemes*, 2 September 2002, p. 76.

② European Commission, *Biodiversity Action Plan for Agriculture - Implementation Report*, Working Document, Brussels: European Commission Agriculture Directorate General, 2004, p. 10.

③ Council Regulation 1698/2005, [2005] OJ L 277/1, Article 1 6 (a) as inserted by Council Regulation 74/2009, [2009] OJ L30/100.

④ See Council Decision 2006/144 on the Community's Strategic Guidelines for Rural Development (Programme 2007-2013), [2006] OJ L55/20, as amended by Council Decision 2009/61, [2009] OJ L30/112.

从《共同农业政策改革 2014—2020 年概述》可知，欧盟追求更可持续的欧盟农业。考虑到自然资源的压力，农业已经通过更可持续的生产方法，提高其环境绩效。农民还不得不适应气候变化所带来的挑战，去追求气候变化减缓和适应的行动（例如，通过发展更大的抵御诸如洪水、干旱和火灾灾害的能力）。除了作为强制性的绿色直接给付之外，农村发展将继续在实现 CAP 环境目标和应对气候变化中发挥举足轻重的作用。

第二节　自愿性农业环境合同

一　一体化的预防与控制

由于授予各成员国的自由裁量权不一样，实际上农业环境计划在各个成员国之间也不大相同，在某些情况下一国之内的各地区之间也大不相同。欧盟委员会将各个成员国的措施细分为以下几类：

1. 环境惠益型的生产性农耕：

A. 有机耕作农业；

B. 采取环境改善措施的无机农业；

C. 现存的低集约化系统的维持。

2. 非生产用地的管理（20 年期的休耕，废弃农地、景观容貌和公共通道的保养等）。

3. 培训和示范项目。

成员国农业环境计划地域范围也发生了变化。1985 年刚采用这个计划时，各成员国只能在国家所划定的具有公认的生态和景观重要性的"环境敏感区域"内实施。[①] 后来，第 2078/92 号条例强制要求各个成员国在各自的领土区域内执行该项计划。[②] 然而，这样做其实是

---

① Council Regulation 797/85，Article 19.

② Council Regulation 2078/92，Article 3（1）.

给了各个成员国一个机会。它们可以把各自的领土疆域划分为几个特殊规划区，并在每个规划区内采取不同的措施，或者它们可在其国家领土范围内采用一种或多种农业环境措施。① 第1257/99号条例②和第1698/2005号条例③都规定，各个成员国都应在其辖区内提供与其特殊需要相一致的农业环境计划。这使得各个成员国可以继续选择在全国范围内采取统一措施，或在特殊区域内采取特殊措施。结果，各个成员国大量采用农业环境措施。欧盟委员会最初期望每个成员国能采用一项农业环境计划。④ 然而实际上截至1998年年末，已批准了158个单独计划。⑤ 正如欧盟委员会所强调的那样，这些计划的一个特点就是区分"广泛的和狭窄的"计划。⑥ 委员会指出那些广泛的措施通常能够吸引大批的农民和覆盖广阔的区域，对农民提出适当的要求，并且对农民所提供的环境服务给付相对较少的补贴。相反，狭窄的计划目标通常是特定地区的环境问题，只有较少农民登记注册，对农耕通常做法提出大量的实质性要求，并且对农民所提供的环境服务给付较高的补贴。正如波特所评述的那样，有些"广泛的"计划已经遭到批评，这些计划使各个成员国向大量的农民提供给付，而不考虑其农场所拥有的环境价值或者他们参与该项计划所实现的环境惠益。在这点上，他特别指出法国的"滥价草"计划和奥地利的草地粗放计划。这两项计划均适用于这些成员国全境，鼓励畜牧业的粗放经营。但

---

① Council Regulation 2078/92, Article 3 (1) -3 (3). Article 3 (2) provides that each zonal programme should cover an area that is homogenous in terms of the environment and the countryside.

② Council Regulation 1257/99, Article 43 (2).

③ Council Regulation 1698/2005, Article 39 (1).

④ See Evidence of Rbeinhard Priebe, Head of the Agri-Environment Programme- European Commission, to the House of Commons Select Committee, *Environmentally Sensitive Areas and Other Schemes Under the Agri-Environment Regulation*, 2nd Report, Session 1996-1997, HC45-11, p. 273.

⑤ Court of Auditors, Special Report 14/2000, *Greening the CAP*, OJ [2000] C353/1, 18.

⑥ European Commission, *Agri-Environment Measures: Overview on General Principles, Types of Measures and Application*, Brussels: European Commission, 2005, p. 10.

是，它们都只面向那些无意于强化其农耕的农民。[①]

给予参与农业环境计划的农民的给付程度也出现了明显差别。在2001 年，年均补贴存在很大差别，希腊每公顷为 246 欧元，而法国每公顷只有 32 欧元。[②]

最后一个差别关系到欧共体向各个成员国提供财政资助以帮助给付这些措施所带来的成本。虽然欧共体最初根本就不提供任何财政援助，但是第 1760/87 号条例规定，各个成员国农业环境措施适格开支的 25%可以报销。随后，第 2078/92 号条例规定，欧共体同意向各个成员国提供更多的可用资金。根据条例规定，将会向每个成员国返还50%的开支，并且覆盖趋同区域开支的 75%（过去称为 1 类目标区域）。[③]

二　实施方式：合作伙伴与行政指导合同

欧盟在 2013 年年底通过的新条例对农业环境措施的实施方式作出了规定："对转换或维持有机农业的农民给付，应鼓励他们参与这些计划，从而响应要求使用环境友好型农场惯例和高标准动物福利日益高涨的社会需求。为了增进生物多样性协同作用、有机耕作措施所带来的惠益，应鼓励使用集体合同或农民之间的合作以覆盖更大的相邻地区。"[④] 法律明确导向使用集体合同或农民之间的合作来履行农民的相关义务。

因为欧盟新一轮的共同农业政策实施期间比较长，从 2014 年开始延至 2020 年，其间肯定会出现法律或有关基准的变化情况，为此，新条例前瞻性地作出规定："本条例项下的某些措施，使支持取决于

---

① ［英］布莱恩·杰克：《农业与欧盟环境法》，姜双林译，中国政法大学出版社2012 年版，第 144 页。

② European Commission, *The Agricultural Situation in the European Union*: 2003 *Report*, Luxembourg: Office for Official Publications of the European Communities, 2004, Table 3.6.2.3.

③ Council Regulation 20 52/88 ［1988］OJ L 185/9.

④ Regulation (EU) No. 1305/2013, O J L 347/492, Preamble (23).

受益人是否作出：超越强制性标准或要求所界定的有关基准的承诺。考虑到承诺期间法律可能出现变化，导致基准也发生改变，应对相关合同的规定作出修订，以确保该条件得到后续遵守。"①

第1306/2013号条例第72（5）条对该条例项下的相关合同适用的期间、日期和时间限制作出了专门规定："本章项下的任何支持文件、合同或申报，或者给付请求，或者某一援助申请的提交或修改日期的计算，都遵从一体化制度的特殊要求。欧盟委员会获得授权，可根据第115条，制定关于期间、日期和时间限制的适用规则。"②

新CAP目标之一是通过强制性直接给付的"绿化"内容提升环境绩效，支持适用于整个欧盟的有利于气候和环境的农业习惯做法。为此目的，各成员国应利用其国家直接给付总量的一部分，在基本给付之上，在授予每年给付时可以考虑成员国或地区的内在趋同，农民应将处理环境和气候政策目标作为优先考虑的事项，遵循强制性的习惯做法。这些习惯做法应该采用超越交叉遵守，以简单的、概括的、非合同和年度的行动形式，并与农业活动相链接，诸如作物多样化、维护永久草地，包括在草地上低密度栽培果树的传统果园，与建立生态重点区域等。为了更好地实现"绿化"和允许其有效的管理和控制之目标，这样的习惯做法，应该适用于该设施的整个适格区域。这些习惯做法的强制性质也应该关注农民其设施是完全或部分位于"自然生态2000"区域，自然生态2000划定的区域为第92/43/ EEC理事会指令（鸟指令）和第2009/147/EC号的欧洲议会和理事会指令（栖息地指令）所涵盖，或为第2000/60/EC号欧洲议会和理事会指令（水框架指令）项下的区域所涵盖，只要那些习惯做法与那些指令的目标相兼容。③

这里表明，对于交叉遵守项下的那些强制性习惯做法，可以采用

---

① Regulation（EU）No. 1305/2013，O J L 347/494，Preamble（37）.

② Regulation（EU）No. 1306/2013，O J L 347/585，Article 72（5）.

③ Regulation（EU）No. 1307/2013 of the European Parliament and of the Council，OJ L 347/613，Preamble 37.

非合同的方式来履行。

考虑到农业环境措施是自愿性的，属于基础给付，因此第1307/2013号新条例对农民需采用合同的实施方式作出了明确的规定："遵守本条（第24条）第1段的自然人或法人，根据第1306/2013号条例第78（1）（b）条所设定的在2015年提交申请的最后日期前签署了合同的，再想出售或出租他的设施或部分设施的，可将本条第1段接受给付资格权利转让给一个或多个农民，如果后者遵守了本条例第9条所规定条件。"① 由此可知，新一轮农业改革启动后，要求自愿参与农业环境措施的农民须按规定在2015年前签署合同。

三　农业环境措施承诺的主要内容

农业环境措施在满足由农业所提供的环境成果的社会需求方面发挥了至关重要的作用。粗放农耕制度，镶嵌式般的景观，环境友好型农业技术以适应特定区域的需要，或广泛的牧场制度备受推崇。农业环境给付鼓励农民采取能提供积极的环境成果的农业生产活动或提高生产集约化水平，而与此同时不让农业生产活动盈利的观点成为必然的首选。

国家/地区农业环境计划所涵盖的承诺的例证有：
- 有利于环境的粗放耕作（弱化集约化生产）；
- 低强度的牧场制度管理；
- 综合农场管理与有机农业；
- 诸如树篱、沟渠和森林等景观和历史风貌的保护；
- 高价值栖息地及其相关的生物多样性的保护。

2003年，欧盟出台了农业生态环境的最低标准指标体系，并以此作为指导欧盟成员国进行农业生态环境补贴的纲领性文件。欧盟各成员国依据农业生态环境的最低标准指标体系并结合本国的实际情况制

---

① Regulation（EU）No. 1307/2013 of the European Parliament and of the Council, OJ L 347/628, Article 24（8）.

订出符合本国国情的农业生态环境的最低标准指标体系。2005年欧盟农业与农村发展总司对农业环境措施的一般原则、类型及其适用情况进行了梳理，主要分为以下两类，其特点详细介绍如下：

（一）与农业生产相关的土地管理

1. 投入物削减：该类措施包括化肥和植物保护产品的削减。当它成为"综合农业"的组成部分时，也可以和作物轮作措施相结合。也可从其他措施中获得投入物的削减，例如有机农业。预期的影响包括：确保水质、促进生物多样性和改善土壤质量。

2. 有机农业：应界定明确且有控制方法并纳入一系列的措施，如投入物削减、轮作、畜禽的粗放养殖。预期的影响包括：改善土壤质量，保持水质和促进生物多样性。

3. 畜禽的粗放养殖：期望对水质、土壤质量、生物多样性和自然景观的维护产生积极的影响。

4. 可耕地转换成草地和轮作：可耕地转换成草地能对水质、土壤质量、生物多样性和自然景观的维护产生积极的影响。轮作措施的影响具有多变性，如果环境目标界定清晰，那么它们会对水质、土壤质量、生物多样性和自然景观的保持产生积极的影响。

5. 套种和遮盖作物、缓冲带（例如农业缓冲地带）防止水蚀和火灾：套种和遮盖作物能够对水质、土壤质量和生物多样性带来积极影响，农田缓冲带对生物多样性和水质有积极影响，并且有助于防止水土流失。其他多样化的措施也能用以防止水土流失和火灾。

6. 特殊的生物多样性或自然利益地区的活动：在这些区域促进生物多样性的措施数量众多且多样化，例如，延缓割草期以保护鸟巢，建立缓冲地带和削减投入物。这些也许对水质和水量会有次要的积极影响。

7. 遗传多样性：这一措施关注的是该区域内的显著珍稀物种的培育，正处于有消失危险的农耕做法以及如何让自然适应于本地和地区条件和在遗传冲刷的威胁之下让植物基因资源得以保存。计划之内的影响是针对遗传多样性的，但也可能对自然景观产生积极影响。

8. 现存的可持续和粗放耕作制度的维持：该目标项下包含许多措施。预期对生物多样性、自然景观和特殊情形下的水质及土质产生积极影响。

9. 农耕景观：这一措施是指维持能带来特色景观的农业系统。此类措施一般对生物多样性产生积极影响。这反映了这样的事实：许多农田生物多样性取决于该区域特定风格的农业所需的那些特征，而这些特征也会产生传统自然景观。

10. 用水削减措施：像通过薄膜覆盖种植等措施那样减少灌溉或者减少土壤中水损失从而来保护水资源。

（二）与非生产性土地管理相关的措施

1. 休耕（已被废止）。

2. 已被放弃的耕地和林地的保养：通过继续为仰赖农业的动植物物种提供栖息地产生积极影响，也对自然景观产生积极的作用，它还有助于避免火灾，这些结果也为生物多样性和水土流失带来积极的影响。

3. 乡村和自然景观的维持：该类措施寻求保护诸如线性容貌（篱笆、石头墙）和点性容貌（独立的树、池塘等）那样的景观面貌。这些措施不仅对景观也对生物多样性起积极作用。

4. 公众准入：该措施寻求为公众提供接近农业土地之上环境利益的机会。

为适应整个联盟的农业系统和不同环境条件的差异，欧盟除了在第1307/2013号条例中建立三类绿化的习惯做法之外，还在第1305/2013号条例中承认了农业环境气候措施或类似于绿化的认证方案所涵盖的、能为气候和环境产生等效或更高级别的惠益的习惯做法具有正当性。法律澄清了在附件设定这些习惯做法的理由。各成员国应决定是否主动向农民提供利用等效的习惯做法和本条例所确立的绿化措施的可能性，以便要求农民遵守最适合的习惯做法保障该措施的目标，各成员国应将决定通知委员会。因法律确定性的原因，委员会应对通知中的那些等效措施的习惯做法是否为附件所涵盖作出评估。如果委员会认为未涵盖此等措施的，应通过采取不适用第 182/2011 号（EU）条例的实施行为手段，相应地通知成员国。为了允许更简化地实现等效措施和可控性的理由，应在考虑农业环境气候措施和认证方案具体特点的基础上，设定作为等效措施的区域范围规则。为了保证恰当地应用等效习惯做法和避免双重资助，为添加习惯做法进入等效习惯做法清单之目的，应授予委员会采取特定行动的权力，为国家或区域的认证计划建立法定要求，在必要时，为相关总量的计算建立详细规则。①

与此同时，欧盟在第 1305/2013 号条例的序文中明确指出："农业环境气候给付，应在支持农村区域的可持续发展，回应社会对环境服务不断增加的需求方面继续发挥突出作用。他们应该进一步鼓励农民和其他土地管理者，通过引入或继续适用农业惯例作为一个整体服务于社会，这些惯例有助于气候变化缓解和适应，与保护和改善环境、景观和其特征、天然资源、土壤和遗传多样性相兼容。在此背景下，应特别注意农业遗传资源的保育和具有高自然价值的耕作系统的额外需求。给付应有助于涵盖所作承诺而引起的收入损失和额外费用，与污染者付费原则相一致，仅应涵盖超越有关强制性标准和要求的承诺。成员国还应确保：向农民给付并不会导致本条例和第 1307/2013 号条例项双重资助。在许多情况下，由一群农民联合承诺导致协同增效作用，会产生多重的环境和气候的惠益。然而，联合行动涉及额外的交易成本应充分补偿。此外，为了确保农民和其他土地管理者能有正确地实现其所作承诺的机会，成员国应努力给他们提供所需的技能和知识。"②

各成员国应保持 2007—2013 年方案期间所作出的努力和要求，应将来自 EAFRD 总供款的至少 30%用于事关气候变化减缓和适应以

---

① Regulation (EU) No. 1307/2013 of the European Parliament and of the Council, OJ L 347/614, Preamble 40.

② Regulation (EU) No. 1305/2013, O J L 347/491-492, Preamble (20).

及环境问题的每个农村发展方案。此类支出应通过如下给付或支持而作成，如：农业环境气候和有机耕作给付及面临自然或其他特定的约束条件的区域给付，林业给付，Natura 2000 区域给付，气候和环境相关的投资支持。①

对转换或维持有机农业的农民给付，应鼓励他们参与这些计划，从而响应要求使用环境友好型农场惯例和高标准动物福利日益高涨的社会需求。为了增进生物多样性协同作用、有机耕作措施所带来的惠益，应鼓励使用集体合同或农民之间的合作以覆盖更大的相邻地区。为了避免由于农民大量反复，对传统农耕转换和维护措施应予支持。给付应有助于承诺结果所覆盖的额外费用和收入损失，也应仅包括超出有关强制性标准和要求的承诺。成员国还应确保：向农民给付并不导致本条例和第 1307/2013 号条例项下的双重资助。为了确保 EAFRD 资源的有效利用，支持应只限于第 1307/2013 号条例第 9 条所指的活跃农民。②

欧盟的农业支持应继续对农民和森林持有者施以赠款，以帮助处理因实施欧洲议会和理事会第 2009 年/147/EC 号指令（野鸟新修正指令）和第 92/43/EEC 号指令（栖息地指令）时所造成的区域特定劣势，推动 Natura 2000 场所的有效管理。给农民提供支持，也应有助于处理因实施水框架指令所导致的河流流域区域劣势。支持应与农村发展方案所述的、那些超越有关强制性标准和要求的具体要求相链接。成员国还应确保：向农民给付并不会导致本条例和第 1307/2013 号条例项下的双重资助。此外，各成员国在其农村发展方案的总体设计中，应考虑 Natura 2000 区域的特殊需求。③

在山区或其他面临自然灾害或其他特定限制区域的农民给付，应鼓励继续利用农业土地，有助于维持农村以及维护和促进可持续农作

---

① Regulation (EU) No. 1305/2013, O J L 347/492, Preamble (22).
② Regulation (EU) No. 1305/2013, O J L 347/492, Preamble (23).
③ Regulation (EU) No. 1305/2013, O J L 347/492, Preamble (24).

制度。为了确保这类支持的效率，给付应补偿农民与该区域相关的不利条件相链接的收入损失和额外费用。为了确保有效地利用 EAFRD 资源，支持应只限于第 1307/2013 号条例第 9 条所指的活跃农民。①

为了确保联盟经费的有效利用，平等地对待联盟内的农民，山区和面临自然的或其他特定限制的区域应该按照客观标准界定。在面临自然限制区域的情形下，那些标准应是生物物理学的，并有坚实的科学证据的支撑。所采取的过渡安排应有助于逐步淘汰这些区域的给付，因为适用这些标准的结果，将不再被认为是正面临着自然限制的区域。②

应对承担采用特殊标准的畜牧业的农民提供支持给付，即超出了国家有关强制性标准的农民，应继续鼓励其采取高标准的动物福利。为了确保有效地利用 EAFRD 资源，支持应只限于第 1307/2013 号条例第 9 条所指的活跃农民。③

应继续向提供环境友好型或气候友好型森林养护服务的森林持有人给付，他们通过履行作出承诺，加强生物多样性，维持高价值森林生态系统，提高其气候变化减缓和适应的潜力，及加强森林在防止土壤侵蚀、维护水资源和防止自然灾害的保护价值。在这方面，应特别注意保育和促进森林遗传资源。应对超越由国家法律所建立的有关强制性标准的森林环境的承诺提供给付。④

下面以第 28 条关于农业环境气候给付的详尽规定为例，作进一步的规范层面的分析。

"各成员国根据其国家、地区或地方的特殊需求和优先事项，在其领土内提供本措施项下可得的支持。本措施旨于维护和促进农业习惯做法的必要改变，对环境和气候作出积极的贡献。它的内容纳入农

---

① Regulation (EU) No. 1305/2013, O J L 347/492, Preamble (25).
② Regulation (EU) No. 1305/2013, O J L 347/492, Preamble (26).
③ Regulation (EU) No. 1305/2013, O J L 347/492, Preamble (27).
④ Regulation (EU) No. 1305/2013, O J L 347/493, Preamble (28).

村发展方案，在国家和/或地区一级应是强制性的。"① 从这一规定可知，欧盟规定农业环境措施的目的是改变农业习惯做法，从而影响农民的行为，为环境和气候服务；它的内容纳入各国的农民发展方案，换言之，自主权交给了各成员国。当然，必须明确的是，对于各成员国或地区来说，采取这样的类似措施②均是强制性的。

从授予的给付主体而言，除了应授予"在自愿的基础上，在农业土地上承担从事由成员国所确定的一项或多项农业环境气候承诺的经营活动的农民、农民群体或其他土地管理者"之外，还可授予"凡有充分的理由是为实现环境目标的，农业环境气候给付可授予其他土地管理者或其他土地管理者群体"③。

本条还对农业环境气候措施的适用范围予以明确："仅涵盖超越根据第1306/2013号条例第六编第一章所建立的有关强制性标准、根据第1307/2013号条例第4（1）条第（c）（ii）和（c）（iii）点所建立的相关基准和最低限度的活动，肥料和植物保护产品使用的有关最低要求以及其他由国家依法设立的有关强制性要求的那些承诺。所有此等强制性的要求均应在方案中予以确认。"④

本措施项下的承诺应从事的期限为期5—7年。如果情况特殊的，可以在各成员国的农村发展方案中作出特殊规定，包括延长或缩短期限的规定："必要时，为了实现或维持所寻求的环境惠益，成员国可在其农村发展方案中为特定类型的承诺确定更长的期限，包括初始期终止后通过其年度延展规定。新的承诺直接追随初始期间所履行的承诺，成员国可在其农村发展方案中决定较短期间。"⑤

---

① Regulation （EU） No. 1305/2013, O J L 347/511, Article 28 （1）.

② 除本条之外，还包括第29条的有机农业耕作、第30条的自然生态2000和水框架指令给付、第31条面临自然或其他特定限制的区域给付、第33条的动物福利和第34条的森林环境和气候服务与森林保育给付措施。

③ Regulation （EU） No. 1305/2013, O J L 347/511, Article 28 （2）.

④ Regulation （EU） No. 1305/2013, O J L 347/511, Article 28 （3）.

⑤ Regulation （EU） No. 1305/2013, O J L 347/512, Article 28 （5）.

给付应每年授予，应当补偿受益人所作的承诺而引起的收入全部或部分损失和额外费用。至于如何计算，条例作出了非常详细的规定。

四　法定资格条件

2013 年后的 CAP 对如何更加精准地适用农业环境措施，欧盟理事会和议会根据公开讨论时的公众意见，相应地对获得农业环境相关措施给付的法定资格条件作了修改完善。重点体现在以下几个方面：

（一）活跃农民

对此，第 1307/2013 号条例第 9 条作了非常具体的除外规定。在以下情形下，不能认定为"活跃农民"，因此也就不能领取相应的农业环境给付。一是"直接给付不应授予其农业区域中的主要区域自然处于一个适于放牧或种植状态的，以及那些没有执行在那些区域从事由成员国按照第 4（2）（b）条最低活动要求的自然人或法人，或自然人或法人的团体"[①]。二是"直接给付不应授予那些经营机场、铁路服务、水厂、房地产服务、永久性体育和娱乐场所的自然人或法人，或自然人或法人团体。如果适当，成员国在客观和非歧视性基准的基础上，可以决定添加到第一分段所列的任何其他类似非农业务或活动清单之中，且可随后决定撤销任何此等添加。然而，一个自然人或自然人团体属于第一或第二分段所规定范围的，如果提供了以成员国所要求的形式、可核实的证据，它表明任何以下内容，应被视为一个活跃的农民：（a）直接给付的每年总额至少为此类证据可得的最近会计年度里所从事的非农业活动中的收入总额的 5%；（b）农业活动并非无关紧要的；（c）其主要业务或公司的目标包括了经营农业活动。"[②] 三是"成员国可在客观和非歧视性基准的基础上决定，直接给付不授予下列自然人或法人，或自然人

---

① Regulation（EU）No. 1307/2013 of the European Parliament and of the Council, OJ L 347/621, Article 9（1）.

② Regulation（EU）No. 1307/2013 of the European Parliament and of the Council, OJ L 347/621, Article 9（2）.

或法人团体：（a）其农业活动仅构成其整体经济活动无关紧要的部分；和/或（b）其主要活动或公司的目标不包括经营某项农业活动"①。此外，为了保障农民权益的保护，法律还赋权委员会根据第 70 条采取授权行动制定相应的认定资格的基准：如：（a）确定农民的农业区域被认为是主要自然处于某一适于放牧或种植状态情形的区域基准；（b）建立农业和非农活动产生的收入之间的区分基准；（c）建立直接给付总量的基准，特别是，如果给付资格权利的价值尚未决定性地建立起来，关于直接给付资格权利分配的第一年直接给付的基准，以及给新农民的直接给付基准；②（d）农民应满足的基准，以便证明他们的农业活动并非是无关紧要的，他们的主要业务或公司目标包含了从事农业活动的内容。③

简言之，新条例对农民的资格条件作了这样的限制，旨在排除过去没有从事农业活动而又在不当地领取政府给付的那些不适格的所谓农民。这是提高政府支持资金使用效率的非常高明的法律高招。

（二）接受直接给付的最低要求

为了尽可能地减少行政管理成本，2013 年改革授权各成员国在金额和面积上可对农民接受直接给付方面的最低要求作出规定。即成员国应决定，具有下列情形之一者，不给农民授予直接给付：（a）如果请求或在申请第 1306/2013（EU）号条例第 63 条之前的给定日历年被授予的直接给付总额低于 100 欧元的；（b）如果该设施符合条件请求直接给付或申请第 1306/2013（EU）号条例第 63 条之前的面积少于一公顷的。④ 为了考虑其农业经济结构，成员国可以调整附件 IV 设

---

① Regulation（EU）No. 1307/2013 of the European Parliament and of the Council, OJ L 347/621, Article 9（3）.

② Regulation（EU）No. 1307/2013 of the European Parliament and of the Council, OJ L 347/621, Article 9（5）（a）-（c）.

③ Regulation（EU）No. 1307/2013 of the European Parliament and of the Council, OJ L 347/622, Article 9（5）（d）.

④ Regulation（EU）No. 1307/2013 of the European Parliament and of the Council, OJ L 347/622, Article 10（1）.

定的限值内的第 1 段（a）和（b）点所设定的阈值。① 如果成员国已决定适用根据第 1 段（b）点的某一面积阈值，然而，它仍应将该段（a）点适用于那些第 IV 编所提及的接受与动物相关的脱钩支持的农民，他们持有的公顷数量低于面积阈值。②

这里所指的附件 IV 是指第 10（2）条所指面积阈值和金额阈值的调整限度，如表 5-2 所示。

表 5-2　　　　　　　　　　**金额阈值和面积阈值的调整限度**

成员国	第 10（1）（a）条欧元阈值	第 10（1）（b）条公顷阈值
比利时	400	2
保加利亚	200	0.5
捷克共和国	200	5
丹麦	300	5
德国	300	4
爱沙尼亚	100	3
爱尔兰	200	3
希腊	400	0.4
西班牙	300	2
法国	300	4
克罗地亚	100	1
意大利	400	0.5
塞浦路斯	300	0.3
拉脱维亚	100	1
立陶宛	100	1
卢森堡	300	4
匈牙利	200	0.3
马耳他	500	0.1
荷兰	500	2

---

① Regulation（EU）No. 1307/2013 of the European Parliament and of the Council, OJ L 347/622, Article 10（2）.

② Regulation（EU）No. 1307/2013 of the European Parliament and of the Council, OJ L 347/622, Article 10（3）.

续表

成员国	第 10 (1) (a) 条欧元阈值	第 10 (1) (b) 条公顷阈值
奥地利	200	2
波兰	200	0.5
葡萄牙	200	0.3
罗马尼亚	200	0.3
斯洛文尼亚	300	0.3
斯洛伐克	200	2
芬兰	200	3
瑞典	200	4
英国	200	5

第三节　小结

按照农业环境合同所提供的机制，各国的农业机构可向农民提供自愿性管理合同。参加的农民要签订一个管理合同，据此，他们同意在约定的年限里按照一定的方法管理土地，开发土地的环境价值。作为回报，他们可以得到相应的报酬。因此，这个计划提供了一项政策措施，即成员国通过此措施保护和保持现存环境特征，并恢复和加强这些特征。这一计划还提供机会调整农业环境措施，解决个别区域内特别重要的环境问题——比如野生物种和栖息地的保育或传统景观和休闲场所的保护。①

农业环境合同的推行填补了共同农业政策中的空白。绝大多数有价值的农村景观都是农业管理制度创造的，并受到这一制度的保护。这些管理制度同时还创造和保育着重要的野生动物栖息地。最初的共同农业政策只是对农业生产进行奖励，没有公开的市场来对自然资源

---

① Wildlife Link, *Agri-Environment Management Agreements：Their Benefits and Future*, London：Wildlife Link, 1995, p. 6.

保育产品的生产进行给付。许多有价值的景观和重要的栖息地都遭受破坏或被摧毁，因为农民根据共同农业政策所提供的生产信号，强化了生产。农业环境合同的开发为欧共体提供了一个双重机会，既承认农民在环境管理中的作用，又可以保护农村环境。另外，在相对贫瘠的农业用地上，它补充了条件不利区域计划：在那些因农场废弃而可能损害环境的地区，这一合同为传统农耕做法提供了支持。①

最终，农业环境合同下的给付可以适用于以下几种情况：支持粗放农业生产模式的延续，阻止农民向密集型方法转变，并且劝阻农民放弃自己的土地。对采取积极管理方法加强农田环境价值的农民实施奖励，并且对接受农业活动限制的农民给予补偿。另外，农业环境合同的开展沿用较为传统的方法，通过交叉遵守规则或欧盟环境指令，对那些未达基本环境标准的农民进行处罚。

综上，成功适用农业环境措施，给人们带来如下启示：

（1）农业环境方案，要求建立行政结构以适合于管理项目的复杂性以及清晰地与农民沟通这些法定要求。这要求负责农业环境的所有行政机构需作出特别的努力，尤其是新成员国。

（2）因为农业环境措施非常不同，监测某些环境影响本质上很复杂，农业环境措施的监测和评价需要结构化的和长期化的方法。自2000年以来的监测和评价已经取得了进展，但需要进一步努力。

（3）在措施的效率上还需做更多更有效的工作，包括最佳实践的分析。可探索的新方法旨在实现更好的金钱价值（例如差别化的给付水平；环境服务递送的投标程序）。

（4）在国家层面的农业环境方案情形下，在项目的设计和实施过程中，区域和地方行动者与利益相关者的适当的协商非常重要，以及国家方案因地制宜地适用应具有灵活性。引入区域（而不是国家的）

---

① See European Commission, *Agriculture and Environment: Management Agreements in Four Countries of the European Community*, Luxembourg: Office for Official Publications of the European Communities, 1986, p. 15.

方案是确保充分注意区域和地方环境需要的另一种方式。

（5）为了加强农业环境措施更具战略性的方法，方案中的环境目标的清晰界定是必要的。

（6）如果碎片化的土地所有权和短期租赁合同排斥许多农民参与农业环境计划，得在一些新成员国中识别出问题。解决方法是规定最低5年合同规则中的退出条款。

（7）提供农业环境服务能为在田地里忙碌的农民带来有益收入的机会。①

第六章

启　示

第一节　理念上的启示

国内著名学者杨建顺教授早在 2009 年，就颇为前瞻性地呼吁："探讨给付行政的法原理，需要全面把握社会保障行政、供给行政以及资助行政等诸多领域的运作状况，尤其是需要注重个别领域的具体问题所在，根据该领域的本来规律架构具体的价值和原理体系，论述其实现手段或者途径。总之，应当尽量避免笼统地、抽象地、泛泛地架构所谓给付行政的价值或者原理……这是一个具有高度挑战性因而也具有高度危险性的任务。不过，这项工作还是要做的。"[①]

农业环境给付是个别领域，有其自身的本来规律框架所蕴含的原理体系，也有其独特的实现手段和途径。欧盟共同农业政策，自 20 世纪 90 年代初的转型以来，不断改革的结果就是日益趋向"绿化"，欧盟的农业环境给付已经成为 CAP 的政策核心。它可以成为一面镜子。本书旨在多视角地考察欧盟农业环境给付的实际运作状况，并找出一些规律性的东西。在一定程度上，可以说是对前述呼吁所作出的一种努力和回应。尽管这是具有高度挑战性和高度危险性的，但笔者还是去做了。至于成效何如？只能留给后人评说。

---

① 杨建顺主编：《比较行政法——给付行政的法原理及实证性研究》，中国人民大学出版社 2009 年版，第 11 页。

本书也从法原理的角度，考察了欧盟农业环境给付的法哲学基础和基本原则。在欧洲人看来，鉴于农业所提供的环境公共物品，通过市场不能保障它们的供应。这是因为消费中的非排他性和非竞争性，意味着用户对公共物品的给付没有获得任何激励，往往导致过度开发。在供应方面，农民提供环境公共物品几乎没有激励，因为他们如此行事没有得到回报。这两个因素的组合，解释了公共物品供给不足的原因，因此，在缺乏功能性市场的情况下，就需要公共干预来实现理想水平的与社会需求更相符合的供应。这就是说，这是附条件的，并不总是需要公共干预来保障由农业提供的公共物品的供给。一定数量的公共物品可伴随性地提供，作为经济上可行的活动的附带后果或作为农民利他或利己的结果。

为了达到环境公共物品令人比较满意的水平，需要采取各项政策行动，除非通过附带的交付就能满足需求。如果此类行动超出了立法基线所设定的法定要求，正如欧盟指令、国家立法和良好做法标准所铭记得那样，它们要求对农民所提供的环境公共物品予以给付。因为农民拥有财产权利和控制着生产要素，其中最重要的是私人拥有的土地要素，需要经济奖励办法来鼓励农民将其生产从农产品的高效生产转向提供环境公共物品，这意味着额外的成本和/或收入的放弃。因此，农民需要激励去追求特定的耕作习惯做法，以便维护景观特征，恢复和维护特定的栖息地，或者管理天然资源，如水和土壤。换言之，社会不得不购买那些相当于资源重新分配的东西，以巩固公共物品的提供。

简言之，共同农业政策改革中有关环境改革的哲学基础是，农民应该遵守基本的环境标准而无须补偿。然而，如果社会希望农民提供超过这一基线的环境服务时，那么这种服务就需通过农业环境措施进行特殊购买。

农业环境给付领域的特殊性在于污染者付费原则与提供者获得原则的恰当适用。污染者付费原则，强调的是农民必须遵守一般环境法对农民所规定的相关义务，如果违反了，就得付出相应的代价，会被处以行政处罚甚至被追究刑事责任，强化农民的环境保护责任；但是如果履行了超出法定要求或强制性标准的义务，为社会或公众提供了环境公共服务或公共物品，那么，社会（公众或政府）必须出钱购买。贯彻污染者付费原则有助于发挥环境法反向激励作用。同理，贯彻提供者获得原则有助于发挥环境法正向激励作用。该原则要求为超越法定要求的自愿性环境承诺提供报酬。农业环境给付通过采用这一原则，鼓励农民签署超出强制要求的参考水平的保护环境承诺。农业环境给付应涵盖作为自愿性环境承诺所产生的费用和收入损失。这一原则具有开创性意义。总之，欧盟农业环境给付领域所遵循的原理及其这二个基本原则与传统意义的行政给付及其原则有着重要的区别。

第二节 制度建构的启示

本书第三、四、五章分别研究交叉遵守机制给付、不利区域给付计划和自愿性农业环境措施给付，详细考察了欧盟农业生态环境给付的具体实现手段和途经。从中或许有如下启示：

遵循法律优先原则。任何一种给付措施的设定，都是通过欧盟议会和理事会所通过的条例或指令来实现的。当然，对于具体的标准和措施，在很多的情况下，授权各成员国根据各自的实际情况制定实施细则。哪怕是过渡期的安排，欧盟也是通过临时的指令或条例规定来作出安排。当然，各国转换立法时也不能与欧盟的法律"冲突"，否则，可能会被委员会被诉至欧洲法院。

推行双轨制（交叉遵守与自愿性环境协议并行）。这一双轨制方法已构成了共同体农业环境政策的核心。也是支持农民在其农场里采取强化环境措施的机会。通过交叉遵守与超出监管基线的基于激励的措施结合来追求环保结果的根本途径是合适的。农村发展政策项下适用的有针对性的措施和与直接给付相联系的交叉遵守的相结合已使环境问题让农民以更加突出的方式予以注意，影响了整个欧洲的一系列业务和管理决定，有助于防止大规模的遗弃，扩大了大量有益实践做法的应用，有助于在有效面积范围内维持更广泛的、更有机的农场。

农业环境给付的任务转型。原来注重于生产的产量保障，现在更重视的是环境公共物品的供应。以欧盟自然限制给付计划为例，它从四个方面作了改革。一是目的定位的改变：从防止人口减少到专注于可持续的土地管理（环境措施）；二是分类定界标准更加完善：从多样化的自由裁量标准到客观的共同标准；三是注重多样措施的协同：从社会措施到归类为农业环境措施；四是国际条约义务的协调："绿箱措施"走向更为绿化。2013年后的新条例，不仅将其原来的一款规定扩为单独的一章，而且内容上也作了调整和充实。

农业环境给付的方式契约化。农业环境合同成了将环境保护纳入农业政策的欧共体战略的关键组成部分。通过与农民签订合同来实施农业环境措施，确保耕作环境，特别是在高自然价值的地区，能以一种保育和加强自然景观的方式进行管理，在帮助欧洲共同体实现与气候变化和可再生能源有关的新政策目标方面发挥重要作用。总之，通过农业环境合同，农业环境措施的实施更加精准化。

完善受益人的资格识别。受益人的资格识别显然是一个重要的法律问题。它与禁止过剩给付的原则紧密相关。所谓禁止过剩给付的原则，是指不得对不需要给付者予以给付，不得对需要给付者予以超出其所不足部分的给付，不得对起初需要给付、接受给付之后不再需要给付者予以继续给付的原则。欧盟创造性地界定了"活跃农民"的法律定义，对于自愿性参加各类农业环境措施的农民应享有的资格权利作出了必要的限制。如从金额和面积上规定了下限。

农业环境给付以生态目的为导向。与农业有关的公共物品种类繁多，其中许多受到社会的高度重视。当中最重要的是环境——如农业景观、农田生物多样性、水质、水的供应、土壤功能、气候稳定性（温室气体排放量）、气候稳定性（碳存储）、空气质量、洪水和火灾的环境适应——一整套多样化的更为社会化的公共物品，包括粮食安全、农村活力与农场动物福利和健康。CAP内的某些措施，最引人注目的是，农村发展政策第2轴范围内的农业环境措施，具有明确的环保目标。其他第 2 轴措施，可以支持在农场里的环境和谐管理，诸如那些关注 LFA 与 Natura 2000 场址的计划。这些措施很多已经被证明是针对更广范围内的公共物品的，产生了积极影响。

注重程序公平，强化综合控制管理的制度。加强对农业环境给付的控制。专门建立了综合控制管理制度。一方面，尽力保障行政相对人，即农场主的程序请求权；同时也从法律禁止给付过度（avoid double funding）。本书对控制管理制度的法律依据、抽样检查、报告制度以及违反交叉遵守与给付的削减及其实施情况作了全面的梳理。

毋庸讳言，欧盟农业环境给付，作为个别领域的给付行政，并非是完美无缺的。2008 年正常检查后就发现，CAP 需要进一步的现代化、简化，需要消除对农民的许多限制，需要帮助农民更好地应对市场信号和面对来自气候变化、水资源管理和生物能源等方面的新挑战。对此，2013 年欧盟就进行了大刀阔斧式的艰难改革。例如，交叉遵守的法定要求就从原来的 18 项减为 13 项；良好农业环境条件也从原来的 18 项指标减为 7 项；自愿性农业环境措施单独增加了农业存储碳的内容；为了减轻行政负担和提高资金使用效率，强化了综合控制管理制度的改革等。

结　语

　　本书着重于欧盟农业环境给付的个别领域研究，对给付行政共通的问题、价值或者行政给付理念着墨不多，未能有比较系统完整的研究。对颇具代表性的有机耕作、Natura 2000 和水框架指令、森林环境和气候服务等给付措施，也因限于时间，未能全面展开论证。其实，欧盟农业环境给付，无论是基于交叉遵守机制还是基于自愿性环境措施的给付，都面临着给付重复发放问题，欧盟规定了反欺诈措施，予以规制。本书对此也尚未来得及深入展开。另外，欧盟根据 2013 年的系列条例，正在或者将来还需要制定各类农业环境措施给付的实施细则，只能留待以后补充跟踪研究。

　　欧盟农业环境给付的实践与探索，对我国未来环境给付行政制度的建构可能具有重要的镜鉴功能。正如杨建顺教授所言，我国给付行政的制度建设和理论探讨，与发达国家相比较，还存在巨大的差距。在实定法层面尚未形成必要而充分的制度和法体系，在理论层面尚缺乏将给付行政予以系统化的研究。从行政法学的角度来考察给付行政，重要的是将基于社会权要求的行政活动置于视野之中，在充分认识国家和社会所负有的义务和责任的广泛性的基础上，进行细致的分类和整合，对不同领域、不同类型的给付请求的权利性及救济机制分别展开深入的研究。作为社会权的具体化的给付行政的展开，对于民生的拓展具有极其重要的理论意义和实践推动价值。

　　农业环境给付，作为行政给付的个别领域，我国和欧盟在建立农业生态补偿机制时都面临着一些同样的问题，诸如：（1）土壤和气候类型多种多样，从高山高原到沿海湿地。（2）农场规模大小不一，农业人口的文化水平不尽相同。（3）各地区人口分布不均，农民进入大市场的机会不等，给农业用地带来的发展压力也就不一样；当不同地区的农民面临许多问题和机会时，难以提供一个适用于所有地区的"公平"扶持机制。（4）统一的"标准化"补偿计划容易造成补偿分配不均，即一部分农民能获得超额补偿，而另一部分农民却得不到足够的补偿。① 因此，充分认识和探究欧盟基于社会权活动的行政给付所负有的义务和责任，研究欧盟农民在环境给付中所享有的请求权利及救济机制，考量其制度框架内容，挖掘制度嬗变的时空影响因素，分析制度设计的法理，通过对欧盟农业环境给付制度的利弊得失所作的粗略研究，希望能明确农业环境问题不是农业内部能解决的，需要有作为社会权的具体化的环境给付行政的展开，这对于建构我国的农业生态补偿制度，乃至解决我国的"三农"问题，能起一定的理论指引和实践推动作用。

---

① 高尚宾等：《农业可持续发展与生态补偿中国——欧盟农业生态补偿的理论与实践》，中国农业出版社 2011 年版，序一，第 2 页。

主要参考文献

（一）英文著作

1. Francis G. Snyder, *Law of the Common Agraicultural Policy*, Sweet & Maxwell, 1985.

2. OECD, *Agricultureand the Environment: Issuesand Policies*, OECD, 1998.

3. OECD, Guidelines for Cost-effective Agri-environmental Policy Measures, OECD, 2010.

4. Martin Whitby, *The European Environmentand CAP Reform Policies and Prospects for Conservation*, CAB International, 1996.

5. Wayne Moyer and Tim Josling, *Agricultural Policy Reform Politics and Process in the EU and US in the* 1990*s*, Ashgate Press, 2002.

6. Sean Coyle and Karen Morrow, *The Philosophical Foundations of Environmental Law Property Rights and Nature*, Hart Publishing, 2004.

7. Rachelle Alterman, *Takings International A Comparative Perspective on Land Use Regulations and Compensation Rights*, ABA Publishing, 2010.

8. Robert E. Coughlin, AICP, *State and Local Regulations for Reducing Agricultural Erosion*, the American Planning Association, 1984.

9. Joseph A. McMahon, *Law of the Common Agricultural Policy*, Pearson Education Limited, 2000.

10. Ruhl, J. B. Kraft, Steven E. Lant, C. L., *The Law and Policy of*

Ecosystem Services, Washington Island Press, 2007.

11. Greiber, Thomas (ed), *Payments for Ecosystem Services*, *Legal and Institutional Frameworks*, IUCN, Gland, Switzerland, 2009.

12. Timothy S., Chapinand Christopher Coutts (ed.), *Growth Management and Public Land Acquisition Balancing Conservation and Development*, Ashgate, 2011.

13. Jan H. Jans & Hans H. B. Vedder, *European Environmental Law After Lisbon*, Europa Law Publishing, Groningen, 2012.

14. Joseph A. McMahon, *EU agricultural Law*, Oxford University Press, 2007.

15. Jona Razzaque, *Environmental Governance in Europe and Asia A comparative study of institutional and legislative frameworks*, Routledge, 2013.

16. Eric W. Ort and Kurt Deketelare (ed.), *Environmental Contracts Comparative Approaches to Regulatory Innovation in the United State and Europe*, Kluwer Law International, 2001.

17. James T. Hamilton, *Conserving Data in the Conservation Reserve How a Regulatory Program Runs on Imperfect Information*, RFF Press, 2010.

18. Brian Jack, *Agriculture and EU Environmental Law*, Ashgate, 2009.

19. David Schoenbrod, Richard B. Stewart, Katrina M. Wyman, *Breaking the Logjam Environmental Protection That Will Work*, Yale University Press, 2010.

20. Michiel A. Heldeweg, René J. G. H. Seerden, *Environmental Law of The Netherlands*, Kluwer Law International, 2012.

21. Hans Christian Bugge, *NorwayEnvironmental Law*, Kluwer Law International, 2011.

22. Stefano Grassi etc, *Italy Environmental Law*, Kluwer Law International, 2011.

23. Ellen Margrethe Basse, *Denmark Environmental Law*, Kluwer Law International, 2012.

24. Kurt Deketel, Frederik Schutyser, *Belgium Environmental Law*, Kluwer Law International, 2010.

25. Martin Hedemann-Robinson, *Enforcement of European Union Environmental Law Legal Issures and Challenges*, Routledge, 2007.

26. Ellilouka, *Conflicing Integration The Environmental Law of the European Union*, Intersentia, 2004.

27. Gracia Marin Duran and Elisa Morgera, *Environmental Integration in the EU's External Relations beyond Multilateral Dimensions*, Hart Publishing, 2012.

28. Joanne Scott (ed.), *Environmental Protection European Law and Governance*, Oxford University Press, 2009.

29. Giacomo Benedetto and Simona Milio (ed.), *European Union Budget Reform Institutions*, *Policy and Economic Crisis*, palgrave Macmillan, 2012.

30. Bettina Lange, *Implementing EU Pollution Control Law and Integration*, Cambridge University Press, 2008.

31. Lawrence J. MacDonnell and Sarah F. Bates (ed.), *The Evolution of Natural Resources Law and Policy*, ABA Publishing, 2010.

32. John Morrell, Richard Foster, *Local Authority Liability*, Fourth Edition, Jordans, 2009.

33. lain Begg & Nigel Grimwade, *Paying for Europe*, Sheffield Academic Press Ltd. , 1998.

34. Sebastian Krapohl, *Risk Regulation in the Single Market The Governance of Pharmaceuticals and Foodstuffs in the European Union*, Palgrave Macmillan, 2008.

35. Gabriele Cipriani, *The EU Budget Responsibility without Account Ability*, Centre for European Policy Studies, 2010.

36. Eberhard Bohne, *The Quest for Environmental Regulatory Integrationin the European Union Integrated Pollution Prevention and Control*, *Environmental Impact Assessment and Major Accident Prevention*, palgrave Mac-

millan, 2006.

37. Denis Barthelemy and Jacques David （ed.）, *Production Rights In European Agriculture*, Elsevier, 2001.

38. J. A. Usher, *Legal Aspects of Agriculture in the European Community*, Clarendon Press, 1988.

39. J. A. Usher, *EC Agricultural Law*, Oxford University Press, 2001.

40. Barbara Pozzo （ed.）, *Property and Environment Old and New Remedies to Protect Natural Resources in the European Context*, Stampfli Publishers Ltd, 2007.

41. OECD, *Ensuring Environmental Compliance Trendsand Good Practices*, 2009.

42. Elga Bartsch, *Liability for Environmental Damages Incentives for Precaution and Risk Allocation*, Mohr Siebeck, 1998.

43. Edward B. Barbier, *A Global Green New Deal Rethinking the Economic Recovery*, Cambridge University Press, 2010.

44. Paul A. U. ALI & Kanakoyano, *Eco-finance The Legal Design and Regulation of Market-based Environmental Instruments*, Kluwer Law International, 2004.

45. OECD, *Eeconomic Instrumentsfor Environmental Protection*, 1989.

46. *The Environment Goesto Market The Implementation of Economic Incentives for Pollution Control*, National Academy of Public Administration, 1994.

47. OECD, *Voluntary Approaches for Environmental Policy Effectiveness Efficiencyand Usagein Policy Mixes*, 2003.

48. Richard Macrory, *Regulation, Enforcement and Governance in Environmental Law*, Hart Publishing, 2010.

49. Richard Macrory （ed.）, *Reflections on 30 years of EU Environment Law A high level of protection*, Europa Law Publishing, 2006.

50. Carolyn Abbot, *Enforcing Pollution Control Regulation Strengthening Sanctions and Improving Deterrence*, Hart Publishing, 2009.

51. Jan G. Laitos, *The Right of Nonuse*, Oxford University Press, 2012.

52. Michelle Everson and Ellen Vos（ed.）, *Uncertain Risks Regulated*, Routledge-Cavendish, 2009.

（二）中文著作

1. 蔡守秋：《基于生态文明的法理学》，中国法制出版社 2014 年版。

2. 蔡守秋主编：《欧盟环境法律政策研究》，武汉大学出版社 2002 年版。

3. 杜群：《环境法融合论：环境·资源·生态法律保护一体化》，科学出版社 2003 年版。

4. 杜群：《生态保护法论》，高等教育出版社 2012 年版。

5. 王树义等：《环境法基本理论研究》，科学出版社 2012 年版。

6. 王树义：《俄罗斯生态法》，武汉大学出版社 2001 年版。

7. 汪劲：《环境法律的理念与价值追求》，法律出版社 2000 年版。

8. 汪劲主编：《环保法治三十年：我们成功了吗——中国环保法治蓝皮书（1979—2010）》，北京大学出版社 2011 年版。

9. 朱苏力：《法治及其本土资源》，中国政法大学出版社 2004 年版。

10. 季卫东：《法治秩序的建构》，法律出版社 2006 年版。

11. 夏勇主编：《走向权利的时代》，中国政法大学出版社 2000 年版。

12. 沈宗灵：《比较法总论》，北京大学出版社 1987 年版。

13. 龚祥瑞：《比较宪法与行政法》，法律出版社 2003 年版。

14. 王人博、程燎原：《法治论》，山东大学出版社 1998 年版。

15. 梁治平：《法辨》，中国政法大学出版社 2002 年版。

16. 叶俊荣：《环境政策与法律》，中国政法大学出版社 2003 年版。

17. 宵主安、冯建中编著：《走向绿色的欧洲欧盟环境保护制度》，江西高校出版社 2006 年版。

18. 刘光华、闵凡祥：《运行在国家与超国家之间：欧盟的立法制度》，江西高校出版社 2006 年版。

19. 冯兴元：《欧盟与德国——解决区域不平衡问题的方法和思路》，中国劳动社会保障出版社 2002 年版。

20. 张荐华：《欧洲一体化与欧盟的经济社会政策》，商务印书馆 2001 年版。

21. 秦天宝：《遗传资源获取与惠益分享的法律问题研究》，武汉大学出版社 2006 年版。

22. 杨建顺主编：《比较行政法——给付行政的法原理及实证性研究》，中国人民大学出版社 2009 年版。

23. 秦玉才、汪劲编：《中国生态补偿立法》，北京大学出版社 2013 年版。

24. 杨晓萌：《生态补偿机制的财政视角研究》，东北财经大学出版社 2013 年版。

25. 李爱年：《生态效益补偿法律制度研究》，中国法制出版社 2008 年版。

26. 张锋：《生态补偿法律保障机制研究》，中国环境科学出版社 2010 年版。

27. 万本太、邹首民主编：《走向实践的生态补偿 案例分析与探索》，中国环境科学出版社 2008 年版。

28. 任勇、冯东方、俞海等：《中国生态补偿理论与政策框架设计》，中国环境科学出版社 2008 年版。

29. 中国 21 世纪议程管理中心编：《生态补偿的国际比较模式与机制》，社会科学文献出版社 2012 年版。

30. 孔凡斌：《中国生态补偿机制 理论、实践与政策设计》，中国环境科学出版社 2010 年版。

31. 高小萍：《我国生态补偿的财政制度研究》，经济科学出版社 2010 年版。

32. 秦玉才:《流域生态补偿与生态补偿立法研究》, 社会科学文献出版社 2011 年版。

（三）中文期刊

1. 赖欣、孙桂凤、刘江、杨殿林:《英国农业环境保护政策、措施及其启示》,《农业环境与发展》2012 年第 2 期。

2. 毕洁颖、聂凤英:《英国农业补贴政策研究》,《世界农业》2010 年第 5 期。

3. 焦晓松:《欧盟共同农业政策改革中直接支付内容变化研究》,《世界农业》2014 年第 7 期。

4. 谢玉梅、周方召:《欧盟有机农业补贴政策分析》,《财经论丛》2013 年第 3 期。

5. 姜双林:《欧盟农业环境补贴法律制度的嬗变及其对中国的启示》,《法治研究》2008 年第 6 期。

6. 张义、方路征、邓翔:《欧盟农村公共产品治理经验及启示》,《经济体制改革》2013 年第 3 期。

7. 陈彬:《欧盟共同农业政策对环境保护问题的关注》,《德国研究》2008 年第 2 期。

8. 黄敏、朱臻:《欧盟低碳农业实践探讨——以良好农业规范（GAP）为例》,《世界农业》2010 年第 4 期。

9. 杨晓萌:《欧盟的农业生态补偿政策及其启示》,《农业环境与发展》2008 年第 6 期。

10. 乐波:《法国的农业环境保护政策及其对中国的启示》,《华中农业大学学报》2001 年第 4 期。

（四）外文期刊

1. Paolo Bazzoffi, Camillo Zaccarini Bonelli, "Cross Compliance GAEC Standards Implemented in Italy: Environmental Effectiveness and Strategic Perspectives", *Italian Journal of Agronomy*, volume 6, 2011.

2. Endres, Jody M., "Barking up the Wrong Tree— Forest Sustainability in the Wake of Emerging Bioenergy Policies", *Vermont Law Review*,

Vol. 37, 2012-2013.

3. Lasan, Nicoleta, "Can Historical Institutionalism Explain the Reforms of the Common Agricultural Policy", *Romanian Journal of European Affairs*, Vol. 12, No. 1, March 2012.

4. Rodgers, Christopher, "Environmental Impact Assessment_ Mapping the Interface between Agriculture, Development and the Natural Environment", *Environmental Law Review*, Vol. 13, No. 2, 2011.

5. Cardwell, Michael, "European Union Agricultural Policy and Practice_ The New Challenge of Climate Change", *Environmental Law Review*, Vol. 13, No. 4, 2011.

6. Burrell, Alison, "Good Agricultural Practices' in the Agri-food Supply Chain", *Environmental Law Review*, Vol. 13, No. 4, 2011.

7. Rodgers, Christopher, "Greening European Agriculture Policy—A Step Forward", *Environmental Law Review*, Vol. 15, No. 3, 2013.

8. Hamilton, Neil D. "Harvesting the Law—Personal Reflections on Thirty Years of Change in Agricultural Legislation", *CreightonLaw Review*, Vol. 15, 2012-2013.

9. Davies-Jones, Angela, "Implementing Sustainable Development for the Countryside—A Case Study of Agri-environment Reform in Wales", *Environmental Law Review*, Vol. 13, No. 1, 2011.

10. Shepheard, Mark, Norer, Roland, "Increasing Water Stewardship Responsibility in Lucerne", *Switzerland, Environmental Law Review*, Vol. 15, No. 2, 2013.

11. Adam, "Institutionalist Perspective of European Integration", *Southampton Student Law Review*, Vol. 2, 2012.

12. Tkacikova, Jana, "Trends within Tools of Common Agricultural Policy", *Annals Constantin Brancusi*, Issue 2, 2012.

13. Hudson, Blake, Rosenbloom, Jonathan, "Uncommon Approaches to Commons Problems_ Nested Governance Commons and Climate Change",

Hastings Law Review. Vol. 64，May 2013.

（五）相关网站

1. 欧盟官方网站：http：//ec. europa. eu/agriculture。

2. 共同农业政策官方培训网址：http：//agriregionieuropa. univpm. it/elearning/moodle/login/index. php。

3. 欧盟官方杂志的网址：http：//eur－lex. europa. eu/oj/direct－access. html。

4. 欧盟环境保护官方网站：http：//ec. europa. eu/environment/water/water－nitrates/index_ en. html。

5. 欧洲环境研究所：http：//www. ieep. eu/。

6. 共同农业政策网上电子远程学习平台：https：//caneucapit. eu/courses/？utm_ source＝GdB＋E－learning＋mailing＋list&utm_ campaign＝97f4c92ddb－December_ Newsletter12_ 4_ 2014&utm_ medium＝email&utm_ term＝0_ b9748ac95e－97f4c92ddb－122365753#homeCap-Pro。

后　记

　　本书的主体是完成于 2014—2015 年期间的博士论文。从论文完成至今，欧盟农业环境给付制度建设和研究又有了许多新的进展，因此，这迫使本书作了局部的修改。本书前期的写作得到了浙江农林大学浙江省生态文化研究中心课题经费的支持，项目名称为"欧美农业生态环境补偿法律制度及其借鉴研究"；后期的修改、写作获得了2016 年浙江省科技厅软科学重点项目的资助，项目名称为"浙江省'两山'理论下的农业环境给付机制及其政策选择——以欧盟农业环境给付机制为参照"（项目编号：2016C25025）。本书部分章节曾先后在《中国环境法学评论》《欧洲法律评论》等辑刊上发表过，感谢这些辑刊及相关责任编辑对拙文的支持与厚爱。本书是以我在武汉大学攻读环境法学博士学位期间完成的学位论文为基础修改而成的。回头再来审视自己当年所写的这篇论文，可以说感慨万千。在基本框架保持不变的基础上，我对本书的部分章节内容作了必要的修改。但总体来说，本书整体改动变化不大。原因之一是由于本书写作的内容更多是欧盟农业环境给付中已经发生法律效力的规范体系，其效力期间延至 2020 年，在时间上具有一定的容纳度。原因之二是我博士毕业之后，在 2015 年承担了中国法学会的一项重点委托课题"污水治理法治保障研究"，我所面临的研究内容发生了一个较大的转变，我将更多的精力花费在水污染物排放许可证制度方面的研究上。回过头看，这本书更多的代表着我在博士阶段的学习和思考。本书虽着力于从内容上对农业环境行政给付制度研究实现一些创新，但由于著者学识与水平的局限，直到最后脱手付梓之时仍存在诸多问题和遗憾，著者对本书不敢有丝毫自夸自得之情，其成败得失悉由读者评说。因此，以下致谢语也基本上保留了博士论文的样子。

本书的完成最该感谢的自然是我的博士生导师蔡守秋教授。2011年，承蒙恩师不弃，已过不惑之年的我有幸成为珞珈校园的一员，开始了攻博之旅。三年来，老师对我的学业、生活都给予了极大的指导和照顾。

我原先在浙江省衢州市人民检察院、衢州市人大常委会从事司法实务工作十余年，也曾多次立功受奖，但我还是于2002年弃政从教，怀揣培养更多法律人才的理想，来到浙江农林大学（前身浙江林学院）开启了我新的人生旅程。我清晰地记得从浙江大学法学院研究生毕业时，班主任章剑生老师勉励我，想在高校从教，得获博士学位，我牢记于心。只因时任行政上的小职位，精力有限，攻读博士学位之事一延再延。期间，因工作的需要，我兼任了浙江省环境资源法学研究会秘书长一职，让我有机会成了环境法学的追随者。我在考博面试时谈到为何要攻读环境法学博士学位时，就立下誓言："环境法学魅力无穷，任重道远，我将以环境法学的教学与学术研究作为自己余生追求的志业。"

选题是在恩师的指导和鼓励下确定的。这既跟我所在单位的性质（农林院校与环境资源的天然联系）有关，也与个人出身有着千丝万缕的联系。我出生于浙江西部的一个农民家庭，早年的农村生活让我对"三农"有一种特殊的情怀，报效"三农"，是我心灵深处时常萦绕的召唤。当国家在2008年提出要健全农业生态环境补偿制度时，我就予以特别的关注。2010年，由国家发改委牵头，11个部委参与的《生态补偿条例》起草工作正式启动，生态补偿立法从地方实践走向制度规范。我感觉到这是有益于"三农"的制度安排，我应该为之做点什么。先在工作单位申请了相关小课题，开始涉猎生态环境补偿法律问题研究，但思考并不深入。我把初拟的选题"农业环境行政给付法治化问题研究——以欧盟和美国的实践为视角"的想法求教于恩师时，他欣然同意，但高屋建瓴地提醒，环境问题具有世界共性，从事生态环境补偿的比较法研究有价值，但不无难度和风险，得有吃苦头的思想准备。为此，他给我指点迷津，在国外，环境法研究的各种资源很丰富，可资借鉴和利用，不过，首先得过语言关。他不仅要我能用外语熟练地书面阅读翻译，而且要求具备良好的口语交际能力，能参与国际学术交流。其次，要争取到国外留学一年，真实考察了解国外相关法律制度建设的理论与实践状况，切实把握国外法律制度理论与实践的精髓。在导师的指点和帮助下，在国家留学基金委地方合作项目的资助下，我终于成功地踏上赴美国访学之路。在美期间，我阅读、收集了不仅与本选题相关，而且也与环境法其他领域相关的大量外文图书著述，为本书的完成奠定了重要的基础，也为我深入研究相关环境法律问题提供了可能。回国后，我及时与恩师交流我的学习心得，他给我指出，可以用公众共用物理论来阐释农业环境给付问题，这开启了我的新思路。写作期间，我遇到难题时，恩师总是能及时地给予答疑解惑。恩师的指导风格是以温和的鼓励和期待为主，这种鼓励和期待一直是我前行的重要动力。我无法忘记，多次伴随恩师一起穿越珞珈防空隧道时，恩师不忘对我如何做事、为人、治学的谆谆教诲；我无法忘记，多少次在恩师家中，恩师总是慈父般地端坐在沙发，和蔼可亲，师母大气包容、善解人意，让我深切感受到虽在恩师的家中却可以无拘无束的氛围，每当我和恩师讨论学术问题时，我可以率性纵论对某些问题的认知和看法，尽管有些认知和看法显属稚嫩抑或是偏颇，但恩师总是耐心地倾听，然后会在关键的问题上给以拨乱反正、指点迷津，让我受益多多；我无法忘记，在读博期间，恩师给予了我很多的帮助和支持，就是我身在美国访学期间，恩师也经常来信了解我的学习和研究进展情况，并创造条件让我有机会参与国家社科基金重大项目的研究活动。从某种意义上说，没有老师的指导和帮助，这篇论文是不可能完成的。因此，这篇论文是献给恩师的。

2014年6月底7月初，我在时任武汉大学环境研究所所长王树义教授和博士生同学胡斌主任的帮助下，赴比利时和西班牙参加了"第三届中欧环境法论坛"和世界自然保护联盟环境法学院第 12 届年会。我不仅实地拜会了欧盟共同农业政策的决策地布鲁塞尔的欧盟总部，而且有机会实地考察了欧盟两个最大农业国——法国和西班牙，增进了对欧盟农业生态环境实践的感性认识。欧洲之行坚定了我写作论文的信心。

我的开题报告有点姗姗来迟。在开题时不仅得到了恩师的特别照顾，为我个人单独开"小灶"。参加开题的黄德林教授、杜群教授、高利红教授和李启家教授有充裕的时间帮我会诊，给我指点迷津，我感谢他们对报告的肯定和鼓励，我更要感谢他们中肯地对我撰写论文应注意的问题所提出的批评性意见和建议：如何解决给付资金的使用效率，环境给付与传统的行政给付有何区别、欧盟如何解决法实施的有效性问题等。尤其是恩师给我指出，理论挖掘还有待深入：为什么欧盟要给农民给付，环境是公共物品，需由政府来采购，欧盟是怎样建构并实施这套制度等问题。因此，不仅让我领略到前辈学者严谨的治学态度，而且也让我更加体会到他们对我的关怀爱护和殷切期望，为我匡正方向，避免少走弯路。在论文答辩过程中，除了恩师所给予的帮助之外，肖乾刚教授、张梓太教授、王树义教授、李启家教授、邱秋教授、罗吉副教授等诸位老师对我这位学术后辈给予了足够的宽容和宝贵的指点。谢谢这些老师不倦的教诲。我撰写论文过程中，尽力吸取他们所提出的宝贵意见，尽管由于各种原因，他们有的意见和建议在论文写作时无法完全得到体现，但我依然要对他们表示感谢！

自我开始研习欧美农业环境补偿制度以来，我开始关注在英国贝尔法斯特女王大学执教的杰克·布莱恩博士，他主攻欧盟共同农业政策中的环境监管。我于 2012 年翻译出版了他在欧盟总部从事博士后研究所形成的著作《农业与欧盟环境法》，他对英国和欧盟农业法传统的系统研究引领我慢慢地进入这一领域。2010 年以来，在国际上具有重要影响力、担任英国纽卡斯尔大学法学院院长的克里斯多夫·罗杰斯教授不断推出新作《竞争性的公共用地环境治理的过去与现在》

（2010 年）、《自然保育法——财产权、环境与法律的局限》等，它们便成了我阅读的重要对象。他对农业法的法理学思考方式在很大程度上影响着我的思维方式。回国后，在法律出版社谢清平编辑的鼓励和鼎力相助下，我翻译出版了罗杰斯教授的代表作《英国自然保育法》，从著作字里行间解读出来的信息无疑也渗透到我的思考和写作当中，本著作中关于农业环境行政给付的法理分析，无疑受到了罗杰斯教授关于普通法项下的财产权应施以环境管护义务改造观点的启发。

　　毕业论文撰写工作暂行一段落，并不预示着研究任务的完成，恰恰相反，开启的却是新的航程。我在这里要特别感谢农业部法律研究中心主任杨东霞教授，她了解了我在研究欧盟农业环境法律问题后，予以充分肯定，不仅邀请我参加她主持的科研团队，参与有关农业耕地保护和地方农业环境保护立法等方面的法律问题研究工作，而且杨教授还通过横向课题经费方式，支持我继续深入研究欧美农业环境资源的相关法律制度，给了我莫大的鼓励，在此深表感激。学者研究的成果能够直接服务于国家的需要，是一件快乐的事情。

　　我所工作的浙江农林大学法政学院为我出国访学以及论文写作提供了巨大的支持。我在职攻读博士学位期间，得到了浙江省环境资源法学研究会会长、时任法政学院院长李明华教授的鼎力相助。他一直关心我的工作和学习，帮助我不断进步。他不仅支持我于 2012 年翻译出版了《农业与欧盟环境法》，而且还支持我脱产赴上海外国语大学参加教育部出国高级英语培训班的学习，强化英语技能。这为我成功申请国家留学基金委地方合作项目，奠定了坚实的基础。我要表达我对李明华教授深深的敬意和谢意！我的同事陈海嵩博士，在我选择报考导师、博士论文开题报告的撰写、平时的学术交流等多方面给予了帮助，让我道一声谢谢！

　　乔治城大学的美籍华人 Shingching C. Huitzacua 女士、赵宇哲博士；当时正在美国大学作访学的李兴锋博士（现在已是我亲密的同事）和在世界银行工作的李蔚妮硕士对我在美国的学习和生活提供了各种支持和帮助。我要感谢武汉大学法学院为学生传道授业解惑的肖永平教授、江国华教授、汪习根教授、徐亚文教授等老师，他们给了我许多思想启迪和学术上的引领。感谢环境法研究所的秦天宝教授、王树义教授、李启家教授、杜群教授、罗吉副教授和同门师兄柯坚教授、李广兵教授；学友胡斌博士、帅清华博士、戴银玲博士、张宇庆博士、徐忠麟博士、庄超博士、冯汝博士、卫乐乐博士，既是我的学友，也是我的同事的夏少敏博士、陈真亮博士亦在日常生活及学习中给予关心、鼓励与支持。在此一并致谢！同门师妹文黎照博士、潘凤湘博士、乐清月博士的无私帮助，让我感到家一般的温暖，感激之情，埋藏于心。

我的爱人姜群华，一直在背后默默地支持我的工作、无私地承担了所有的家庭琐事，当我懈怠时她会给我以鼓励。儿子闻远，长大成人，自有思想和追求，不用我劳心，还经常帮我解决电脑使用方面遇到的难题，让我安心地写作。本文应当献给他们！

在读博和写作本文期间，我父亲虽年事已高，但他关心和支持我的学业和工作，在我心灵深处，父爱恩重如山。只可惜，我父亲终于没等到我完成本著作出版之时已驾鹤仙逝，谨以此文追忆缅怀。

在读博期间，我有幸获得国家留学基金委员会（CSC）的资助，在联系访学单位时，母校秦天宝教授给予了鼎力相助，让我有机会赴美国乔治城大学进行为期1年的学习和研究。去年暑期赴欧学习交流，得到了环境法浙江省级重点学科的资助。在本文写作期间还得到了浙江农林大学浙江省生态文化研究中心科研项目的资助。对于这些机构和个人的支持，特表感谢！

中国社会科学出版社对本书的及时出版予以鼎力支持，责任编辑梁剑琴博士为本书的顺利问世付出了辛勤的劳动，在此一并表示感谢！

浙江农林大学教授　姜双林
杭州临安碧桂苑
2018 年 6 月